LOCUS

LOCUS

LOCUS

LOCUS

touch

對於變化，我們需要的不是觀察。而是接觸。

跟華爾街之狼學投資

喬登・貝爾福 著

劉道捷 譯

JORDAN BELFORT

THE WOLF OF INVESTING

MY INSIDER'S PLAYBOOK FOR MAKING A FORTUNE ON WALL STREET

獻給我不可思議的妻子，克麗絲汀娜。

感謝妳的愛與支持

目次

第一章 費南度和小胖妞的故事

真是不可思議！我心想。

我的小舅子費南度（Fernando）擁有反向的金手指……

善於點金成石！

他接觸的每一樣投資——每一種股票、每一種期權、每一種錢幣、每一種代幣[1]、每一種該死的非同質化代幣（NFT）全都變成了一文不值的狗屎！

現在剛剛過了晚上九點，我坐在費南度位於布宜諾斯艾利斯的豪華公寓餐廳裡，正在查看他的交易對帳單，腦海中浮出剛剛那種令人難過的想法。

1 編者註：代幣（token），與加密貨幣（cryptocurrency）有相關但不完全相同。加密貨幣是一種基於區塊鏈技術，用於安全地進行加密與驗證交易，如比特幣、以太幣等，可視為一種代幣，但更強調它做為數位貨幣的特性。代幣則可廣泛指在區塊鏈上發行的數位資產，通常代表某種權益、資產或平台訪問權等等。

簡單來說，他的投資組合是一場悲劇。

兩個月來，他進行一系列時機錯誤的差勁交易，虧損了九七%的本錢，以致於帳戶裡現在只剩下三千美元，其餘略高於九萬七千萬美元的本錢，就像臭屁在疾風中一樣消失無蹤。

更糟糕的是，他是在股市和加密貨幣兩大投資標的市場相當平穩的時候，大虧特虧，其中的含意很明顯、無從否認，就是：

小舅子怨不得人，只能怪自己。

畢竟，如果費南度投資的市場在他進場後立刻崩盤，或至少是大幅下跌，那就是另一回事了。

至少這樣可以說明他的某些虧損從何而來。

事實上，華爾街有片古老的格言跟這種情境有關：「水漲船高」。

換句話說，股市上漲時，市場中任一股票通常都會上漲，股市下跌時，市場上任何股票通常都會下跌。當然，這一點放在任何市場上，不論是債券市場、商品市場、不動產市場，或是藝術品市場、保險市場上，都一樣正確無誤。

關鍵是，任何特定市場巨幅上漲時，基本上，你可以對著市場投擲飛鏢，而且預期你會賺到錢。你不需要天生睿智，不需要敏銳的第六感，不需要什麼專業訓練，市場會替你完成百分之九十九的賺錢任務。

這個前提很簡單，對吧？

唯一的問題是：這種情形平時看來可能很簡單，碰到長期多頭市場時，卻可能變得複雜多了。在這種非理性繁榮的時刻——市場出現熱潮，聊天室熱鬧非凡，大師不斷發號施令，社群媒體盡是宣稱「漲勢看不到盡頭」的言論——正是人性站到主導地位的時候。

突然間，對股票所知十分有限的業餘交易者，開始認定自己是專家、開始買股，深信自己新近的成就，是天生睿智的結果，振奮之餘，信心與日俱增。

他們幾乎完全採用短期交易策略。

他們賭對時，都會迅速獲利，獲得大量的多巴胺來強化自己的行為（對他們來說，股票持續上漲的事實並不重要，他們會說：「獲利就是獲利，從來沒有人因為獲利落袋而破產過。」）他們賭錯時，就採用攤平法、也就是用一般人說的「逢低買進」法來補救，然後讓漲勢來拯救自己。為什麼不該這樣做呢？網路上大家都是這樣說啊！此外，他們過去這樣做總是有用，不是嗎？市場總是會回來的。

嗯，不完全如此。

實際上，市場有漲有跌，下跌時——我是指真正下跌時，像一九九九年的網路股泡沫、或是二〇〇八年的房市泡沫破滅時——跌勢會遠比上漲時快速、猛烈多了。你只要問問有個幾年以上經驗的專業投資人，他們會毫無疑問地告訴你這一點。

但是，現在我們回頭看費南度的故事，他的投資組合大虧特虧不能怪市場，至少表面上是這樣。

我們來看看具體狀況：

費南度的虧損出現在二〇二二年二月八日到四月八日之間，這兩個月裡，費南度投資的兩個市場基本上持平不動，用華爾街的術語來說，意思是市場沒有什麼實質漲跌。

明確的說，二月八日那天，作為美國股市大盤基準指數的標準普爾五百種指數（S&P 500，下文均簡稱為標普五百指數）收盤為四五二一．五四，四月八日收盤為四四八八．二八，比二月八日只微幅下跌〇．七%而已；作為加密貨幣市場基準的比特幣，二月八日的收盤價為四萬四三四〇美元，四月八日收盤為四萬二七一五美元，仍然只小幅下跌三．七%，和費南度慘虧九七%相比時，更是如此。

然而，為了公平對待我的小舅子，光看頭尾兩天可能造成嚴重誤導。我的意思是，如果費南度堅持採用買進長抱的策略（就是他買進的每個標的至少要持有六十天）那麼，頭尾兩個數字就可以道盡一切。

但實際上並非如此。

即便只是稍稍瀏覽，我也可以看出對帳單上散落了幾十筆賣單，但是買進長抱策略需要不理會價格波動，持有投資部位相當長的期間，以便利用一種精心選擇的投資標的的長期成長潛力。

因此，為了更精確了解實際在跌什麼東西，你不能只看第一天和第六十天；你也必須看看其間出了什麼狀況。

畢竟，加密貨幣市場的波動性遠遠超過美國股市——美國股市也有自己的節奏，特別是在市場極度恐懼和充滿不確定性，或面對黑天鵝事件[*2]時，尤其如此，因此看費南度的交易積極程度而定，他的虧損可能是每天價格劇烈波動、加上真正惡劣交易時機綜合而成的

表一：每日收盤價
二〇二二年二月八日到四月八日

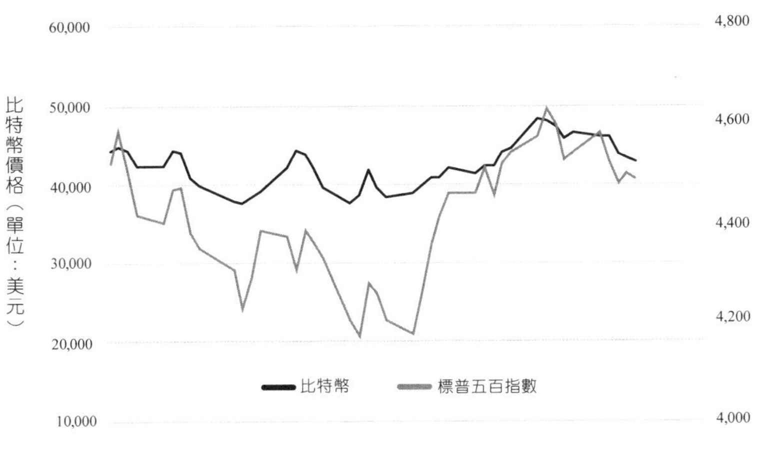

結果。

換句話說，我的小舅子面臨暫時性挑戰時，沒有遵循「買低賣高」的古老交易法則，反而買高賣低，而且一再如此，最後幾乎所有的本錢都喪失一空。

考慮到這一點，我們要從每日波動的角度，再次看看上述兩個對應基準指數。或許這樣可以說明費南度在原本看來穩定的期間裡，為什麼會出現驚人虧損。

上圖是二〇二二年二月八日到四月八日期間，每一個對應基準指數的日常波動狀況。

根據上圖，比特幣在三月十六日觸及低點三萬七〇二三美元，三月三十日漲到四萬七〇七八美元的高點，在這六十天的期間裡，高低點的差距

2 原書註：黑天鵝事件是一種罕見的意外事件，會對股市和基礎經濟構成毀滅性的衝擊，因為這種事件無法預測，會讓每一個人都大吃一驚，銀行、經紀商、投資人、政客和媒體都不例外。

為二一%。標普五百指數的波動幅度通常小多了，低點四一七〇點在三月八日出現，高點四六三一點是在三月三十日出現，高低點之間的差距只有九%。

因此，根據這些新資料，一個價值九萬七千美元的問題出現了：

把我們必須納入的日常波動納入等式中後，是否顯示頭尾兩天的市場穩定表象，掩蓋了費南度是因為市場快速退潮、而無辜受害的情況？因為包括他的投資組合在內，所有投資組合都在退潮中下跌。

這種可能性很有趣。

我卻直覺認定並非如此。

我的意思是：如果真是這樣，費南度一定是在每一筆交易中，賭上所有身家，而且是自拿破崙決定隆冬征俄以來最不會拿捏時機的人。

無論如何，我檢視對帳單、尋找線索時，覺得自己就像警探搜查兇殺案犯罪現場一樣，唯一的差別是，我不是踩在內臟散落的血海中，而是看著赤字和絕望構成的海洋。

事實上，除了頭七天少數的獲利交易外，例如，他以四萬一千萬美元買進比特幣，四天後，以四萬五千萬美元賣出；他以兩千九百美元買進以太幣，一星期後，以三千三百五十美元賣出；還有買進特斯拉（Tesla）現股和選擇權，幾天後賣出，合共獲利超過二萬美元之外，他所接觸的每一樣東西，都立刻變成了石頭。更糟糕的是，他的交易與日俱增，以致於到第三周結束時，他似乎已經把自己幻想成當沖客[*3]。

費南度的情形很典型，初期的成功強化了他的自信，鼓勵他加大賭注，同時增加下注頻率，就這樣，血腥的紅海隨之而來。

到了第二周的期中，你已經看不到他的任何交易獲利。我所看到的是一而再、再而三的交易虧損，而且虧損不斷累積。

到第三周開始時，他的反向金手指發揮邪惡魔力，不吉利的徵兆出現。他的資本掉到五萬美元以下時，他巨額下注雞蛋水餃股和毫無價值的狗屎加密貨幣，我從他的行為中，可以看出他已經陷入絕望深淵。

到第六周結束時，一切都完了，他已經整整一個月的交易沒賺過錢，對帳單上的資產餘額剩下不到一萬美元，而且還準備直線下降到三千美元。

我心想，人怎麼可能持續犯錯呢？

我想，這是個好問題，尤其是你考慮費南度本來是什麼樣的人時，更是如此——也就是說，他是一個得到成功和財務成就加持的人。他才四十歲出頭，聰明、勤勞、受過大學教育，人際關係良好，是成功的企業家，此外，他的穿著非常考究。他的本業是經營金屬加工製造，在布宜諾斯艾利斯市郊擁有一座龐大的工廠。

他新婚不久，跟年輕的妻子小胖妞和極為可愛的兩歲兒子維多利歐（Vittorio），住在布宜諾斯艾利斯最高級、最安全的社區裡，在四十六層的玻璃帷幕高樓中，他們裝潢極為精美

3 原書註：當沖客指設法利用當天的價格波動，進行非常大量交易的人，所有未沖銷的交易通常都會在當天收盤前沖銷，以便消除隔天行情劇跌的風險。

的三房公寓，占據了整層三十三樓。

今晚，小胖妞穿著亞麻質料的掛脖式服裝，一臉煩惱地坐在我左邊。可憐的小胖妞，她就是不懂老公的投資組合為什麼會這麼慘。我真的跟她有感同身受，但是，即使在現在這麼緊張的時刻，我發現仍然難以直視她的眼睛、叫她小胖妞的名字，而不哈哈大笑。畢竟她的名字 Gordita 直譯出來是「小胖妞」，實際上，她卻是身高一六五公分、體重不到四十五．四公斤的超級金髮美女。

對我來說，到底為什麼每一個人都叫她小胖妞，仍然是一個謎，不過有人告訴過我，阿根廷人認為，把女孩叫做小胖妞是一種親暱的稱呼。當然我會很快地想到一些明顯的例子，例如——「喂，小胖妞，除了你的體重之外，還有什麼新鮮事嗎？最近有參加吃熱狗大賽嗎？」——不過顯然有一個不要使用「小胖妞」的潛規則存在，就是這個女孩真的是小胖妞時，不要用這種稱呼。

總而言之，結論就是我的小姨子是個活生生的矛盾集合體，她有一個合法的名字，叫奧尼拉（Ornella Cristina），卻沒有人這樣叫她，包括她姐姐克麗絲汀娜（Cristina）在內，每個人都用這個荒謬的綽號叫她，克麗絲汀娜跟她極為相像，卻正巧是我的第四任妻子（但是，噢，有誰在數第幾任呢？）

小胖妞這時坐在座位上，身體前傾，顯出緊張的樣子，她把頭枕在雙手上，手肘撐在桌上，上身弓成四十五度角，慢慢地搖著頭，仿彿是說：「這個該死的噩夢什麼時候才會結束？」

我心想，這樣子的確恰如其分。

畢竟，小胖妞只有稍稍參與費南度的交易活動，她總是在事實發生後，才以妻子支持性指導的方式，提供意見，這是已婚男性使夫妻共同證券帳戶逐步歸零時，可以預期得到的那種支持性指引，例如：「費南度，你到底在搞什麼鬼？你迷昏頭了嗎？你為什麼不堅持你知道的東西，關閉那個該死的羅賓漢（Robinhood）投資帳戶，回歸你那愚蠢的金屬工廠呢？這樣最後我們至少不會淪落到救濟院裡！」對費南度來說，讓事情更加複雜的是，小胖妞是那種出色助理型的人，極為善於組織、十分重視細節，還自行承擔了記住每一位家人、包括我和克麗絲汀娜的駕照有效日期和護照號碼之類的事情，總之，她十分精明。

然而，今天晚上情況卻出現了逆轉。

這是小胖妞難得一見需要克麗絲汀娜支持、尤其是需要克麗絲汀娜當翻譯的時刻，因此，克麗絲汀娜已經直接坐在費南度和小胖妞的對面、也就是我的右邊。但是今晚的翻譯工作，克麗絲汀娜要面對一個重大障礙，也就是小胖妞的說話速度快得出奇。事實上，小胖妞開口說話時，就像西班牙製加特林（Gatling）機槍射出的是言語、而不是子彈一樣，這還是她平靜說話時的樣子，但是我知道她現在一點也不平靜。

「我不懂！他怎麼這麼快就把我們的錢虧掉？太過分了！」小胖妞尖聲說道：「股市沒有下跌，我今天早上看了一遍，你看！」小胖妞指著她的蘋果手機，螢幕正開著一個股市應用程式。「行情比他進場時還高，這是事實，我們現在一無所有了，怎麼可能這樣？不應該這樣，不能這樣，不是這樣！」

雖然我相當精通西班牙語，我卻只能聽懂小胖妞的前面幾句話，意思就是「我根本不懂……」其他的一切就像疾風吹過我耳邊一樣。我轉頭看著克麗絲汀娜，雙手舉在空中，揚著眉頭，就像說：「你明白我的意思嗎？沒有人能夠聽懂你妹妹的話，這樣太離譜了。」

克麗絲汀娜聳聳肩，「她說她很沮喪。」

「對，我就只知道這樣，我聽到她說了不可能這個字眼。」我看著小胖妞，小心翼翼地用英語說：「你……說……了……不可能……這個字眼嗎？小胖妞。」

「對，不可能，」她用口音很重的英語說：「費南度卻真的做了這種事。」

我的小舅子穿著很挺的Polo衫，坐在小胖妞的左邊，看著拷貝的對帳單，緩緩搖頭。苦笑著說：「對，我確實在這裡搞砸了，但是我仍然很富有，因此這不是世界末日，對吧？」每一個丈夫在這種情形下，都會拚命壓制著自己的這種微笑，因為他知道，這樣會促使他太太說：「你天殺的是在得意什麼？你知道你虧的錢我可以拿來買多少個香奈兒包嗎？」

我回頭看看克麗絲汀娜，說：「她還說了些什麼事情？」

「她不知道他們的錢怎麼會虧的這麼快，她覺得沒有道理。她在手機上下載了一個應用程式，這個程式上說，因為股價上漲，他們應該是賺錢，而不是虧錢。她不知道怎麼可能會這樣。」然後她回頭看著費南度和小胖妞，用西班牙語重覆了她剛剛說的話。

「完全正確！」小胖妞喊著說：「這樣沒有道理！」

「什麼沒有道理？」費南度大聲說：「很多人在股市虧錢！我只是其中一個而已，這樣又不是世界末日！」

小胖妞慢慢地把頭轉向費南度，冷冷凝視著他，上半身一動也不動，態度不言自明。

「什麼？我說錯了什麼？」費南度無辜地回答，然後看著我，用他最好的英語補充說：「我這樣說沒有錯！每個人都在股市虧錢過，對吧？我不是說你，我說的是一般人，了解嗎？」

「了解，」我回答說：「我完全了解，『一般人』這個字眼和『我』在同一句話裡，並非經常發生衝突，所以你說的對。」

「他不是那個意思，」負責翻譯的克麗絲汀娜說道：「費南度愛你。」

「我知道，」我熱情地說：「我只是開玩笑，無論如何，你在我說話時，都要一面翻譯，好嗎？這樣一下停頓、一下開始，真是太麻煩了。」

「好，開始吧。」克麗絲汀娜下令說：「我已經為你準備好了。」

於是，我深深吸了一口氣，說：「好，好說……你說的很對，費南度。大部分人在市場上都會虧錢，其中很多人會像你一樣，賠得一乾二淨。但是——老兄，這是非常大的『但是』——並非每一個人都會在市場上賠錢，有很多人在市場上賺錢，我說的不只是專家而已；我說的人也包括業餘人士。」

「不過，我可以跟你保證的是，他們不會像你這樣，像野生的報喪女妖一樣交易，這樣有——」

「野什麼？」翻譯幾近行雲流水的克麗絲汀娜打斷我的話，問道。

「野生的報喪女妖。」

「野生的報喪女妖是什麼東西？」

「野生的報喪女妖像……野生印第安人一樣，噢，總之，就是尖叫、喊叫，射箭。反正這只是一種說法而已，我的重點是：業餘投資人隨時都在進進出出，實際上根本不可能賺錢，最後還會虧損一空，遭到掃地出門只是時間問題，而且在股市和加密貨幣市場都一樣，只是在加密貨幣市場上，通常會更快輸得精光，原因在於交易成本極高；而且其中有很多騙局。因此，除非你確實知道自己在裡面做什麼，否則你遲早都會踩到地雷，炸死自己，這是注定會發生的事。」我停下片刻，以便檢查一下。

克麗絲汀娜點點頭，繼續翻譯。

同時，我開始再次翻看對帳單，尋找更多線索。我仍然覺得缺少了一些東西、缺少了一些藏在顯而易見的表面之下、更能完整解釋費南度怎麼在市況相當穩定的六十天裡，幾乎虧掉全部投資的東西。

當然，最明顯的解釋是我已經提出來的理由，就是費南度是投資新手，初期的成功激發了貪婪的火花，處在這種耀眼的火光中，跟別人正常賺大錢時才會比較積極交易的心態相比，他通常還算健全的決策過程似乎就顯得怪異而過時。

但是可能有更多明確的證據嗎？

這時，克麗絲汀娜看著我說：「他們了解一切，希望以正確的方式東山再起，他們想知道的是，你覺得他們應該買什麼？他們應該投資股票還是加密貨幣呢？」然後，就像事後想到的一樣，她補充說：「投資哪些東西呢？小胖妞希望得到明確的推薦。」

「噢，要回答他們的第一個問題，以他們的年齡來說，答案是應該把絕大部分的資金投資在股市裡，因為在歷史上，股市是大家長久以來持續獲得最佳報酬率的地方，而且其中還有一個幾乎萬無一失的驚人技巧，可以做到這一點。但是因為他們在加密貨幣上虧掉了大部分的本錢，我們還是從這個地方開始好了，我認為這樣有助於你們了解什麼地方出了問題。」

我轉頭對替我翻譯的克麗絲汀娜說：「因此，在加密貨幣世界裡，像他們一樣剛剛開始投資的新手，基本上有兩個方法，可以賺到一大堆錢，卻不必承擔任何巨大的風險。」

「第一個方法是簡單地購入比特幣後長久抱著，我說抱著時，意思是真正的抱著，不論短期價格上漲還是下跌，他們必須完全忽略這一切，因為短期起伏只是背景雜音而已，懂嗎？」

「我希望他們買進長抱至少五年；五年是絕對最短年限；七年更好；十年又比七年更好。」

「如果他們完全照做——如果他們遵循這個簡單的建議——他們有機會在加密貨幣上賺到錢，尤其是他們達到五到七年的標準時，更是如此，這時他們很有機會賺錢，不過這裡的關鍵詞是『機會』。沒有保證；任何市場都沒有什麼保證，股市和加密貨幣市場都一樣。」

「雖然如此，談到加密貨幣時，我認為買進長抱比特幣絕對是你最好的選擇。」我比著小胖妞iPhone手機的方向，說：「告訴小胖妞，把這一點寫下來。」

「知道了。」克麗絲汀娜回答，同時繼續翻譯。

「而且也告訴她，不能炒短線！這一點絕對不可以，全部都要買進長抱。」

幾秒鐘後，小胖妞拿起自己的iPhone手機，而且開始用兩隻拇指，像長耳兔那樣快速打字。打完字後，對我感激地笑了笑說：「謝謝，喬登，請繼續，謝謝。」

「沒問題，」我回答說：「現在，先把關於他們應該買多少比特幣的問題放一旁，等到聽完我想告訴他們的不同策略、尤其是股市策略後，才繼續下去，歸根究柢，股市才是他們絕大部分投資組合理應的歸屬之地。另一方面，加密貨幣應該最多只占他們全部投資組合的百分之五，超過這個上限，我都強烈反對。」

「無論如何，他們可以稍後再決定總共要投資多少錢下去，然後我們要探究把這些資金配置在幾種不同資產類別中的最佳方法，以便儘量擴大資金的報酬率、降低資金的風險。」

「但是，現在我們先固守在買進長抱比特幣的問題上，這裡的關鍵重點是，我對他們採用這個策略會賺錢相當有信心的原因，是因為這是長期策略，是所有力量所在。」

「另一方面，如果你們問我，我認為未來幾星期或未來十二個月內，比特幣會有什麼樣的走勢，如果我告訴他們，說我知道走勢如何，那麼我就是徹徹底底在撒謊，沒有人知道未來走勢，至少沒有人能有一絲把握，要是有人告訴你們不同的說法，那就是徹徹底底的鬼話。」

「但是，長期而言——我指的是非常長期，那麼我的確相信比特幣會上漲，而且這樣說有一個道理。」

「噢，短期內所有這些隨機事件，都可能衝擊比特幣的價格，坦白說，我沒有辦法預測其中任何一種事件，我說的是，某一天，伊隆．馬斯克（Elon Musk）在床的另一邊醒來並開始討厭比特幣，或是習近平決定暫停比特幣的交易，原因是比特幣不再符合他的政治目標，或是一群鯨魚投資者拋售手中的比特幣，以便打壓價格，然後在幾天後，又買回來，大賺一票。或美國聯邦準備理事會（The Federal Reserve）也可能升息，或是緊縮貨幣供給，設法對抗已經開始上揚的通貨膨脹。」

「我要說的是，我知道你們習於阿根廷的雙位數字通貨膨脹，但是美國的聯準會絕不可能容忍這種事情持續下去，他們必須採取行動，抑制通貨膨脹，這樣至少在短期內，對比特幣或股市都不是好事。」

「總之，我的看法是，這種隨機事件在短期內，對比特幣會產生驚人衝擊，但對比特幣的長期價格卻幾乎沒有影響，而且因為我無法預測任何這種短期事件，因此比特幣的短線交易完全是在碰運氣。」

「不過，反過來說，長期投資比特幣是完全不同的事情，因為這時基本面會發揮作用。你可以仔細觀察比特幣可能有價值的因素——例如，比特幣的稀缺性、比特幣解決了什麼問題、以及新人類多快開始使用比特幣——然後才就比特幣跟目前市場行情對比下的實際價值，作出明智的決定。」

「然後你可以自問，比特幣價值是被低估還是高估？如果你認為低估，那麼，你就會想買比特幣——對吧？——因為你會以比較便宜的價格買到。如果你認為高估了，那麼你很可能反向操作，因為你為什麼要付出過高的價格、購買某樣東西呢？」（我會在後續章節中討論「估值」這個主題，敬請期待。）

「噢，或許我瘋了，但是對我來說，要投資你賺來的錢，這樣似乎是更明智多了的方法；遠勝進行短期波段操作、以便因應馬斯克的心情起伏，或是因應習近平吃什麼早餐。第一種方式是投資，第二種方式是投機或賭博。」

「因此，考慮到這一點，如果我問費南度，為什麼他認為我現在持有比特幣，他應該可以輕鬆答覆我，說因為我認為比特幣的價值和現在的行情相比，已經遭到低估，因此長期一定會上漲。」

「而且，如果你問小胖妞，她認為我什麼時候會把比特幣賣掉，她應該可以同樣快速地告訴你她的答案，說我短期內不會賣掉比特幣，我是要長期持有比特幣至少五年的人，而且我持有的時間很可能比五年還久。」

「好，那麼未來一年內，比特幣可能大跌嗎？確實有機會，如果以史為鑑，在某個時間點很可能發生。比特幣在所謂的『比特幣或加密貨幣寒冬』期間，曾經劇跌過。但是我對這件事完全不在意，對我來說，這件事完全只是雜音。我買比特幣是為了持有非常長的一段時間，而且我會堅持這個策略。」

「對你來說，你覺得這一切有道理嗎？」我問克麗絲汀娜：「你可以跟他們解釋這一點嗎？」

「絕對可以！這一點十分有理。」

克麗絲汀娜就這樣，開始翻譯我對費南度和小胖妞的第一個投資建議，從她兩年前還一句英語都不會說這點來看，她的翻譯可以說是流利而優雅，而且十分輕鬆。我的建議健全又合乎邏輯，而且遵循歷經考驗的投資原則，跟他們先前採取的神風特攻隊路線不同。

但這只是剛開始。

到目前為止，我們所說的只是投資比特幣的一個基本策略，我們甚至還沒有觸及他們大部分投資所在的股票市場，針對股市，我有一個極為強而有力，極為容易上手、只要快速瀏覽一下，就可以學會的特別投資策略，費南度和小胖妞會藉此得到所需的所有資訊，可以用來持續打敗百分之九十五這世上表現最好的投資經理人。

對他們來說，這樣會改變他們的一生。

因此，我要花整個晚上的時間，提供費南度和小胖妞一個逐步推進的公式，以便他們建立一個世界級的投資組合，讓他們可以創造最高的報酬率、把風險降到最低，同時保護他們的儲蓄，不受阿根廷失控的通貨膨脹和猖獗的貨幣貶值兩頭怪獸傷害。

我會談到一切，從如何看出紐約證券交易所（NYSE）、以及以科技股為主力的那斯達克（NASD）股市中最好的股票，到如何輕鬆地把這些股票，塑造成世界級的投資組合，還能夠在一家企業出問題時，自動調整更新。

這是從內部人士觀點塑造出的公式，跟他們以前見過、聽過或看過的任何東西都不一樣。簡單來說，我不但要告訴他們華爾街的專家怎麼做，也要教他們如何輕鬆避免付出鉅額的交易佣金、高昂的管理費和高到可惡的績效獎金，以免他們像不了解內部人士操作祕笈的投資人一樣，受到詐騙，付出過多費用，以致於最後蠶食他們的報酬、搶走他們的財富。

事實上，隨著夜幕降臨，我開始覺得自己像退休的魔術師，正在打破自己過去所從事行業最重要的行規——永遠不要揭露我們最有價值的魔術祕密，但是這就是正在做的事情。

我正在拉開遮蓋住整個金融服務業的簾幕，暴露他們最大魔術手法的祕密，也就是他們怎麼利用誤導的力量，掩蓋醜陋卻不可否認的真相、掩蓋最有效的投資策略極為容易學習、極為容易實施的祕密，因此華爾街的存在、以及他們的費用、佣金和豐厚績效獎金等等的存在，根本是毫無必要的東西。

你所需要的只是一本解碼版的內部人士操作祕笈。

我現在在本書裡要提供給你的東西，正是：

一本華爾街在過去六十年來用以強加脅迫一般投資人的內部人士操作祕笈，解碼版。我在幾乎整個成人生涯中，一直私下了解知曉、以及我在華爾街生涯早期，一直濫用的祕密操作手法，我用這些手法，搶奪別人的本錢，替自己賺到巨額財富。現在我對自己的所作所為並不覺得自傲，也已經花了很多年的時間，為自己補過——藉著教導世界上的幾千萬人銷售和說服的藝術，教導他們變成更有效率的新創企業家，因而過著更幸福、更富裕、得到更多財富加持的生活。

但是本書把整個情勢提升到全新的層次。

噢，本書不但可以當作完整的入門手冊，協助你建構自己的金融王國，而且我還把入門的鑰匙放在銀盤上交給你，我在這裡指的是我花了三年多的時間，寫下這本書，書中的策略是我極為了解，宛如與生俱來的東西，因此我應該可以在一星期內寫完才對。唯一的問題是，書中討論的素材通常會讓人昏昏欲睡，因此我必須利用能夠讓你從頭看到尾的方式，寫作這本書，規避書中固有的無聊和單調乏味，否則我知道，我對你一定有害無益。

我就這樣開始這種艱苦的解碼過程，希望這種方式能夠讓你看書時覺得有趣、容易遵循、甚至很容易照著做，而且希望偶爾還會讓你哈哈大笑，自言自語地說：「我不敢相信他居然這樣說。」

對於業餘投資人或考慮開始投資的人來說，本書會徹底改變你的遊戲規則，會教你怎麼把辛苦賺來的錢，用安全、有保障、又十分慎重的方式，配置下去，快速建立世界級的股票投資組合，持續一貫地，打敗九十五%世界上績效最佳的避險基金*4經理人和共同基金經理人。

對於經驗豐富、擁有優異績效紀錄、投資著有成效的人而言，本書仍然具有同樣的價值，本書不但會精確地告訴你，你現有投資策略成功的原因，也會成為強而有力的指標，提醒你「堅持不懈」，不要被老朋友給的明牌誘騙，也不要被CNBC上那些頂級的喧嘩叫賣

4編者註：Hedge Fund，又稱對沖基金或套利基金。與共同基金相同都是交給專業經理人管理，但避險基金經理人操作上相對比較不受法規限制。其避險之名來自於同時持有多單及空單、風險對沖的操作特色。本書因後文作者有特別強調這類基金的避險功能，故採用避險基金之譯法。

者、或公司茶水間裡一無所知的同事、或抖音（TikTok）、Instagram中成千上萬自私自利騙子發出的明牌誘騙。

此外，就算過去你在市場上的投資很成功，但是視你的投資顧問是什麼身分而定，你的年度報酬率，還是非常可能有一大部分，遭到不必要的費用、佣金和高額的年度績效獎金蠶食。本書會教你怎麼去除絕大部分的支出，確保你的年度報酬落入你的口袋，而非落入華爾街的口袋。

最後，如果你是超級保守、根本不投資的人（或許是因為你看不起華爾街，或是鄙視在那裡工作的人），那麼本書對你仍然很有價值，首先本書有一個專門的設想，就是要教你怎麼在華爾街自己的遊戲中，打敗華爾街，從他們創造的價值中，取得你應得的那份，不讓他們最後從你手中偷走其中的一大部分。

事實上，華爾街在世界經濟的正常運作上，扮演了至為重要與必要的利益，並且在這種過程中，創造了龐大的價值，唯一的問題是華爾街也把一個強大的吸血怪獸，悄悄地放在整個全球金融體系上，抽取過多的費用和佣金，造就了普遍的金融亂象。

為了描述這隻巨大的吸血怪獸，我創造了一個術語，把這隻怪獸叫做華爾街賺錢機器，我會在後面的章節中，用遠比現在詳細方式，更深入探討牠，教你一種簡單又極為有效的方法避開這隻怪獸。

但現在這裡有一個重要的教訓，就是不論你住在那裡，年紀多大，賺多少錢，靠什麼維生，或現在有多少積蓄，這一切都不重要，過著富足生活最重要的事情，就是把你藉著努力工作和節儉度日省下來的錢，用至少可以避免通貨膨脹和貨幣貶值侵蝕、同時又能小心讓錢長大的方式，為你帶來好處。

本書會協助你，走上建立平衡投資組合的道路，讓你將來可以自豪又有尊嚴的退休，實現財務自由，可以隨時隨地、隨心所欲、盡心盡力地跟你想在一起的夥伴，做你想做的事情。

這就是我對你的期望。

那天稍晚，費南度問我一個非常深奧的問題，只是當時他並不知道這一點。對他來說，這只是他一長串尋求明牌行為中的另一次行動，他的重點完全放在他和小胖妞將來應該做什麼，對過去的錯誤卻完全沒有放在心上。

雖然我十分清楚他這樣做的動機——避免痛苦、關注快樂是人性——我卻十分肯定這種策略對他沒有幫助。

畢竟，在提供投資建議方面，這不是我的第一次上場表演。

過去三十年來，大家一直來找我要股票明牌，我經由反覆試驗汲取到的教訓是：給人股票明牌卻不同時解釋原因，是驚人的徒勞之舉。

要造成真正的變化，也就是說，要造成恆久不變的變化，需要更深入了解其中的原因。換句話說，大家必須知道為什麼一種投資有道理、另一種投資沒有道理，否則的話，他們會立刻陷入同樣的毀滅性型態，不論是積極的短線交易，用良幣去追求劣幣，還是遵循自私自利騙子的建議，最後都會像費南度一樣，變得士氣低落，抱著一個備受摧殘投資組合，裡面所有的投資標的全盤皆輸，年底還會收到納稅單據。

這結果不僅使費南度的問題變得如此尖銳，也切中了業餘投資人所犯最常見、最有破壞性錯誤的核心，亦即業餘投資人讓他們最初購買一種資產的價格，影響他們是否出脫這種資產的決定。

例如，以費南度來說，雖然他最初投資的十萬美元當中，大部分已經消失無蹤，但他仍然保留有若干部位，具體而言，他投資組合的價值現在略低於三千美元，包括三檔狗屎股票、四種真正毫無價值的狗屎幣[*5]、和兩種幾乎毫無價值的NFT（非同質化代幣），我認為最後一種代表的藝術作品糟糕之至，以致於我必須對抗自己的衝動，以免詢問費南度在購買這兩件作品時，是否處在暫時性精神失常的狀態中，因為在我看來，這兩件藝術品看來就像一隻猴子和一台電腦密切合作，所創造出來即使不是令人非常作嘔的NFT[*6]，也是上萬份的數位廢物。

現在，如果你想知道，為什麼有些人雖然像費南度一樣聰明、精明、教育程度又很高，卻會選擇購買這麼明顯的爛東西，簡要的答案是：我可以跟你保證，他在做每一樣投資時

5 原書註：shitcoins，狗屎幣是俗話，指的是幾乎沒有價值或毫無價值、而且沒有合法使用例子的加密貨幣。

6 原書註：NFT，非同質化代幣是一種數位資產，代表某種獨一無二項目的所有權。目前非同質化代幣大部分用來代表數位藝術品等的所有權，但也有人用來代表任何實體資產，如收藏品或不動產。

——從最初購買特斯拉股票到涉足加密貨幣，以及涉入兩者之間的每一種投資標的時——不論是因為聽信朋友所報的明牌、還是根據在網路上看到的資訊，或是出自自己的直覺，在他實際購買每一種投資標的那一刻，他都認為這些東西的價值會上升。

無論如何，費南度的投資組合中，現在一共還剩下九種部位，合計的總市值略低於三千美元。

他這九種寶貝的原始成本是多少？

大約四萬九千美元。

九種寶貝中虧最多的是什麼？

是一千股用每股十八美元購買、現在交易價為〇．四美元的股票。

九種寶貝中最大的贏家是什麼？

是一萬枚以每枚一美元購買、現在交易價為〇．三五美元的狗屎幣。

剩下的七種投資標的現況如何？

介於上述兩者之間，沒有一種標的的交易價接近他當初的買進價格。

因此，費南度和小胖妞現在面臨一個決定：

賣還是不賣，這真的是個大問題！

唯一的問題是，他們無法達成協議。

「所以……」我們的翻譯用和事佬的語氣說：「你認為他們應該怎麼做？」費南度什麼都不想賣，原因是每一樣東西都跌這麼深了，他認為他們現在只是在……抱著，等待價格回升。他說現在只是在……噢，只是在……」

「帳面上，」費南度終於說出口了。

「完全正確！」克麗絲汀娜同意說：「我要說的就是這樣，目前只是在帳面上虧損而已，東西一旦賣掉，就沒有了，就不能把錢賺回來了。」說著，她聳聳肩，好像不太相信自己說的最後幾個字。然後她把口氣改得稍微樂觀一些，補充說道：「但是，小胖妞認為——」小胖妞搖搖頭，先環顧一下，再瞇著眼睛，看了我一眼，她沒有說出來的話是：「你要是知道怎麼做對你有好處，你最好同意我的說法！」——「他們應該賣掉一切，然後從頭開始，英語要怎麼說呢，她希望，呃……『把一切都結清』那就是小胖妞想做的事，你覺得如何？」

我考慮了片刻，看該怎麼回答。

我心想，這種情形……小胖妞迫切地只想賣掉一切，不管價格如何，好把噩夢拋在腦後，以便東山再起的意願很有意思。我對這種意願、對迫切想結清痛苦經驗的想法太熟悉了，這樣你才能夠擺脫所有相關的負面情緒和悲觀。這是我自己在很多年前……在自己的黑暗日子裡，在自己遭到逮捕的最初幾年裡，體會過的經驗。那是一種讓人窒息的感覺……好像慢動作的死亡……自己慢慢地、痛苦地遭到剝奪……財富的象徵……一件、一件地失去，等於凌遲死亡一樣。

我記得自己曾經想過，要是他們就這樣快刀斬亂麻……一下子剝奪我擁有的一切，讓我坐牢服刑，或許我會好過得多。我覺得好像在代表我負面經驗的一切遺跡——好多的汽車、房子、遊艇、服飾、金錢、妻子、手表、珠寶等等——都遭到徹底剝奪後……換成費南度和小胖妞的話，他們必須拋棄所有的狗屎股票、狗屎加密貨幣、令人作嘔的NFT、經紀商帳戶和加密貨幣錢包，不然會有太多的殘跡留在他們身邊，提醒他們，讓他們無法深深吸入至為重要的第一口新空氣，挺起胸膛，踏出第一步，開始新生活。因此，就這點而言，小胖妞的想法非常有道理。

另一方面，我也知道費南度的立場。

他心裡想的是，比較務實、比較合乎邏輯的方法，遠比向結束一切的情感需求屈服，對他們的長期利益會更有利多了。畢竟他們持有的一切已經跌掉這麼多了，把一切賣掉，到底還有什麼意義呢？拿回三千美元似乎不能夠減輕他們所承受的打擊，無論如何，這點錢根本不足以對他們的財務產生影響。因此，為什麼要賣呢？為什麼要把帳面虧損變成實際虧損、抹煞他們拿回本錢的所有機會呢？

因此，既然如此，表面看似簡單的深奧問題出現了。

什麼時候是正確的賣出時間？你要根據什麼因素做出決定？

根據上漲多少嗎？根據下跌多少嗎？根據你付出的原始價格嗎？

就像我前面說的一樣，這個看似無傷大雅的問題，直指大多數業餘投資人最常見、最具破壞性問題的核心。

讓我舉一個例子：

假設你以每股四十美元的價格，買了一千股，幾個月後，這檔股票跌到十美元，請問你虧了多少錢？

明顯的答案是三萬美元，對吧？

我們來計算一下：你原本買了一千股，現在每一股的價值比原始購買價格少三十美元，因此，為了計算你的虧損，你簡單地把你購買的股數——一千股，乘以每股三十美元的虧損，得出的虧損總共是三萬美元，你無法否認這個計算結果吧？

可能是這樣，但是這個數字真的有道理嗎？你真的虧損三萬美元嗎？

我的意思是，你的帳戶的價值顯然減少了三萬美元，這點無可否認；但是像費南度所想的一樣，因為你還沒有賣股票、沒有實際結清你的部位，你的錢真正虧掉了沒？我要說的是，實際上，你並非像俗話所說的那樣，只是「帳面虧損」吧？請你像費南度一樣，好好想一想。

在你實際賣股前，股價總是可能回升，讓你至少收回一些本錢，對吧？事實上，更好的是，如果你願意保持超級的耐心，你可以等到這檔股票一路回升到你的原始購買價格，然後才結清你的部位。在這種情況下，最後你會損益兩平，甚至根本沒有虧損。

這樣很有說服力，對吧？

因此，我們要進一步探討看看：我希望你想像自己擁有一個過去兩年內、根據這種策略操作的股票投資組合。

換句話說，一檔股票下跌時，你根本不賣。

你反而是根據費南度的操作方式，抱緊這個部位，抱持極為有耐心的立場，等待這檔股票回升。

但是，另一方面，一檔股票上漲時，你實際上會把股票賣掉。

換句話說，你再度根據費南度的操作手法（他在頭兩周的交易中，似乎不可能虧損），賣掉你的部位，鎖定獲利，繼續交易。

當然，你必須為所有這些獲利，繳交若干稅負，但是，你不會抱怨這件事，畢竟這一點就像富蘭克林曾經說過的話——「這個世界上，只有兩件事很確定，就是死亡和稅負」，把這句話跟營業員喜愛的另一個流行說法——「獲利落袋絕不會破產！」混為一談時，這種策略似乎是確切不移的贏家，是長期成功的祕訣。

真的是這樣嗎？

我們可以好好想一下。

要你賣掉所有贏錢的標的、鎖定獲利，同時緊緊抱著輸錢的，避免實現虧損的策略，實際上真的有道理嗎？

嗯……，要不帶疑問地回答這個問題，我們得看看我們有兩年歷史的投資組合，看看這種策略的成效如何？

來看一下我們的投資組合裡有什麼內涵，有那種股票？整個投資組合由什麼構成？

答案是裡面全部都是輸家，每一檔股票都是，就像費南度的投資組合一樣，這是注定會發生的事情。

這種策略有兩大缺陷：

1. 這種投資策略是建立在自我欺騙的基礎上。

2. 不論你是賺是賠，在你決定賣出時，這種策略都無法處理其中最重要的因素。

你的自我欺騙是以什麼為基礎？

說穿了，你像把頭埋在砂子裡的鴕鳥一樣，相信你只要不抬頭看，不了解真相，就不可能有危險。或者用股市的術語來說，只要你不賣下跌的股票，那麼你實際上就沒在虧損。

噢，讓我用你一定會記得的方式，播個小小的新聞快報給你看：

你、他媽的、虧大了！

光是因為你沒有賣股票和平倉，不表示你的錢沒有虧掉，事實上，錢已經失去了、不見了；已經跟貓王艾維斯·普里斯萊一樣，離開你了。

如果你對這一點有任何疑問，快速看一眼共同基金業，應該可以讓你永遠不再懷疑。要知道，在華爾街對個別投資者行銷的數千種產品中，共同基金是受到最嚴密管制的產品，在會計方面的管制尤其嚴密，根據法律規定，所有基金都必須採用「依據市價估價」的標準化記帳方法。

這種方法的運作情況略如下述：

每一個交易日收盤時，共同基金必須逐一檢視投資組合中的每一檔股票，紀錄每一檔股票的現在的市場價格——依據市價估價——再以之乘以所持有某一檔股票的總股數，根據今天的市場價格，得出投資組合中每一檔股票的現值（NAV）。

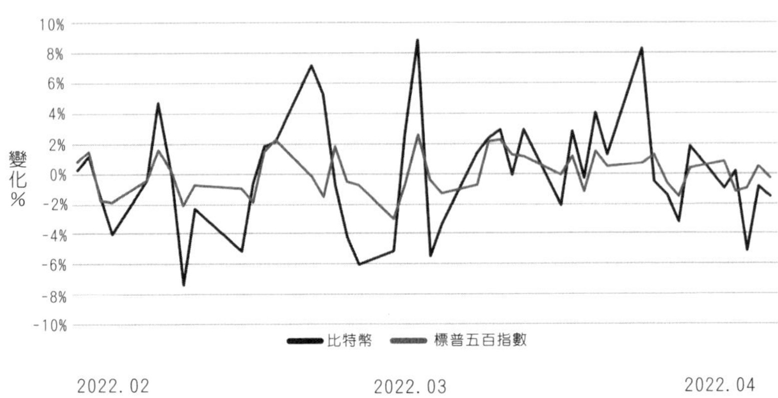

接著，在共同基金的整個投資組合計算完成後，他們會把所有的數字加在一起，加上他們手頭所持有的現金，從而得出基金的流動資產總額。

基金流動資產總值＝現金＋Σ（市價×基金持股總股數）

資產淨值＝（基金總資產－基金總負債）／發行在外股數

要計算基金每一股（每一受益單位）的價值，他們要從總資產減掉基金的負債總和（包括融資貸款、手續費、交易費用、薪資、行銷費用等等），然後把得出的數字，除以基金發行在外單位總數，然後，哇，就得到了基金的「資產淨值」（簡稱淨值），代表某一交易日收盤時基金每一受益單位的價值。

那麼，我說明這一切，到底有什麼意義？

簡單來說，即使是無能的美國證券管理委員會，都不准共同基金用他們買股的原始價格，計算他們的淨值。

為什麼？

因為這樣顯然很荒謬。

而且還極具欺騙意味。

關鍵原因如下：

如果不依據市價估價的方法，計算投資組合中每一檔股票的價值，投資人無法知道自己購買的基金，是否百分之百由根本還沒有賣出的賠錢股票構成。

顯然你自己的股票投資組合也應該如此，光是因為你沒有賣出一檔下跌的股票，不表示你沒有虧錢。

你虧錢了，錢不見了。

錢是否永遠不見，完全是不同的另一回事，這一點把我們導向沒有天天按照市價計算股價的第二個致命缺陷：在決定是否賣出時，它無法解決最重要的因素——即為什麼？

換句話說，股價為什麼下跌？背後的原因是什麼？另一方面，股價為什麼會上漲？背後的原因是什麼？

例如，假設你以每股四十美元買進的股票，現在的成交價為七十美元，你希望知道現在賣出是否有理。

下面是我要問你的第一個問題：

你為什麼要以每股四十美元買這檔股票，你最初買進的原因是什麼？

除非你不喜歡賺錢，否則你的答案應該是你認為這檔股票會上漲，對吧？我的意思是，否則你為什麼會買這檔股票？不是因為你認為這檔股票會下跌，那樣就太離譜了。

因此，即使這樣看來已很明顯，下面這點還是我們的第一個重要教訓：

投資人會買股票、或買任何其他資產，原因是他們認為這些東西會上漲——這一點現在讓我想到下一個問題：

你為什麼認為這檔股票會上漲？背後的真正原因是什麼？

噢，跟一般看法相反的是：股價漲跌不是魔術、巫毒或任何其他神祕力量造成的結果，而是有一些有限的原因。

因此，我們要先從最明顯的原因開始檢討。

股價漲跌是以供需法則為依據。

例如，如果一檔股票的需求超過供應——也就是說，目前的買方比賣方多，那麼，一般說來，股價就會上漲。

反之，如果股票的供應超過需求——也就是說，目前賣方比買方多——那麼，一般而言，股價就會下跌。

這樣很有道理，對吧？

事實上，你以前很可能聽過這種解釋。

唯一的問題是這種解釋實在太簡單了，以致於變得毫無意義。

為什麼？

因此，簡單地說股價上漲是因為需求增加時，不是以你看清實際的情形，要洞察實情，你必須更深入的挖掘，回到整個過程中的上一個階段，看看一開始是什麼原因造成需求增加。一旦你知道這一點，你就可以開始做一些非常明智的投資決定。

拿你以每股四十美元買的股票來說，現在成交價是七十美元，你希望知道該怎麼處理這檔股票。你應該賣股獲利落袋嗎？還是應該繼續抱著，等待股價繼續上漲？

我們再度回到莎士比亞和他的古老困境：賣還是不賣，真的是個大哉問！

為了正確建議你是否賣股，我首先想知道你最初買股票的原因是什麼？你心裡的目標價是多少？而且，最重要的是，發生了什麼事，促使這檔股票上漲？換句話說，需求增加的根本原因是什麼？背後的原因是什麼？

總之，一檔股票的需求會增加，一共有四個原因。

第一個原因，投資人認為公司的價值低估。

大家認為公司的價值低估時，會激勵投資人入市，以他認定的大廉價，買進股票。用華爾街的術語來說，我們把這種人叫做價值型投資人，這些人當中最有名的成員是著名的美國股神巴菲特。

巴菲特從一九六〇年代中期起，利用這種策略，變成有史以來最富有和最成功的投資人，累積了超過兩千億美元的個人財產，同時為購買他的上市投資公司波克夏公司股票的投資人，賺到了數千億美元的財富。

為了讓你了解巴菲特有多成功，我要假設如果你或你的父母或甚至你的祖父母（不錯，巴菲特可以說是已經老到壽比南山，卻又敏銳的像尖釘一樣）有先見之明，在巴菲特取得波克夏公司控制權第一年的一九六四年，在這家公司裡投資一萬美元，那筆投資現在的價值會高達四億一千萬美元。

這樣的投資報酬真的會讓人瘋狂。

然而，價值型指數背後的理論其實相當簡單。

價值型投資人藉著衡量一家公司的真值——公司的銷售額、盈餘、資產、資產負債表等等——和公司股票的當前行情比較後，做出投資決定。如果股票的當前行情低於公司的真值，那麼價值型投資人會認為這家公司價值低估，他們會入市買股。如果股票的現價高於公司的真值，那麼價值型投資人會認為這家公司價值高估，就不會入市買股。

這樣有道理吧？

這個價值百萬美元的問題是：你要怎麼計算一家公司的真值？

答案是有兩種大不相同的方法：

一種是困難的方法，一種是簡單的方法。

我們先從簡單的方法開始，因為這個方法簡單的離譜，我解釋完後，你很可能沒有興趣用困難的方法去計算。

因此，在這種情況下，簡單的方法就是：

去找一下資料。

對，要找出一家公司的真值就是這麼容易。

你所要做的事情，就是上易於查詢的華爾街頂尖分析公司的金融研究部門網站，這種公司每一家都雇用一小群金融分析師，這些人專門爬梳資產負債表、現金流量模型、新聞稿和盈餘報告，得出十分精確的公司真值估計。

這些分析師利用名叫現金流量折現分析（DCF）的方法，考慮很多不同的因素，包括公司目前的財務狀況、未來成長展望、目前和中期的風險狀況、還要從預測未來成長所得到獲利必須「折現」回今天的現值的角度，考慮資金的時間價值。

那你應該選擇那家研究機構呢？實際上提供這種服務的機構有幾十家，下面四家是特別備受尊敬的業界領袖：

● **價值線公司**（ValueLine〔www.valueline.com〕）：價值線公司從一九三一年起，一直提供廣泛而深入的股票、債券、期權和共同基金的報導與分析，內容包括財務報表、盈餘與營收預測、真值評估和技術分析。價值線目前提供的資訊涵蓋一千七百多家公開上市公司。

- **穆迪投資服務公司**（Moodys〔www.moodys.com〕）：穆迪投資服務公司是在一九〇九年創立，現在是世界上最大、最受尊敬的信用評等機構。穆迪採用以字母為基礎的評等系統，「AAA」保留給最有信用的實體，「C」保留給最大、最垃圾的東西，該公司的信用評等廣受全世界投資人、金融機構和企業利用。
- **金融研究分析公司**（CFRA〔www.cfraresearch.com〕）：原名標準普爾全球市場情報公司（S&P Global Market Intelligence）是一家獨立研究公司，針對包括股票、債券和其他金融工具在內的各種證券，提供財務研究和資料。CFRA以其獨有的研究而聞名，善於辨認價值低估的股票和最有吸引力的投資機會，對自己的這種能力十分自豪。
- **晨星公司**（Morningstar〔morningstar.com〕）：晨星公司創立於一九八四年，是一家獨立的投資研究公司，專門針對大範圍的證券，提供金融資料和分析，項目包括股票、債券、共同基金和指數股票型基金（ETF，Exchange Traded Fund）。晨星公司的一大特點是專有的星級信用評等系統，利用共同基金和ETF過去的績效和風險，賦予他們一顆星到五顆星的評等。

這四家研究機構中，每一家都提供各式各樣的訂閱和線上入口，包括可以免費進入，滿足你找到股票真值之類的基本需求，因此，得到這種資訊甚至可以不花半分錢。另外，你也可以靠著審閱華爾街最大銀行與券商分析師的報告，拼湊出同樣的這種資訊，這些公司包括高盛公司（Goldman Sachs）、摩根士丹利公司（Morgan Stanley）、摩根大通銀行（JPMorgan Chase）等等。這些公司當中，每一家都以擁有堅強的研究能力著稱，而且專精於某些類別的產業（因此才需要拼湊資訊）。

無論你選擇那一種方式，一旦你確定一檔股票的真值後，剩下的事情就簡單了，你只要比較這家公司目前的股價和真值，再做出以價值為基礎的投資決定就可以了。

真的是這樣嗎？

真的這麼容易嗎？

我們以蘋果公司為例。

現在，我們利用上述現金流量折現模型，估計出的蘋果公司真值大約為每股一三五．一三美元，目前蘋果的股價為一四一．八六美元。因此，這樣代表什麼意思？

噢，從表面上看來，目前蘋果的價值有點高估，精確來說，高估了四．九％。

很有意思。

你知道我會怎麼說嗎？

狗屎！特大號的狗屎！

我的意思是，少來了！你真的以為你可以看著擁有蘋果公司這種資源、績效紀錄和經營能力的公司，然後用該公司的真值，針對公司股票未來五年的走勢，做出明智的投資決定嗎？

在我看來，這整個想法似乎可笑之至，我會告訴你確切的原因。

首先，這個所謂的一三五．一三美元真值，只是華爾街頂尖研究機構根據自己內部的模型，賦予蘋果公司的各種真值的平均值，看你根據那一個來源而定，他們估計的真值可能高到每股二三五美元，也可能低到每股九九美元，換句話說，大家對蘋果的真值沒有精確的共識。

為什麼？

因為涉及的變數太多，而且分析師之間有太多的個人偏見，以致於無法提出持續一貫的結論。因此，他們提出的結果變成主觀大於客觀，對於想要做出明智投資決定的價值型投資人而言，這種結果毫無意義。

其他很多大型上市公司、尤其是經營很多事業類別、積極推動很多新產品線的公司的真值也是這樣，因為任何一種新產品都可能劇烈影響公司的業績。光是因為這個原因，要精確判定這種公司的真值，就會極為困難，讓你不確定是否能夠利用這種真值，做出明智的投資決定。

然而，如果是比較沒有那麼複雜的企業，情況可能正好相反。

如果一家公司擁有直截了當的事業模式，成長展望又可以預測，要精確判定這家公司的真值，據以做出以價值為基礎的投資決定，就會容易多了。

無論如何，最重要的是應該記住，即使在最好的情況下，計算一家公司真值的過程，都不是精確的科學。所謂的「人為因素」表現在外的形式，包括分析師的個人偏見、對一家公司未來表現有些先入為主的觀念、對其經營團隊與他們所屬產業的信心，總是多少會有若干影響，以致於會把最後的數字，變成對公司價值的部分主觀衡量，而非絕對客觀的衡量。

因此，利用所謂的蘋果公司真值，做為衡量股價是否低估或高估，而不像應有的情形一樣，同時考慮蘋果公司無形資產的驚人價值，如該公司歷經考驗的經營團隊、龐大的現金存量、推動暢銷產品，再以之為核心，發展出獲利豐厚的金融生態圈的長期紀錄，似乎是絕對非常可笑的事情。

無論如何，以上就是計算公司真值的簡單方法，就是只要查證一下就好。

現在該探討困難的方法了，說真的，這個方法真的太難、太難了，難到我強烈建議你，根本該避免採用這種方法，除非你有受虐傾向，能夠在從事枯燥乏味的數學計算中，獲得強烈的快樂，最終你得到跟用簡單方法（查查電腦）是完全相同的數字。

不過，我仍然覺得必須跟你摘要說明這種數學風暴的含意，重點放在華爾街分析師計算時所用的關鍵術語和變數，這樣的話，如果你發現自己在聽CNBC電視台大師，滔滔不絕談論某家公司比真值低估或高估時，你才能夠輕鬆地聽懂，了解其中所含資訊的價值（很可能沒有太多價值）。

因此，在這種情況下，計算公司的真值涉及一系列複雜的數學計算、處理一堆的變數，包括公司目前發行在外的股數、目前和未來的獲利潛力、目前和未來的現金流量（後者需要折現，以便反映未來賺到的錢，價值低於今天賺到的錢的事實）然後考慮另外大約十多個變數，其中每個變數都要根據每一位分析師的專用模型，賦予正確的權數。

總之，這種事情糟糕得一塌糊塗，而且我認為，如果你努力試著計算後，最後卻看到十幾家信譽十分良好的公司（如果確實有這種公司的話），把計算出來的最後結果，放在銀盤上呈給你，你一定會瘋掉。但是，無論如何，你要是需要熟悉一些簡單的名詞，對市場如何運作、如何把價值賦予一家上市公司，才能有個粗淺的了解。

你需要熟悉的術語一共有四個：

一、流通在外股數

指目前由投資人和公司內部人持有的公司股票總數，公司內部人包括原始創辦人、早期投資人和目前的經營階層。公司的每一股代表公司的所有權，持有者有權獲得公司獲利的一部分，以及對某些事項的投票權。

要計算流通在外股數，你只要把目前由個別投資者、機構投資人（例如共同基金和退休基金）、公司經營階層持有的所有股票加總起來，再減去公司利用庫藏股買回計畫而持有的股數即可。

例如，如果一家公司先前發行了一千萬股的股票，其中兩百萬股由公司（透過庫藏股買回計畫）買回，那麼現在公司流通在外股數就會變成八百萬股，這只是簡單的算術而已。

此外，流通在外股數也可能因為股票分割而變化。在這種情況下，公司會發行額外的股數給現有股東，使流通在外股數增加。例如，在一拆二的情況下，每位現有股東目前持有的每一股，都會額外獲配一股，造成流通在外股數增加一倍。然後為了確保公司的總市值不變，目前的每股股價會減少一半。表二所示，即為一拆二的機制。

請注意，在分割前和分割後，公司的總市值不變，換句話說，股票分割的最後結果是半

表二：股票分割的變化

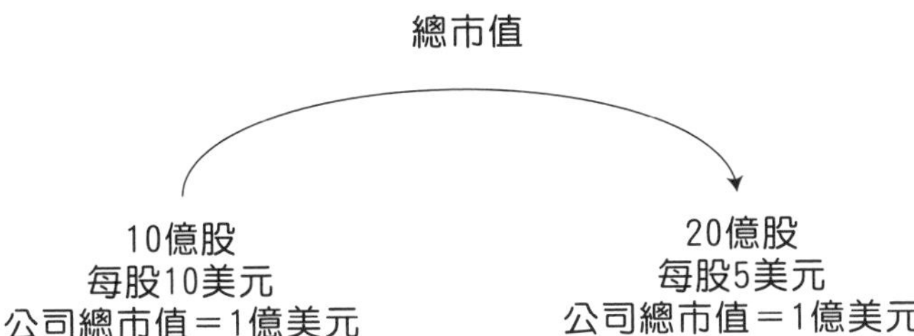

斤等於八兩，只有表面上的差別，但是，這樣不表示股票分割對投資人看待這檔股票的觀感，沒有產生深遠的影響。例如，如果股價上漲的太高，資金比較少的投資人，會開始覺得他們已經錯過了機會，或是覺得自己想從如此昂貴股票中大賺一票的機會嚴重受限。因此，企業常常宣布一拆二、甚至是一拆三的作法，目的就是要把股價拉低下來，到一般投資人覺得比較有吸引力的水準。

此外，同樣的程序可以反過來做。如果股價跌到太低，公司董事會可以授權經營階層採行跟股票分割相反的行動，也就是把公司的流通在外股數縮減一定比例，這樣股價就會相應上漲。例如，如果一家公司流通在外股數有一億股，每股股價為〇．五美元，公司可以宣布反向分割一拆十，這樣等於把股數減少到一千萬股，同時把股價提高到五美元。

當然，最後公司的價值仍然保持不變，因為配股和減資純粹只是粉飾性的作法，然而，投資人通常會比較看重五美元的股票，比較看輕〇．五美元的股票，因為後者的價格會把這檔股票打入雞蛋水餃股行列，承受隨之而來的所有不利影響。

二、總市值

簡稱為「市值」，是重要的財務指標，用來衡量公司流通在外股數的全部價值。要計算總市值，你只要把公司的現行股價，乘以流通在外股數，就可以得到總市值。

例如，一家公司流通在外股數為一百萬股，目前股價為五十美元，那麼公司的總市值就是五千萬美元。或者，這家公司流通在外股數為兩千萬股，目前股價為一百美元，那麼這家公司的總市值就是二十億美元。

這種簡單的計算略如下列所示：

總市值＝目前股價×發行在外股數

甲公司：

發行在外股數＝100萬股
目前股價＝50美元
總市值＝50元（目前股價）×100萬股＝5000萬美元

乙公司：

發行在外股數＝2000萬股
目前股價＝100美元
總市值＝100美元（目前股價）×2000萬股＝20億美元

大家通常認為，總市值愈高的公司愈穩定，風險比總市值較低的公司小。投資人通常會用公司的總市值，來分辨潛在的投資機會。例如，有些投資人偏愛投資小型股（公司總市值介於三億到二十億美元的公司），因為這種公司會有比較高的成長潛力，可以產生比較高的報酬率，然而，也有投資人偏愛大型股（市值超過一百億美元的公司），因為這種公司比較成熟，擁有經過考驗的穩定獲利紀錄。

不論是哪種公司，重要的是要記得公司的市值只考慮流通在外股數的總價值，卻忽略其他關鍵因素，然而，這些因素幾乎可以肯定對你最後的投資決定影響甚鉅。

三、每股盈餘（EPS）

這個重要的指標是以每股為基礎，細分公司的獲利能力，可以簡單用公司的淨利總額*7，除以流通在外股數而得，結果可以清楚衡量這家公司為每一股流通在外股數，創造了多少利潤。

例如，如果一家公司淨利為一千萬美元，目前流通在外股數為五百萬股，那麼這家公司的每股盈餘就是二美元。反之，如果一家公司的淨利為一百億美元，目前流通在外股數為五億股，那麼每股盈餘就是二十美元。下面所示，即為這兩個例子極為簡單的計算：

7原書註：公司的淨利代表公司在一段特定的時間裡、如一季或一年裡，賺到的稅後純益數額。

每股盈餘＝淨利／發行在外股數

甲公司：
淨利＝1000萬美元
發行在外股數＝500萬股
每股盈餘＝1000萬美元／500萬股＝每股2美元

乙公司：
淨利＝100億美元
發行在外股數＝5億股
每股盈餘＝100億美元／5億股＝每股20美元

實際上，公司的每股盈餘居高不下，顯示該公司為每一股流通在外的股票創造了可觀的利潤，公司的每股盈餘低落，代表的情況正好相反。但最重要的是，做投資決定時，這個數字會這麼重要，原因是你拿這個數字跟該公司前一年的盈餘相比時（如果你是分析每股盈餘季報，就要跟上年同季比較），從華爾街分析師整體共識的角度來看，代表著公司是否超出預期或是不如預期。

無論如何，這個指標在計算公司的真值時雖然重要，但是該記得的是，每股盈餘在整個更大的財務謎題中，仍然只代表一個很小卻非常重要的一環。

四、本益比（P／E）

本益比是大家最常提到的財務指標之一，衡量投資人願意對一家公司的每股盈餘，總共賦予多少價值。

要計算公司的本益比，你只要把公司目前的股價，除以公司的每股盈餘，就可以得到本益比。例如，如果公司目前的年度盈餘為每股四美元，目前股價為四十八美元，就表示投資人「賦予」公司的本益比正好是十二倍。相反地，如果華爾街從未來成長展望和年度盈餘成長等角度來看，非常看好這家公司，就可能賦予這家公司高出很多的本益比。例如，假設我們用同樣的每股四美元的年度盈餘，如果華爾街賦予這家公司二十五倍的本益比，那麼這家公司現在的股價應該是一百美元，下表所示，就是上述兩個例子的簡單計算：

本益比＝目前股價／每股盈餘

第一種情境
股價＝每股48美元
每股盈餘＝4美元
本益比＝48美元／4＝12倍

股價＝本益比×每股盈餘

第二種情境
每股盈餘＝4美元
共識本益比＝25倍
股價＝4美元×25＝100美元

實際上，高本益比表示投資人願意為這家公司的年度盈餘，付出很高的倍數，因為他們對該公司未來的成長展望極為樂觀。反之，低本益比表示投資人相當悲觀，或至少對一家公司未來的成長潛力不感興趣，因此願意為該公司盈餘付出的本益比，就低落多了。

例如，如果一家公司成長極快，毛利率非常高，有著令人矚目的事業模式，本益比通常都比成長緩慢的公司高多了，因為後者的利潤率很微薄、沒有快速增進業務的明顯方法。實際上，本益比意在讓投資人，只要比較特定公司的本益比和同業一般公司的平均本益比，就能夠快速比較同一產業中，市場賦予特定公司和其他同業盈餘的估值高低如何。如果該公司的本益比高於業界平均值，就顯示和業界其他公司相比，投資人比較看好這家公司未來的成長潛力。反之，如果該公司的本益比低於業界平均值，就表示和業界其他公司相比，投資人看淡該公司未來的成長潛力。

進一步探討的話，就會知道市場會比較不同產業，根據投資人對特定產業的整體成長潛力的評估，為每一種產業，訂出不同的平均本益比。表三所示，是美國股市最大、交易最熱絡產業的平均本益比。

分析師為了全面了解市場目前賦予一家公司多少估值、以及投資人認為此一估值的未來走勢，通常會採用兩種本益比，來評估一家每家公司目前和未來的成長潛力：

1. **歷史本益比：**顧名思義，這個指標利用一家公司過去十二個月的每股盈餘，計算該公司的本益比。在這種情況下，因為這項資料的歷史性質，這種本益比因而變成公

表三：紐約證券交易所上市類股平均本益比

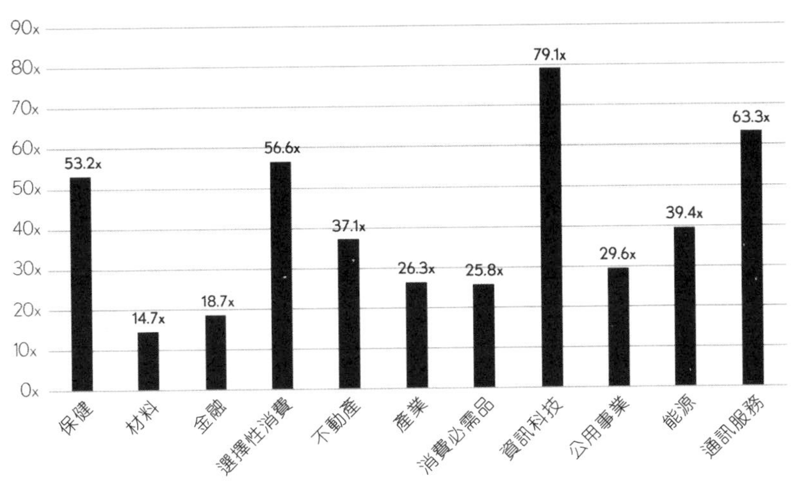

司估值十分精確的指標，讓投資人可以利用一家公司過去的表現，評估該公司未來的成長潛力。然而，這裡存在一種危險，從這個指標的意義來說，因為這個比率沒有考慮一家公司的近期成長，投資人可能錯過未來一年內、可能劇烈影響公司股價的一波重大成長。為了顧及這種可能性，精明的投資人在做投資決定前，也會審視第二種本益比。

2. **前瞻本益比**：這個指標讓投資人，可以比較一家公司過去數月的歷史本益比、以及未來十二個月的盈餘預測值，也就是說，這個指標是根據一家公司來年如果能夠達成預測盈餘目標，可能值多少錢的估計值，其用處在於讓投資人超越公司的歷史資料，了解如果公司未來達成目標時，可能價值多少。

除了這四個重要指標外，分析師還考慮很多其他資料，以便計算公司的真值。但是，我不想在接下來的五十頁裡，為你解釋這些東西，而是要麻煩偉大的班傑明．葛拉漢（Benjamin Graham）代勞（讓你在這個過程中煩的要死。）他的曠世傑作《智慧型股票投資人》（*The Intelligent Investor*）在解釋如何計算一家公司的真值方面，遠比我厲害多了。唯一的問題是如果你要看完前面幾章，很可能需要至少五杯咖啡和強效聰明藥「阿得拉」（Adderall）。

換句話說，《智慧型股票投資人》這本書雖然可能內容豐富，讀起來卻無聊之至，除了最堅定的智慧型投資人之外，一定會讓所有讀者很快就睡著。雖然如此，巴菲特拿這本書當作投資哲學的基礎，進而變成世界最富有富豪之一的事實，使《智慧型股票投資人》這本書，變成想更深入探討價值投資哲學的必讀作品。

第二個原因，投資人認為，會有利多消息傳出

這一點有些麻煩，因為認為會有利多消息傳出的投資人、以及知道會傳出利多消息的投資人之間，有一條微妙的界線。

如果是前者，這種投資策略不但完全合法，而且也是一檔股票需求突然增加常見的理由。如果是後者，這種投資策略不但完全不合法，也是投資人發現自己可能在獄中海俱樂部，待上三、五年的常見原因。

無論如何，下面是這種策略合法版的常見例子：投資人在一家公司即將發布盈餘前，認

為公司盈餘會勝過研究這檔股票華爾街分析師設定的預期，而在事前買進。如果投資人的判斷正確，盈餘超出預期，那麼買家會湧入市場，搶購這家公司的股票。從本質上來說，超出預期會使這檔股票突然變成便宜貨。促使思慮敏捷的投資人跳進市場，買進突然變成價值低估的股票。

因此，投資人會以近乎宗教信仰的熱忱，追逐幾十種財經消息，下面只列出幾種：一家公司宣布首次配息；一家公司提高配息；謠傳可能的併購；宣布實際的併購；新藥臨床實驗有利的結果；重大訴訟案件的和解；巴菲特或馬斯克之類知名投資人的突然介入；改變遊戲規則合約的簽署；新專利的批准；每月訂戶數飛躍增加；此外，還有各式各樣的總體經濟新聞，如通貨膨脹率、失業率、利率、國內生產毛額（GDP）、貿易赤字、新屋開工率等等的變化。

似乎有點受不了吧？如果真的是這樣，別為這種情況覺得困擾。

財經消息雖然這麼多，卻只會以下列兩種方式影響股價：

1. **利多消息傳出時**，會促使投資人認定的公司價值突然增加，激勵思慮敏捷的投資人投入市場，買進現在已經呈現低估的股票，造成股價上漲。
2. **利空消息傳出時**，會促使投資人認定的公司價值突然減少，造成思慮敏捷的投資人擁入市場，賣出現在已經高估的股票，導致股價下跌。

談到買股票的時機時，有兩種不同的策略：

1利多消息傳出前買進

這裡的關鍵是在好消息發布前夠久的時間前買進，以避免利多可能已經影響股價。你愈接近利多消息釋出的時間，其他投資人還沒有聽到風聲、還沒有開始在預期心理影響下買股的可能性愈小。這方面雖然沒有硬性規定，一般的經驗法則是：如果你在消息傳出前一周內買股，那麼可能至少有部分影響已反映於股價上。

2利多消息傳出後買進

在這種情況下，你能否成功，取決於你和其他跟你一樣，採用所謂「波段操作」的高度競爭策略，希望小賺一筆短期利潤的投資人「進場速度」的比較。簡言之，採用波段操作的交易者，試圖捕捉的是股價快速波動中的一小部分利基。我會建議你，除非你是專業投資人，否則不要採用這種交易策略，因為一般投資人在這種快速波動狀況中，往往會血本無歸。二〇二一年一月的遊戲驛站（GameStop）*8股票交易狂潮，就是這種情形完美的例子，在這個例子裡，在這股狂潮中買進這檔股票的一般投資人，都損失了巨額資金——這種情形對他們來說，是針對短期股票交易風險和市場騙局的危險，提出的重大警告。

第三個原因，博傻理論（最大笨蛋理論）

根據定義，博傻理論指出，一家公司股票價值多少，由市場上最大的傻瓜即將付出多少價格而定。換句話說，你決定自己是否應該購買某一檔股票時，你不必關心這檔股票的真值，只要市場上的其他投資人願意付出更高的價格就好。

例如，假設你考慮買一檔目前行情為每股二十美元的股票，經過一些研究後，你斷定這檔股票的真值只有十五美元，但是市場上有些波段操作買家願意付出高達三十美元的價格買進。

你會買這檔股票嗎？

答案取決於你認同哪一種投資理論。

如果你認同價值型投資，那麼你非常有可能不會買進，你會比較每股十五美元的真值，和目前每股二十美元的股價，斷定這檔股票高估五美元，你會放棄購買。

然而，如果你認同博傻理論，那麼你非常有可能會買進這檔股票，你會比較這檔股票現行二十美元的股價，以及市場上最大的傻瓜願意付出的三十美元，斷定這家公司被低估十美元。如果你有任何其他想法，為了證明這次買進合理，你會對自己說：「我知道付出每股

8 原書註：遊戲驛站是一家電玩零售商，因為遭到 Reddit 網站中華爾街賭場（Reddit forum Wallstreetbets）論壇上一群散戶的共同炒作，結果股價一飛沖天。

二十美元，買進每股只值十五美元的公司似乎有點愚蠢，但是因為我知道外面有一個更大的傻瓜，願意付出每股三十美元來買，那麼我實際上不是傻瓜，而是相當聰明。」

簡而言之，這就是博傻理論。

實際上，一檔股票快速上漲時，這種理論經常變成最大的需求生成器，帶來投機客一波又一波的新買盤，這些人頂多只能說是一群愈來愈笨的傻瓜。

事後回想，只要這些投機客沒有變成最大的傻瓜，那麼他們實際上就不傻；而是精明的波段操作交易者，擁有敏銳的時機意識，在最後一波傻瓜擁入市場，決定自己的命運前，不斷進出。然後就像這樣，到了再也沒有傻瓜來維持市況繼續運作時，這檔股票就開始崩盤，一開始，崩盤的速度很慢，但是隨後會迅速積聚動力，這時，最後還在場的傻瓜開始衝往逃生門——導致股價崩跌，回到真值後，才穩定下來。

這就像玩一場代價很高的大風吹遊戲，風停止吹後，仍然站著的人會贏得不太值得尊敬的「最大傻瓜」稱號。

雖然我不建議你玩這種遊戲，但如果你決心參與，那麼這裡有一個（出自華爾街老話的）建議，可以讓你站在最容易獲勝的位置上。這個建議就是：「多頭會賺錢，空頭會賺錢，豬頭會被痛宰。」

換句話說，你購買一檔快速上漲的股票時，你希望試著在這檔股票漲勢開端結束時進場，在漲勢結束的開端出場，不要試著摸一檔股票的底，不要試著賣到最高價，要設法抓住漲勢的中央部分，這樣會讓你站在賺錢的最佳位置，而不會失去一切。我會在第十一章裡，說明你應該怎麼做，現在要請你稍安勿躁。

第四個原因，投資人都懷抱著上漲心態

投資人氣代表投資人對股市未來走勢的整體感覺或態度，他們認為股市會漲還是會跌呢？

還記得第一章說的華爾街格言：「水漲船高」嗎？

經濟狀況、油價、戰爭、過去幾周的盈餘報告、牛奶和雞蛋的成本、晚間新聞的消息；所有這一切和其他很多事情，都會在背景中合併在一起，形成名叫投資人氣的集體意識。

如果整體意識認為市場會上漲，那麼華爾街把這種意識叫做人氣看多，如果整體意識認為市場會下跌，華爾街會把這種意識叫做人氣看空。

了解投資人氣有助於你更了解市場正在發生的事情，讓你更深入了解投資人對某些市場事件或新聞宣布，可能有什麼反應。例如，如果投資人氣看好，就表示投資人對未來樂觀，比較可能購買資產，從而推高價格。反之，如果投資人氣看淡，就顯示投資人覺得悲觀，比較可能出售資產，從而壓低價格。

因此，人氣上升時，會創造相當於「霰彈槍」效應的效果，釋出廣泛的需求漲潮，推升成千上萬種股票的價格，不論這些股票是否應該上漲。投資人氣走低時，會創造正好相反方向的霰彈槍效應，釋出拋售成千上萬種股票的風潮。

實際上，你可以舒服坐在家裡，從電視上看到這種情形，只要在震盪特別劇烈的交易日，把電視轉到CNBC。如果市場正在大跌——下跌超過三%以上——那麼你會在螢幕下方的跑馬燈上，看到幾乎每一檔股票的代號、伴隨著代表下跌的紅色小箭頭，一直滑過去；如果股市飛躍上漲——漲幅超過三%——那麼你看到的就是代表上漲的綠色小箭頭*9。

下面就是箇中關鍵：

投資人氣有助於你在任何一天裡，更了解推動股市的潛在力量，從而做出更明智的投資決定，否則，你經常會發現，自己對所持有的某一檔股票為什麼會上漲或下跌，覺得困惑不已——認為價格波動和公司發生的事件有關係，其實卻可能是人氣變化的結果。

> 剩下的唯一問題是人氣實際上是怎麼運作的？

換句話說，所有這一切需求到底從何而來？

請記住，所有這些新需求波浪背後，都有真正的資金在背後支持，而且資金一定來自某些地方，對吧？

從那裡來？所有這些新資金從何而來？

簡要的答案是來自其他市場。

要知道，美國股市不是唯一的金錢遊戲，投資人考慮配置投資資本時，有無數其他市場可以選擇。例如，讓我激發你的想像力一下：

我希望你想像一下，代表世界上所有資產價值總額的數字大到多驚人，不論持有人（個人、企業、政府、金融機構）是誰，不論位於什麼國家，不論是實質資產還是無形資產。我說的是從股票、債券、現金、退休基金、共同基金和放在銀行帳戶中的資金等金融資產，到不動產、商品、貴金屬、機械、牲口、和供應鏈中的所有製造品，到金融機構所創造、促進產品與服務全球流通的所有各式各樣資產（票券、信用狀、銀行擔保、供應鏈融資）。

根據麥肯錫公司（McKinsey & Company，這家菁英顧問公司直接負責說服美國政府和最大企業，把美國的製造業基礎移出，把所有就業機會搬到中國，以便利用中國所有的廉價勞工數十年，悄悄為中國鋪好最後接管世界的道路）內部的天才估計，所有上述資產的總和大約為一百五十京美元（譯註：萬兆為京）。

現在為了讓你了解這個數字大到多麼驚人，你只要在十五後面加上十七個〇，變成一五〇〇〇〇〇〇〇〇〇〇〇〇〇〇〇〇〇，你就可以看清楚了。

呃，這個數字大得嚇死人吧？

的確如此。

但我們可以說，並非所有的一百五十京美元都在「運作」，其中大約三分之一不具流動性，意思是這些資產不能隨時賣出變現。因此，如果我們從一百五十京美元中，扣除所有不具流動性的資產，最後，我們會得到一百京美元，這個數字仍然大得嚇死人，卻代表世界上

9 編註：國外股市是用綠色標示上漲，紅色表示下跌；與台股紅漲綠跌有別。

所有流動資產的總額。

實際上呢，這個數字表示，任何時候，都有一百京美元，分散在全世界不同的銀行、經紀商、退休基金和共同基金中，控制這些資產的一部分、又有理財意識的每一個人，都努力想達成相同的目標，就是為這些資產，創造最高的資產報酬率，卻不會在過程中損失資產。

在今天這種全球互聯的金融體系中，這些資產以令人難以置信的速度和流動性，環繞全球。實際上，隨著銀行家、投資經理人和投資專家日復一日，在全球市場上，搜尋最高的年度報酬率和最低的風險，數以兆美元計算的資金，日復一日在金融體系中流動。從廣義上來說，這樣就像兩支對立的隊伍之間，進行金融拔河一樣，兩支隊伍都有自己獨特的投資哲學和風險承受能力。

繩索的一邊是股權隊，這支隊伍也叫股票隊。股票隊由世界各地每一家不同的股票交易所中、每一家公開上市公司股票的每一股股票構成，從紐約證券交易所、倫敦證券交易所、那斯達克股票交易所、約翰尼斯堡證券交易所，到莫斯科、波蘭、德國、南韓和任何其他地方的股票交易所，在這些股票交易所交易的每一股股票，都是這支隊伍的一部分。

如果你擁有某家公司的股票，就等於擁有這家公司的所有權，對吧？因此，從投資觀點來說，如果這家公司表現優異，股價上漲，就會為你提供最大的上檔潛力，如果這家公司表現不佳，股價下跌，或甚至公司破產，就會帶給你最大的下檔壓力。因此，股權隊可視為高風險、高報酬的隊伍——一切順利時，會替股東賺到最多的錢；一切不順利時，會替股東虧掉最多的錢。這就是股權隊！

在繩索的另一邊是債權隊，也叫做債券隊。

這支隊伍由世界任何地方的任何政府、市政府、公司或金融機構發行的債券和票券構成。然而，債券跟擁有股票不同，持有股票等於擁有發行公司一部分的所有權，擁有債券並未擁有公司的所有權，而是代表發行公司對債券持有人承諾，會在未來的某一個時間（稱為債券到期日），償付債券票面金額的全額，加上定期發放約定的利息金額（稱為債券票面利率）。

從投資觀點上來說，你投資債券時，得到的上檔利潤明顯比投資股票少很多，因為你的利潤受到債券所支付利率的限制；但另一方面，債券的風險遠比股票小多了，因為發行公司負有法律義務，在債券最後到期時，必須償還你投資的每一分錢。此外，大部分債券會以法律約束發行公司，自始至終定期發放債息，如果發行公司未能發放債息，債券持有人可以控告發行公司，並迫使發行公司破產。

更好的是，在確實發生違約的罕見狀況中，法院會給債券持有人優先待遇，把他們放在債權人行列的前面，好讓他們最先得到償債，同時法院會對股票持有人比出中指，把他們送到債權人行列的後面，讓他們幾乎從來得不到清償，大家就是因為這個原因，才認為債權隊是低風險和低報酬的隊伍。不管發行人的境遇如何，債權隊都會提供固定報酬率，而且全部虧損的風險也低多了。

現在，我們回到金融拔河的情境，現在，拔河的情勢要看世界局勢——經濟、金融、地緣政治、軍事、疫情現況如何變化而定，也要看這些事件對金融體系有什麼集體影響而定，因而導致這場金融拔河看來就像其中一支隊伍一時之間，有著比較多的隊員在拉繩索，從而得到一種不公平的優勢，因而開始贏得這場拔河，資產會像海嘯一樣，湧向他們那一方。

例如，利率走高之際，債權隊會占到優勢，資金會流出股票市場，流入債券市場，為什麼？因為債券利率會使債券帶給投資人更豐厚的利潤，同時債券仍然維持幾乎沒有下檔風險的好處。反之，利率走低時，資金會流出債券市場，流回股票市場，因為對投資人而言，債券的報酬率變得比較不豐厚，投資人現在認為，即使股票有額外的風險，但股市的報酬也會變得比較高。

這就是為什麼利率上升時，股市通常會下跌——因為資金會流出股市，流進債券市場；利率下降時，股市通常會上漲——因為資金流出債券市場，流回股市。在技術上，這種情形叫做反比關係，表示一個變數上升時，另一個變數會下降，反之亦然。

因此，利率走向和整體投資人氣之間，有著反比關係，具體而言，利率下降會促使投資人氣升高，利率上升會使投資人氣下降。進一步探討時，投資人氣升高等於市場大部分投資人同時說：「我認為我現在投資股票會比投資債券得到更高的報酬率……」於是，資金就這樣開始流出債市，流進股市——為成千上萬檔股票，釋出普遍的需求，無論這些股票是否值得投資。

從廣義上來說，投資人氣的變化會導致下面兩種變化：提高風險或規避風險。

投資人極度焦慮時——利率上升、經濟情勢不確定、整個世界讓你覺得似乎即將可能內爆時——通常會傾向採用避險心態，資金因此流出股市、流進債市。此外，留在股市的資金通常會從風險較高、地位比較不穩定的公司中流出，流入比較安全、地位比較穩固的公司中。

相反地，焦慮程度低落時——經濟看來很強勁、利率下降、整體世界局勢似乎相當和平時——投資人通常會發展出提高風險的心態，促使資金流出債市、流進風險可能比較高，報酬率潛力卻也比較高的股市。

股票和債券之類的兩種資產類別，通常會反向波動，用華爾街的術語來說，這種情形叫做相關性低落，亦即一種資產類別上漲時，另一種資產類別通常會下跌；兩種資產類別通常會向同方向波動時，通常稱為具有高度相關性，也就是一種資產類別上漲時，另一種資產類別也同樣上漲。

我會在後面探討資產配置的章節中，在探討建構既能符合你的投資目標、又能達成報酬與風險平衡的投資組合過程中、回頭討論這個主題。

因此，考慮所有這些因素後，我們要回頭看看你以四十美元買進、現在跌到十美元的股票，現在的問題是你該怎麼辦？

你有三個選擇：

1. 賣出股票認賠
2. 抱著股票，等待股價回升
3. 攤平、加碼買進*10

答案是你必須視情形而定。

要做出明智的決定，你必須回到最初以每股四十美元買進這檔股票的時候，問自己買進的理由是什麼？換句話說，這檔股票現在可能是輸家，但你最初買進時，一定不是這樣想，對吧？

你這樣做是根據價值投資嗎？你是否認為這檔股票的真值遠高於每股四十美元、你是在撿便宜？

或者你只是看到利多消息出來才買進？

你認為這家公司會申報勝過預期的盈餘、或是簽署一份改變遊戲規則的合約、或是得到另一家公司的併購出價嗎？

或者你只是進行波段操作，卻碰到不利的結果，現在看來，你愈來愈像陷入最大傻瓜困境中的人？

噢，要回答資本主義莎士比亞式「賣還是不賣」的困境，方法還是要回到起點，回到你最初為什麼會買這檔股票上，你要問你自己這個簡單的問題：當初的理由還成立嗎？

如果答案是還成立，那麼你很可能會希望緊抱這檔股票，除非這家公司或整體市場出了什麼事情，壓倒你當初購買這檔股票的原因，如果你當初購買這檔股票的原因已經不成立，那麼，當初的原因是否已經被同樣成立的原因取代？

例如，如果你根據價值投資原則，買進一檔四十美元的股票，現在和你買進時相比，這檔股票下跌了三十美元，你想做的第一件事情是回到這家公司的基本面，確定你在計算這家公司的真值時，沒有算錯。

換句話說，如果你認為真值是一股七十五美元，現在股價跌到十美元，重新檢視這家公司的基本面後，你是否仍然相信這家公司值得一股七十五美元？如果是這樣，那麼我強烈建議你，用十美元的價格，買進更多這檔股票，因為現時價格更是超低之至的便宜貨！但是，另一方面，如果這家公司的基本面變得遠低於你當初的計算──或是可能有某些不利的消息傳出來，造成真值掉到這檔股票現在的位置──那麼我會強烈建議你，認賠殺出這檔股票，從錯誤中學到教訓，以便未來投資時，變得更加謹慎。

反之，如果你是看到利多消息出來才買進，那麼你要問自己的問題是：好消息傳出時，發生了什麼事情？有利的影響是否已經納入這檔股票的價格中？或是你判斷錯誤，消息實際上比預期差，而且正是股價下跌的原因。

10 原書註：攤平策略指的是買進你目前持有、但買進價格較高的同一檔股票，這樣做的目的是要降低你所有股票的平均成本，以便在股價回升時，提高你的潛在獲利。

不管怎麼樣，因為你購買的理由不再成立，那麼你應該考慮是否還有另一些其他原因，值得你繼續緊抱這檔股票，例如，因為股價已經跌到這麼低，根據價值投資原則，現在繼續抱著這檔股票是否有意義？

然而，如果你當初不是從事價值投資，而且那時也沒有傳出好消息，那麼你到底是為了什麼原因，還希望緊抱這檔股票？你一定不希望繼續緊抱！一定希望賣掉股票、從錯誤中學習，尋找更好的地方，讓你的錢發揮作用。最後，如果你是根據博傻理論，才買進這檔股票，現在這檔股票已經跌到十美元，看起來你自己正好就是最大的傻瓜，你一定是希望賣掉這檔股票，然後繼續前進。

不管是什麼情形，你不會對自己說的一件事是：「我現在不能賣掉這檔股票，因為這檔股票是我半年前用高出很多的價格買進的，我不希望認賠。」朋友，這是住進救濟院最快的方法。

相反地，你可以利用一種根據新資訊改變主意的簡單程序，這種程序不只是所有人類的重要適應特徵，也是能夠讓我們以自信的方式活下去的方法。我們嘗試新事物時，起初經常會失敗，然後，我們根據新資訊，改變自己的方法，再度嘗試，重複這種步驟夠多次之後，我們最後一定會成功。這種程序從事情如何運作、為什麼能夠運作、如何以這種方式結束的角度開始，讓你了解自己實際上是在從事什麼工作。

因此，現在該是讓你以猛狼之姿、快速了解歷史教訓的時候了！

第三章　驚人的美國泡沫機器

我是華爾街之狼，所以你應該不會奇怪，每一次有什麼事情讓我熱血沸騰時，我就會有一種無法控制、想要露出獠牙的衝動。

在這個特殊例子中，促使我失去理智、激發我內心「食肉野性」的「東西」，是在《滾石雜誌》（*Rolling Stone*）上看到的一篇文章。

這篇文章是調查記者梅特·邰比（Matt Taibbi）二〇一〇年寫的，題目叫做《驚人的美國泡沫機器》（*Great American Bubble Machine*），對高盛這家全球最大、最強、最不擇手段的投資銀行做了令人毛骨悚然的批判。簡單的說，這篇文章把高盛公司比擬為「人面獸心的巨大吸血烏賊，會把吸血漏斗，伸進聞起來像金錢的任何東西中。」[*11]

---

11 原書註：這篇文章的連結網址，www://www.rollingstone.com/politics/politics-news/the-great-american-bubble-machine-195229/amp/.

這篇文章用令人激憤的九千八百字，寫出令人震驚、發人深省、又令人絕對憤恨的內容。事實上，這篇文章令人十分惱火，拋開顯然應該引發的所有刑事起訴，這篇文章居然沒能煽動一場現代版的「科學怪人」（*Frankenstein*）禍端，導致憤怒的市民舉起火把和乾草叉，遊行到華爾街，用私刑處死這隻貪婪怪獸，到現在，都還是讓我百思不解的事情。畢竟這篇文章描述的貪婪和腐敗是這麼有系統性、規模這麼大，甚至連我這位號稱華爾街之狼、曾經因為證券詐欺和洗錢，而入獄服刑兩年的人，都覺得很難想像我所讀到的東西可能發生。

諷刺的是，這篇文章剛發表時，我就拜讀過，但當時這篇文章對我的內心，並沒有產生同樣的影響，具體原因很難解釋，不過主要還是當時我對自己在華爾街的惡行，還沒有悔過，很難培養出健康的義憤填膺之情。但是現在十二年過去了，在十多年良好行為和隨之而來的觀點襯托下，我的感覺已經大不相同。我覺得，雖然我自己過去的惡行劣跡十分不堪，但整體而言，我頂多只是一隻極幼小的狼崽而已，只是在高盛這隻大惡狼腳邊啃食——不是啃食，我只是吃一點殘羹剩飯而已。

總之，《滾石雜誌》的文章我還沒看到一半，就覺得是在看根據華爾街改編的《權力遊戲》（*Game of Thrones*）。

在華爾街版《權力遊戲》中，整個世界由出身提利爾（Tyrell）這個和善家族的奧蓮娜夫人（Lady Olenna）代表；代表高盛的人，是出身惡毒蘭尼斯特（Lannister）家族的瑟曦女王（Queen Cersei）。就像故事中說的一樣，奧蓮娜夫人是狡滑、無情、擁有世界一流操縱手法的人，她曾經公開承認，她會採取一切必要手段，來保護她的家族，但最後她卻敗在最狡滑、最無情、最邪惡的壞蛋瑟曦女王手下。

奧蓮娜夫人為什麼會被擊敗？

原因就像她自己獨一無二的解釋一樣：「她敗在想像力不足。」

基本上，即使在她最陰暗的幻想中，包含暗箭傷人、陰謀詭計和徹頭徹尾的狡詐欺騙，她也無法想像瑟曦所能使出的那種純粹的邪惡。

因此，她遭到了謀害〔下手的是瑟曦的雙胞胎兄弟詹姆・蘭尼斯特（Jaime Lannister）。〕

總之，除了參考流行文化之外，在我進一步討論前，我希望跟你快速分享一個關鍵重點，我的目標不是要讓你更加痛恨華爾街——而且當然不是要你討厭目前正在那裡工作的任何人。事實上，我仍然有一些很要好的朋友正在華爾街工作，他們是我可以完全信任的好人。這樣當然不是說我會讓他們管理我的錢，我不需要他們，你們看完本書後，也不會需要他們。

我在這裡要說的是，這種失控大型機構的問題很少出在普通員工身上，而是出在一小群道德敗壞、認為自己凌駕於法律之上的高層領袖身上。

因此，請記住這個警告，因為我要在後面的章節裡，向你顯示華爾街怎麼在過去百年裡，一直在欺騙一般投資人，而且到今天還繼續這樣做。我現在要回到起點，回到這一切怎麼開始、這一切怎麼開始出問題的地方，向你說明華爾街怎麼繼續每天都試圖扒竊你的錢，你如何輕易避免這種事，而且最後還在他們自己的遊戲中，打敗他們。

下面是悲慘的現實狀況：

過去四十年來，華爾街不只一次、也不只兩次，把世界推向金融崩潰的邊緣，而是他媽的高達四次之多——不錯，他媽高達四次之多——而且他們還打算一次又一次、一次又一次地繼續這樣做。

換句話說，他們永遠不會停下來。

為什麼？

因為已經沒有人能夠阻止他們了。

簡單的說，這隻巨大的吸血烏賊——又名高盛和華爾街其他惡名昭彰的銀行家——已經鞏固了他們和華府的邪惡關係，讓他們可以在金融上，搞死世界其他國家，卻幾乎完全不受懲罰，只要數以十億美元計繼續流進他們的相關金庫。

這樣雙方都各蒙其利。

你覺得我在誇大其詞嗎？

過去四十年，他們搞到冰島破產、搞到挪威破產、搞到希臘毀滅、洗劫了波蘭、掠奪阿根廷、掏空了歐洲、摧毀了烏克蘭、搞死墨西哥、暗算了英國、破壞大宗商品市場、拉高又拋售了那斯達克股市、創造了儲蓄貸款機構危機、把全球暖化貨幣化、再賣給中國，最重要的是，他們在二〇〇八年裡，只以毫釐之差，就毀滅掉世界上每一個人都認為堅不可摧的一個國家，也就是美好之至的美國——因為他們正是努力摧毀一切的人。

現在，我們要以非常嚴肅的態度說，你真的必須自問，這些小丑何等卑鄙、墮落，居然試圖摧毀一個擁有無比軍事力量，可以阻止世界其他國家進軍華爾街、阻止他們不要緊緊盯著華爾街，以免華爾街繼續作法自斃的國家？

這樣實在太瘋狂了。

然而事實是，二〇〇八年九月十六日，也就是雷曼兄弟公司（Lehman Brothers）宣布破產，創造一個「轟動全球」砰然巨響的次日（那是價值一兆美元的狗屎房貸抵押擔保證券、在空氣中蒸發的聲音），全球金融幾乎崩潰，你到自動提款機去，想要提領現金，你插進金融卡，輸入密碼，結果什麼東西也沒有跑出來，只有一股空氣，外加下面這張勒索信送出來：

> 親愛的愚蠢存戶：
>
> 不錯，謠言是真的。華爾街這批貪婪的混蛋，包括你蠢到把錢存進來的這家國民銀行執行長的我在內，終於做到了這件事。
>
> 我們偷走了一切。
>
> 你或美國任何一個人的銀行帳戶裡，現在已經沒有什麼東西可以提領，因為一切都已經從你的口袋裡，移轉到我們的口袋裡。
>
> 因此，我謹代表自己和華爾街所有其他貪婪的銀行家，我們搶走你和你至愛之人的財務

前途，好讓自己在漢普頓（Hamptons）海灘買更大的豪宅來住、更昂貴的遊艇來開、更高價的藝術品來掛在牆上，以及更豪華的高油耗私人噴射客機，飛去參加全球暖化會議，我們除了對你集體比中指之外，沒有留下任何東西給你。

因此，你回家吧，把你的獵槍裝滿子彈，等待搶劫潮的發動吧。

不然的話……

你可以拿起電話，開始他媽的撥號。

我們要求你，打電話給你選區的眾議員、參議員和美國總統小布希，要他們把螺絲鎖緊在他們在財政部的首席侍從漢克．寶森（Hank Paulson）以及他們在聯邦準備理事會（Federal Reserve）的首席印鈔長班．柏南克（Ben Bernanke）頭上，要他們他媽的好好替我們紓困。

否則的話，你所知道的日子會從此一去不回。

我們要求他們用電子電匯的方式，支付一兆美元我們不必承擔後果的紓困金，外加聯準會祕密貼現窗口一筆開放的信用額度，讓我們不受任何限制，不分白天黑夜，隨時可以借到我們想借到的金額，要借多久，就借多久，要借多少，就借多少，還不用付利息。此外，我們雖然十分清楚是我們自己的行為，導致全球金融體系破產，我們也不願意接受任何施加在我們身上的新管制，不願意接受跟我們自己已經過高薪水有關的管制，更是不行，因為哪怕是我們的年度薪酬減少了一分錢，我們也絕對無意接受，因此，這件事你們想都別想。

毫無尊重、甚至更少悔悟，

又不太謙虛的執行長字示大眾

又及：不必擔心寶森或柏南克不同意上述任何一項顯然極為可恥的要求。他們像我一樣，都曾經在高盛工作過，所以他們也參與其中。他們現在尋找的東西，是一些看來還說得過去的推諉之詞，好到國會告訴他們，紓困不是他們的主意，他們需要看來毫無退路，別無其他選擇，只能走這一條活路的情勢。

無論如何，情勢都沒有惡化到這麼慘。

聯邦政府的所有權力都聚集在緊緊關閉的大門後，寶森人在財政部大門之後，柏南克人在聯準會大門之後，小布希總統和他的親信在白宮大門之後——在沒有收到勒索信的情況下，做了這件骯髒的事情。最後，美國納稅人拿出超過一兆美元的錢，為華爾街紓困，同時至少暫時矯正了全球金融體系。

華爾街至少應該說謝謝你吧？

沒有，當然沒有！

事實上，從華爾街人士扭曲、貪婪、自私自利的角度來看，是你們這些平民老百姓才應該謝謝他們！畢竟，如果沒有他們在華爾街做這些艱苦而危險的工作〔當時高盛公司的執行長勞依德・布蘭克梵（Lloyd Blankfein）把這種事叫做「上帝的工作」〕，我們這個小小的美國資本主義烏托邦，甚至不會接近目前這種富有和繁榮的水準。雖然這一點很正確——繁榮的資本主義經濟需要正確運作的股票市場，需要值得信任的銀行體系，好對有能力償還貸款的借款人放貸——但是，你在大很多的有機體運作中，扮演關鍵角色，不表示你有權慢慢吞噬這個有機體，到它變得極為虛弱，以致於枯萎和死亡為止。

這種疾病其實有一個名字——身體關鍵系統中的一個細胞找到方法，逃避習慣性的制衡系統，使系統無法正常的阻止這個細胞失控和瘋狂成長。

這種情況就叫癌症——如果你不把癌切除，最後癌會害死你。

不幸的是，過去五十年來，連意在制衡華爾街的好幾個聯邦監督委員會，都因為政治獻金黑錢和政治內鬥結合，而受到損害。如果你認為我誇大其詞，請你轉到有線衛星公共事務網路（CSPAN）十五分鐘，看看上面的瘋狂狀況。連少數試圖保護美國大眾的誠實政客，都淹沒在腐敗黨派攻擊的口水中，這些攻擊者已經遭到收買，得到十倍以上的報酬。在華爾街說客送來的黑錢海嘯資助下，對話遭到劫持，到了最極端的極端，極左派譴責極右派，極右派譴責極左派，最後，即使全國九成的人口都認同中立觀點，現狀卻維持不變，華爾街還是贏得勝利。

噢，我知道你現在很可能在想什麼：

你在想，聯邦調查局哪裡去了？難道他們沒有權力逮捕壞人嗎？畢竟他們能夠阻止你華爾街之狼喬登啊！只需要一位意志堅定的幹探，就可以把你打倒，不是嗎？因此縱使聯邦調查局領導階層可能妥協了，但一般幹探都是忠心耿耿的公民，永遠不會讓這種事情發生啊！

如果你這樣想，那麼你對了一半：一般幹員都很可靠，但可惜他們也無能為力。華爾街大企業透過腐敗的選舉制度，提供捐款，買到程度已難以想像的政治影響力，跟從深度、廣度和多年時間跨度的角度來看，都顯得極度複雜的竊盜作法，結合在一起，即使是最認真的檢察官都不可能向陪審團證明：華爾街的罪行已經超越合理懷疑*12。

事實就是這樣。

從白宮到美國財政部，再到聯準會，早就有一系列完全長大的小烏賊，獲得戰略性的布署，占住掌權的位置，得到孕育和訓練，再送回野外，以便增進他們的吸血鬼大烏賊媽媽的利益。這種情形幾乎就像B級片的差勁情節一樣，壞人控制了一切，包括法院系統在內。但是就像任何B級片一樣，總是有一位有勇氣、又有力量的勇士，出面公開真相，揭發一切，否則的話，所有的人都會變成輸家。

諷刺的是，在這個特別的例子裡，站出來的人不只是一位「勇士」，而是成千上萬的人，他們引發了一場名叫「占領華爾街」的運動。

確實如此，二〇一一年時，兩萬名憤怒的群眾湧入華爾街，要求改變。他們露營、烤肉、演奏音樂；甚至做出巧妙的標語，打出抨擊華爾街的口號，新聞報導了這一切狀況。

但可惜的是，經過五十九天後，一切都沒有改變，群眾感到厭煩，於是就離開了。

---

12 編者註：beyond a reasonable doubt，即只有控訴方提出的證據對被告人有罪的事實的證明達到無合理懷疑的確定性程度時，陪審團方可裁斷被告人有罪。為適用該標準，陪審團須首先推定被告人是無罪的。

占領華爾街的「勇士」是否只是太懶、太沒有組織，以致於無法促成任何改變，還是華爾街上的壞蛋確實太強而有力、得到他們在華府親信太好的保護，以致於整個事件結束時，一切都像往常一樣，直到今天，仍然如此。*13

美國此刻面對破紀錄的三十兆美元赤字，工業基礎遭到徹底摧毀，面臨一九七〇年代以來最高的通貨膨脹率，華府和華爾街之間的旋轉門飛快旋轉，速度快到像五級龍卷風（譯註：時速四百二十至五百一十二公里）一樣快，就像患了第四期轉移性癌症的病人一樣，靠著借來的資金和時間過活。

然而，我還不打算把美國判出局。

首先，在美國生活、工作和創業的一般美國人，不但有著不可思議的韌性，還擁有我在世界任何其他國家從來沒有看過的企業精神（我曾經親自指導過五十多國的企業主）。因此，你可以相信，美國不會不奮戰就丟盔卸甲，一定會又踢又叫，奮戰到底。此外，組織愈大，死亡速度愈慢，鑑於羅馬帝國花了五百年，才完全內爆——美國比羅馬帝國不知道大多少倍、不知道繁榮多少倍——美國很可能還要經過好幾百年，才可能真正大難臨頭。

總之，因為無法精確知道這種事什麼時候會發生，我所能提供給你的最好建議是：在那個時刻來臨前，你應該在不違法的情況下，儘可能賺錢，並聰明地利用本書說的各種策略，把這些錢投資下去。

既然談到這一點，接著我們要用野狼式的風格，深入了解華爾街簡史。

第四章 華爾街簡史

我確信你看過電影《駭客任務》（*Matrix*），對吧？

如果你沒看過，你絕對應該看，因為這部片絕對是經典傑作。

總之，這部片子演到大約三十分鐘時，有一個特別令人心酸的場景，這時，莫斐斯（Morpheus）護送著尼歐（Neo）走在一個虛擬實境的結構中，藉以透徹說明尼歐相當無法接受的現實——就是他所知道的世界實際上已經不再存在，世界已經在人工智慧（ＡＩ）橫衝直撞造成的反烏托邦夢魘中，被智慧機器大軍摧毀了。機器變得有智慧，攻擊自己的主人時，問題就開始了，等到核子武器發射時，世界就變成一團灰燼。

13 原書註：為了公平對待占領華爾街運動的人，紐約市警察局突襲了他們露營的公園，堅持他們必須暫時離開，好讓警察拆除帳篷，因為帳篷違反了公園管理規定。雖然警方通知占領華爾街運動的群眾人士，說他們幾小時後可以回來，但是帳篷拆掉之後，對於住在美國其他地方的運動人士來說，繼續抗議已經沒有這麼有趣，也不切實際了。這是這場抗議結束的重大原因之一。

最後，機器贏得戰爭，世界變成無法居住的地方。更糟的是，殘存無幾的人類正在遭到這批邪惡的機器無情獵殺。

無論如何，這種狀況說來至少很可悲。

總之，這個場景結束時，莫斐斯問尼歐一個著名的反問句，這部片子的英文名《矩陣》也因此而得名：

「矩陣是什麼？」他問道。

「是控制，」尼歐繼續說：「矩陣是一種電腦生成的夢幻世界，旨在讓我們受到控制，以便變成這個……」然後他拿起一個金頂電池——正確的說，變成一個「電（池）……」用來說明人類所面臨的冷酷現實——人類變成了一個巨大的電池，好為機器提供動力。

誠如前述，起碼可以說，這樣是很悲慘的事態。

因此，在這種情況下，我要比照莫斐斯尼歐的問題，問你一個華爾街版的相同反問句：我要問的是：「華爾街賺錢機器」（Wall Street Fee Machine Complex）是什麼?

我的回答一開始時，像莫斐斯的回答一樣，只有一個簡單的說法，就是「控制」。

然後我們的答案開始出現分歧。

《駭客任務》中的作惡者是機器，它們試圖把我們變成電池，以便推動他們的帝國運作，華爾街賺錢機器跟《駭客任務》不同的是，這台賺錢機器是華爾街、華盛頓和財經媒體合組的邪惡同盟，他們試圖把我們變成綿羊，好慢慢地剪我們的毛，到準備把我們切成羊排為止。

這就是華爾街賺錢機器。

這台賺錢機器像《駭客任務》中的矩陣一樣，四面八方包圍著我們，我們隨處可以看到這台賺錢機器。

從CNBC和彭博新聞（Bloomberg News）之類的主要電視網，到《華爾街日報》和《富比世雜誌》（*Forbes Magazine*）等備受尊敬的財經出版品，到流行金融網站如路透社（Reuters.com）和這條街（Thestreet.com），到散戶交易平台如電子交易網（E*Trade）、嘉信理財（Schwab）和互動經紀商（Interactive Brokers），到銀行、經紀商、財務規畫公司、保險經紀商、避險基金、共同基金、以及他們雇用來推動整個機器運作的員工，華爾街賺錢機器不斷用半真半假的說詞和徹頭徹尾的謊言轟炸你，所有這一切盜竊和謀求自己利益的行為，在美國證管會（SEC）貌似嚴密的監督、實則視而不見的情況下持續進行。

要了解這種亂七八糟的關係是怎麼演變的，我們需要回到當初，回到十七世紀華爾街和美國殖民地的早期——想到情況最後會變得這麼卑鄙齷齪，那麼你對華爾街漫長而令人不安的歷史，應該不會覺得驚訝才對，首先要說的是，下曼哈頓這條又長又窄的街道如何得名的由來。

據說在一六四二年時，一個名叫基夫（Keif）的墮落荷蘭人在某天稍早，和美洲原住民分享過一支和平菸斗後，決定策畫屠殺一個友善的原住民村莊，因此，他被迫建築一道「防禦性」的牆，預防這些「惡毒」的美洲原住民的報復，這道牆位在下曼哈頓最南端，由堅固的泥土牆面和木製壁壘構成，從東到西，從一邊河岸到另一邊河岸，綿延二一〇公尺（七百英尺）。

接下來的五十年裡，在新阿姆斯特丹這條「有圍牆的街道」上，情勢相當平靜，圍牆內變成荷蘭地方當局的所在地，上面建造了一個正式的市鎮廣場、一棟聯邦市政廳，當然還蓋了一家妓院。

一六七六年，英國人接管這裡時，把這個城市的名字改成新約克（New York，中文譯為紐約），把「有圍牆的街道」（walled street）改名為「華爾街」（Wall Street）。

從那時起，沒有花多少時間，情勢就急劇轉向黑暗面。

從一七一一年起，華爾街雀屏中選，成為新世界第一個有組織的正式奴隸拍賣場，市政當局要從每一筆交易中抽佣。不久之後，本地股票投機客決定加入這項行動，在圍牆的保護下，開始交易股票。當時他們投機的是什麼股票，的確是惹人猜疑的事情，不過交易大多集中在少數幾家公司的股票上，包括荷蘭西印度公司（Dutch West India Company）、紐約最大的銀行和最大的保險公司。

隨後的一百年裡，愈來愈多公司開始在那裡交易，但是因為沒有設置中央主管單位，也沒有正式的規則，整體情勢顯得混亂而失序。

接著，到了一七九二年，紐約少數最富有的股票經紀商和商界領袖想到，如果他們能夠組成私人的俱樂部，讓每一個想買最受歡迎公司股票的人，都由他們經手買賣，那麼他們可以賺到多很多的錢。

平心而論，這個小團體要組成封閉式的團體，目的除了是要賺更多的錢之外，這樣做也有正當的理由。

例如，如果你認為現在華爾街爆發了詐欺事件，你只要想像十九世紀頭十年裡，會是什麼樣的狀況，當時沒有主管機關、沒有電腦、沒有電話、沒有電報，每天有上千移民從大西洋的另一邊跳下船，卻無法得知誰是好人、誰是壞人。

因此，一七九二年時，紐約二十四位最富有的商人和主要股票經紀商開了一次祕密會議，借用大西洋對岸舊世界同業的模式，擬定了一個簡單的計畫，這個計畫以簡短、簡約、只有兩句話的合約形式表現出來。然而，這麼簡單的兩句話就綽綽有餘了：

> 我等公開股票買賣經紀商之簽字人，特此鄭重承諾、並互相保證：即日起，將不以低於任何種類證券委託價值〇．二五％之佣金費率，為任何人買賣任何種類公開股票，我們並將在交易中，給予彼此優先權。我們特此於一七九二年五月十七日在紐約立此為據。

有趣的是，這項協議所以會有力量，不是出自協議中明白寫出的內容，而是協議中策略性遺漏的一個重點，亦即從今以後，這二十四個人會壟斷市場，他們認為值得交易的任何公司股票的市場，都會遭到壟斷。

實際上，這項協議等於是說：「各位，對不起，我們正式接管整個股票市場，你對這件事卻無可奈何，因為在我們自己和我們的客戶之間，我們控制了所有值得購買的任何公司股票。因此從現在起，如果你想買賣這些股票當中的任何一種，那麼你都得透過我們，並且支付佣金。」

這項協議確立了兩個重點，並且暗示了另外三個重點：

1. 規定這個俱樂部的會員只能跟另一個會員交易。
2. 規定這個俱樂部的會員必須向另一個會員，收取同樣的標準佣金。
3. 暗示外人想要購買這個俱樂部所控制的股票時，必須總是透過俱樂部的會員，並支付比較高的佣金。
4. 暗示外人這種比較高的佣金應該是固定的百分比，訂定這種佣金水準時，要力求利潤的最大化，同時避免競爭。
5. 暗示非經現有會員全票同意，新會員不得加入。

由兩句話構成的這項合約叫做《梧桐樹協議》（*Buttonwood Agreement*）——因為協議是在華爾街六十八號門前的一棵梧桐樹下簽署的——這項協議最後成為一八一七年紐約證券交易所理事會（New York Stock and Exchange Board）的基礎。到了一八六三年，這個交易所把名字縮短為紐約證券交易所，然後一直用到今天。

同時，在這七十一年間——簽署梧桐樹協議到正式改名紐約證券交易所之間，美國已經從新興國家，變成工業強國，華爾街變成這個國家的金融中心。華爾街藉著拉攏華寶（Warburg）與羅思齊（Rothschild）等知名舊大陸世家累積的龐大財富，結合以范德比（Vanderbilt）和洛克菲勒（Rockefeller）為首的新大陸工業家，就在突然之間，創造出一種新型態的貴族。

新大陸的美麗新世界跟古板的舊世界不同，舊大陸有著存在幾百年的舊規則——你的出身決定你能夠爬得多高，新大陸由華爾街的銀行家和割喉競爭的企業家主導，第一條基本原則是完全沒有規則；第二條基本原則是對與錯唯一的差別在犯錯意味會被人抓到。

例如，雖然在紐約證券交易所裡，內線交易、壟斷市場、出售假股票、賄賂官員、發布假消息以便拉高和殺低等等，都被大家認為是稀鬆平常的事情，只有在事情真的出問題時，詐欺者才會有麻煩。

換句話說，除非搞得天下大亂，引發廣泛的恐慌，導致市場崩盤，造成蕭條，否則法治系統根本不會啟動，股市詐欺會遭到掩蓋。罕見的天下大亂發生時，一定會找到代罪羔羊，來承擔所有罪過。

情形很清楚，所謂的代罪羔羊會罪有應得，接受應有的懲罰，包括罰款和徒刑；然而，關鍵的區別在於他們不可能單獨行動，梧桐樹協議排除了這一點，詐欺會發生，一定是透過紐約證券交易所會員的積極參與，這種會員從犯罪中賺到的錢，不但遠高於卑微的代罪羔羊，而且代罪羔羊會入獄關押幾年，名譽毀損，會員會擺脫罪責，聲名無損，甚至可能沒有人會輕聲責備他。

在企業方面，企業家勇猛創業之餘，不道德的行為跟華爾街的業者毫無二致，但是其中卻有兩種重大差別：

1. 他們實際是在建設國家，不只是根據別人的聰明才智，買賣股票，賺取費用而已。

2. 他們創造了龐大的價值，造福每一個人，不過受惠最大的是他們自己。

你可以因為他們建立自己企業帝國的方式，對他們或愛或恨，但是，無論如何，這些厚顏無恥的企業家卻是建設美國的人。從汽船、鐵路到油井和鋼鐵廠，這些產業鉅子是全新而殘忍無情的企業家，他們創造了數百萬個就業機會，建立了龐大的價值。他們需要融資時——不管是為了擴展業務、研究發展、雇用更多員工，還是併吞競爭對手，他們都會去華爾街二十三號，去見一位控制這一切又非常有力的銀行家。

他的名字叫摩根（J. P. Morgan）。

摩根就像撞擊地球、殺死恐龍、為現代人類的誕生鋪下坦途的巨大小行星一樣，對美國金融體系的影響，超越所有其他腐敗銀行家、政客和貪婪證券經紀商的總和。

從推動聯邦準備銀行的成立，到建構壟斷市場的巨型鋼鐵、石油和鐵路企業，再到精通創造市場恐慌，事後再介入市場，為市場紓困的黑暗藝術等方面來說，摩根可能是你最好的朋友，也可能是你最大的夢魘，或是兩者兼具，一切要看情形而定。

雖然摩根的成就確實驚人，但是就在同一期間，有兩位後生小子最後會變成比摩根還重要的人，他們的名字叫做查爾斯·道（Charles Dow）和愛德華·瓊斯（Edward Jones）。

雖然現在看來這種情形有點奇怪，但是一直到一八八八年為止，大家都沒有簡便的方法，來追蹤股市的表現和整體經濟的方向。例如，如果你希望了解市場的表現如何，你必須逐一檢視在紐約證券交易所交易的股票價格，當時在紐約證券交易所交易的公司共有一百二十家，要看這些公司的股價絕非易事。

利用當時最新的科技——電報股票報價機，在薄薄的紙上，打出字體微小報價的方式，就算你想得到一份最新的股價，也都是重大的挑戰。但是能否同時得到所有股票的報價，然後從市場走勢和此刻是不是投資良機的角度，設法了解一切的作法，是否可行呢？

這樣做不光是很難而已，簡直是他媽的不可能。

直到一八八八年。

道氏和瓊斯也就是在這個時候，解決了這個問題，方法是取得精選的美國最大上市公司股價，把股價數字加總在一起，合成一個單一而容易追蹤的平均數，作為衡量市場整體表現的標準。因為他們希望這個標準——或指數——能夠反映美國的整體經濟，他們挑選了供應美國所需原物料的工業公司。

他們一共挑選了十二家公司，包括奇異公司（General Electric）、美國菸草公司（American Tobacco）、美國糖業公司（American Sugar）、美國橡膠公司（US Rubber）、田納西煤鐵公司（Tennessee Coal and iron）、美國皮革公司（US Leather）、美國棉花油公司（American Cotton Oil）、北美公司（North American）芝加哥瓦斯公司（Chicago Gas）、拉克雷德瓦斯公司（Laclede Gas）國民鉛業公司（National Lead）蒸餾暨養牛公司（Distilling and Catte Feeding）——把十二家公司股票的價格加在一起，再把得到的結果除以十二，就算出一個平均值。

道氏和瓊斯很謙虛，決定根據自己的名字，為這個新指數命名，把這個指數叫做道瓊工業股價平均數（DJIA，Dow Jones Industrial Average），簡稱道氏指數（Dow）。（譯註：後來成份股擴大為三十檔股票，台灣媒體就把DJIA改譯為道瓊三十種工業股價指數，簡稱也由道氏指數改為道瓊指數。）

每個交易日收盤時，他們都會執行這個十分簡單的計算，然後把結果公布在他們新成立的新聞機構——道瓊公司——版面上，還加上市況的簡單描述，作為配合。

如果當天道瓊指數上漲，那麼他們會說市場看漲；如果道瓊指數下跌，他們會說市場看跌。

經過不了多久，另一家新創的報紙就認清用一個簡單的數字描述股市的表現，顯然有好處，於是，《華爾街日報》就從一八九六年起，在自己的日報版的頭版，刊出道瓊指數前一天的收盤指數。於是就這樣，全世界廣泛追蹤的道瓊股價指數就正式誕生了。

對道瓊公司來說，時機再好不過了。

美國南北戰爭後，美國從農業國家，轉型成工業強國，到十九世紀快要結束時，華爾街和美國經濟以前所未見的方式蓬勃發展。

這是發明的時代。

像愛迪生和特斯拉之類的現代魔術師以及神奇的電力改變了一切。電燈、電話、收音機、電冰箱、汽車出現，美國正在改變經營事業的方式，人口飛躍上升到無法想像的高峰。

從十九世紀初期起，移民浪潮出現，但是現在這種趨勢加速到空前未有的速度。

其中的選擇很簡單：留在舊世界，面對壓迫性的階級制度和少的可憐的財務利得；或是來到華爾街南邊一點的艾麗斯島（Ellis Island），分享新世界健康、幸福和追求利潤的希望。

華爾街以典型的陰陽方式，同時從事兩種看似截然相反的活動，攫取了規模空前未有的利潤：

1. 他們融通蓬勃發展國家成長所需的資金，奠定美國夢的基礎。
2. 他們在金融上，搞砸了他們正在協助建設的同一個蓬勃發展國家，榨乾了美國國庫，吸走了美國的黃金。

因此，繁榮和衰退的循環變成了公認的常態，華爾街的頂尖銀行家就在背後精心策畫，他們像巨型木偶戲大師般，盤旋在這個國家上空，指揮行動——把美國夢當成舞台，企業家當成明星，新股當成道具，投資人當成臨時演員，股市和銀行體系當成看不見的操縱弦線。就像電視台白天長期播放的肥皂劇一樣，其間發生了上百萬件事情，但是一切都沒有改變過，木偶戲的兩位主要角色繁榮先生和衰退先生，隨著時間的流逝，相繼出現，一再重複同樣明顯的錯誤。

換句話說，木偶戲是一齣該死的悲劇。

簾幕拉開時，我們看到的是一個快速成長的國家，擁有人民希望擁有又得天獨厚的所有自然優勢——地大物博、氣候怡人、又有地理保護、不怕外國入侵，還有確保自由和資本主義的成文憲法。我們略為深入觀察時，可以看到美國人正在享受一段經濟成長期、股市上漲、大家普遍覺得未來展望良好。

然後不理性繁榮無緣無故憑空出現，籠罩在人民頭上，帶來猖厥的股票投機，進而形成股市泡沫，泡沫愈吹愈大，一直到新的詐欺事件爆發，泡沫才突然破滅。投資人最後察覺到周遭盡是詐欺行為時，才開始恐慌，股市開始暴跌，財富開始蒸發，引發充滿無望和絕望的經濟蕭條。

同時，除了木偶戲大師外，沒有人能夠弄清楚到底出了什麼問題。情形就好像突然之間，銀行停止放貸，消費者停止花錢，企業開始關門，經濟日益惡化，烏雲籠罩整個國家，像令人作嘔的霧氣一樣壓下來。世界末日降臨，金融末日大決戰出現！街上血流成河！

但是，就在整個國家快要失去希望，準備在這場資本主義實驗中投降時，經濟復甦又無緣無故開始了，經濟開始成長，業務開始蓬勃發展，消費者開始花錢，股市開始上漲，大家開始覺得未來展望良好，美好的時光來臨！大家想通了一切！情勢好轉到前所未見的程度，而且永遠不會逆轉！

但是，天啊，人民又在突然之間，再度無緣無故地陷入不理性繁榮，導致股票投機猖獗，促使市場形成泡沫，然後泡沫在詐欺事件之後「破滅」，造成大規模的恐慌，從而導致股市崩盤，帶來另一次嚴重的蕭條，這樣的情況一再持續下去。

雖然在這種循環的任何時刻裡，總是會存在一定程度的詐欺行為，但是泡沫卻有一些鼓勵詐欺犯的東西，會促使詐欺犯的人數成倍增加，陰謀詭計的大膽程度也成倍提高，這種情形至少可以說是惡性循環。

然而，唯一可取之處是：一般美國人大致都會避開股市，因此財富遭到摧毀的人只限於有錢人。當然，隨著工廠關門，就業機會流失，經濟陷入停滯，整個國家最後一定會感受到痛苦。但是事實上，一般美國人並沒有在股票市場中投資，這點正是所有木偶戲大師必須說服他們在華府的好友，讓紐約證券交易所繼續自行管制的原因。

事後證明，這件事是重大錯誤。

一九二〇年代初期，一般投資人決定加入這種遊戲時，問題開始出現，美國各地的投資人在經濟繁榮發展、股市飛躍上漲、長途電話在全國普遍推出的助長下，開始把儲蓄送進華爾街證券經紀商的帳戶裡，由券商開始把一般人的資金，投資在不可靠的股票上。

喧囂的一九二〇年代（Roaring Twenties）終於來臨！

第一次世界大戰結束後，消費者支出激增，創造了對新產品與服務的龐大需求，導致公開上市公司家數出現爆炸性成長，上市公司的價值開始上升，引發了大家擔心錯過賺錢良機的恐懼。火上加油的是，收音機和報紙之類的新型態大眾媒體興起，有助於提高大眾對股市機會的認識。

簡單的說，這是一場完美風暴。

不足為奇的是，不久之後，情勢就失控了。

就像變魔術一樣，華爾街賺錢機器的雛形從華爾街和珍珠街（Pearl Street）之間的原始泥坑中興起，這台賺錢機器的核心是紐約證券交易所。紐約證券交易所改變主意，放棄了一百五十年來對社會負責、只侵害富人、不干擾窮人的傳統，從一九二一年開始侵害每一個人。

到了一九二五年，交易所大廳變得像是雙向泥鴿射擊場，把不精明的投資人當成目標，而不是把泥鴿當成射擊目標。這件事變成華爾街第三受歡迎的運動，僅次於高爾夫和丈量陰莖，而且這種運動像所有的富人運動一樣，有一套略如下述的衣著規定和規則。

一位打著領結、穿著吊帶褲的年輕股票營業員，把一位不精明的投資人，放進交易所核准的目標發射機，然後告訴這個可憐蟲緊緊抓住，絕對不要放手。接著，一位老練的投資銀行家戴著大禮帽、穿著燕尾服，端著雙管獵槍上場，他會吼道：「放」，這時股票營業員會把投資人發射到空中，投資人在飛升到頂點前，雙臂拚命揮舞，絕望地設法抓住從他口袋中飛出來，飛到空中的少少幾張美鈔。他飛到飛行軌跡的最高點時，這位投資銀行家會鎮定的扣下扳機，呯的一聲，投資人就變成了肉泥，像石頭一樣，墜落到地上。

投資人的身體撞擊地面時，那位股票營業員會對那位投資銀行家喊道：「射的好！」投資銀行家對他的誇讚，只會略微點一下頭，好像是說：「謝謝你，年輕人，你把那位投資人放到空中讓我射殺，做得很好。」

然後，他會慢慢地轉動脖子，像職業拳擊手一樣，踏上拳擊場，再度把獵槍瞄準目標區，喊著：「放！」另一位投資人會飛到空中。

這就是喧囂的一九二〇年代時華爾街的狀況。

到了一九二九年初，這些喧囂的一九二〇年代跳樑小丑，不但把精進他們的金融流血運動技術——對準只有國小畢業、靠著薪資勉強度日的小白投資人——精進到完美程度，還在這種遊戲上增加一個新的絕招，使這種遊戲變得遠比過去刺激多了，獲利程度也無限擴大，這個絕招就是把新購買所有股票的融資保證金成數，從具有潛在危險的五成，降為瘋狂、又讓人會自我毀滅、在道德上也應該受到譴責的一成。

換句話說，一位幾乎沒有財產、甚至更沒有理財經驗、堪稱小白的投資人，最多可以借到九成的資金，購買他們笨到願意購買的任何股票，比較常見的情況是購買營業員拚命鼓吹，硬塞到他們口袋裡的股票。

不論是透過報紙廣告、廣播上的聲音、還是雛形電話行銷機構的鼓吹，大眾都是第一次成為華爾街的目標。九成的融資比率更使整個股票，變成大家買得起的東西。

例如，假設一位股票營業員在喧囂的一九二〇年代，打電話給一位潛在客戶，推銷一檔目前股價為四十美元的某某公司，因為這位營業員非常有說服力，他說完後，客戶已經準備把終生儲蓄，投入這家公司，奮力一搏。但是只有一個問題，他的終生積蓄不多。事實上，他結清所有銀行帳戶，還打開存錢筒後，最多只能搜刮到四千美元，就是這樣，再多一分錢也沒有。

突然間，他洩氣了，他計算過，知道不管某某公司股價漲到多少，他能夠擁有的股票都不足以影響他的人生，整件事情毫無意義，純粹是徒勞無功，這是悲慘的現實，卻是簡單的事實。如果他有錢買更多股票，這件事或許還會有點道理，但是他卻沒有更多的錢。他心想，這就是為什麼股票市場是富人的遊戲，不是像他這種平凡老百姓能夠參與的原因。

想到這一點，他就對營業員說：「對不起，老兄，但是我想我還是算了，我只買得起一百股，因此，即使這檔股票變成『翻倍』，也不足以改變我的人生，要是我把錢虧掉了，那我就真的完蛋了。」

「我完全聽的懂你的話，」營業員同情地說：「事實上，我第一次接觸我的客戶時，他們大都跟你一模一樣；但是，現在我已經在市場裡，替他們賺到非常多的錢，多到他們不知道該怎麼辦的地步！噢，我認為你在這裡搞錯的是，要在股市裡賺錢，你所需要的錢，根本沒有你所想像的那麼多。」

「真的嗎？」客戶懷疑地問：「怎麼會這樣？」

「這件事其實很簡單，你透過我們的號子買股票時，我們不會要你付出所有股票的價金；你只要付出一〇%的價金就可以了，其他的錢我們的號子會借給你。」

「一〇%嗎？」客戶不敢相信地問：「就這樣嗎？」

「是的，只要一〇%。這樣叫做融資買進，現在每一個人都這樣做，他們現在全都在賺大錢。我敢說你一定知道近來股市有多熱吧？」

「對，我當然知道。」

「正是這樣，」營業員繼續說：「市場一直在漲，看不到盡頭；某某公司的情況尤其如此，這家公司是當下市場中最熱門的股票，你用融資買進的話，你的四千美元可以買到一千股，而不是一百股，這樣表示，這檔股票上漲時，你會賺到十倍的錢，還不費吹灰之力。」

「真是讓人難以置信！」客戶喊著說：「因此，如果股價翻倍，我的四千美元投資就會賺到四萬美元嗎？老天爺啊，我現在的工作再做十年，也賺不到那麼多錢！」

「你現在搞懂了吧？」營業員立刻接口說：「股票就像我們兩個想像的那樣，上漲三倍時，你的四千美元投資就會賺到八萬美元！順便要說的是，這種事情在市場上根本不算什麼！過去幾個月裡，我有很多客戶賺到的錢，比這多得多了，這就是為什麼現在每一個人都跳進市場、用融資買進的原因，世界上沒有更好的賺錢方法了，這樣真是妙透了，有道理吧？」

「絕對有道理！那我要怎麼開始呢？」

「很簡單，」營業員回答說：「我只需要一些基本資料，就可以開立融資帳戶，而且我現在就可以替你買這檔股票，然後你可以在未來幾天裡，把四千美元匯進來，支付這筆交易價金的一成。我們公司會自動把其他的錢借給你，這樣的話，你什麼都不用做。」

「哇，這樣似乎很容易，」這位客戶帶著一絲疑心，說道：「我什麼時候要償還這筆貸款？」

「這一點是最好的地方，」營業員立刻說：「在我們賣掉股票，讓你獲利前，你都不必償還貸款。」

「好，那利息呢？」客戶問：「其中一定有利息吧？」

「對，當然有，」營業員不屑地回答：「但是利率只有十二%而已，而且你也可以延後繳交利息，到你賣掉股票之後才付息，因此，你還是沒有什麼好擔心的。」

「我不知道，」客戶說：「十二％我覺得似乎有點高，長久以後，這樣可能會變得相當貴，會吃掉我的利潤，你不覺得嗎？」

「在正常的情況下，我會同意這一點，」營業員回答說：「例如，如果你的房子借了抵押貸款，那麼你說的話的確有道理，因為你必須在那麼長的期間裡，負擔這種利率，但是以這家公司來說，我們討論的是非常短期的交易——或許頂多是三到六個月——然後我們就會賣掉這個東西，獲利落袋，更不用說其中的上檔獲利潛力極為龐大，以致於你最後付出的利息跟你賺的錢相比，根本是微不足道。因此，就我個人來說，朋友，我看不出來你怎麼會出錯，聽起來很好，對吧？」

「絕對如此，」客戶同意說：「替我報名吧，老兄。」

「太好了！」營業員回答說：「歡迎加入！你做了非常完美的決定。」

電話喀嚓一聲掛斷了。

兩星期後，這位客戶收到營業員的緊急電報：

緊急：你必須立刻透過西聯電報公司（Western Union），匯出一千美元，到你的經紀商帳戶裡，句點。如果我們在明天下午十二點以前沒有收到錢，我們會被迫根據你過於懶惰或過於愚蠢，以致於沒有閱讀的融資合約所規定條件，出清你的某某公司持股，句點。

客戶看了目瞪口呆，根本不知道是怎麼回事，他怎麼可能欠號子更多錢？他又沒有新買什麼東西。此外，他也沒有半毛錢了，他們已經說服他，把整個終身積蓄全都投入某某公司了。

他氣沖沖穿上外套，向門口走去，本地的藥房離他家只有十七公里遠，那裡有一部可以直接撥打華爾街的電話，他要徹底解決這個問題！在他的監視下，這些混蛋別想脫身逃掉。

但是，哎呀，他甚至還沒有走出家門，就停了下來。

不——不可能！卻就是這樣！是另一位送訊息的人！送來另一封電報！

送電報的人對著他微笑，交給他一封密封的電報。他研究這個人的臉孔，看看有沒有諷刺的意味，他知道嗎？不可能！他怎麼可能知道？

但是，這個混蛋就是面帶微笑，站著不動，白皙的圓臉上出現吃屎般的開心笑容！這個沾沾自喜的混蛋到底怎麼了？他為什麼就這樣站在那裡？

他突然想到：小費！送電報的人居然在這種時候想要小費！

好大的膽子！

市場正在崩盤，世界正在崩潰，這個沾沾自喜的混蛋正在等他給小費。

真是太大膽了吧！

兩個人四目相對，他花了片刻直視對方內心，然後當著對方的面，瞪著對方，再慢慢地關上門。這樣做讓他覺得稍微好過了一點，他在這場對看之中，獲得了勝利，但是這種勝利相當空洞。他強忍著恐慌，打開了電報，讀了起來。

他完全嚇呆了，這又是另一個要錢的要求！

緊急：你必須立刻透過西聯電報，匯出一千五百美元，到你的經紀商帳戶裡，句點。如果我們在明天下午十二點以前，沒有收到錢，我們會被迫根據你過於懶惰或過於愚蠢，以致於沒有閱讀的融資合約所規定的條件，出清你的某某公司持股，句點。

就是這樣！他受夠了！他怒氣衝天再度走出門，走向他的福特T型車，發動引擎，開往本地的藥房，準備解決整個問題，這件事一定是某種錯誤！

三十分鐘後，他來到藥房，身後揚起一英里多的灰塵，氣候到底怎麼了？最重要的是，居然爆發旱災，他的作物都快死了，他的雞隻瘦得像竹竿，乳牛已經停止分泌乳汁，小孩滿臉泥土，跑來跑去，咳到把該死的肺都要咳出來了！末日來臨了！

但是他沒有時間理會這些事情，他要晚一點才要應付上帝的怒火，現在他要專心關注華爾街——他們是敵人！

他深深吸了一口氣，拿起電話，要求總機接通那家號子，因為他們為了偷他的錢，正在試圖強迫他匯更多錢給他們，實際上，他已經一分錢都不剩了，全部都被他們偷光了！他怎麼會碰到這種事情？這樣就像他做了一場噩夢一樣，他卻叫不醒自己！

短暫的停頓後，他聽到幾聲喀噠聲，然後電話響了兩聲，他就奇妙地跟那家邪惡號子的總機小姐通話了。

「喂，」總機小姐帶著鼻音說：「謝謝你打電話來杜威奇恩郝伊公司，我要把你的電話接給誰呢？」

他在腦海裡想像這位女士的樣子，他知道她這種類型的女性，瘦得像竹竿，戴著牛角框的眼鏡，一副居高臨下的語氣，散發著紐約和華爾街勢利的氣息。他生氣地請她接通造成這場混亂局面的混蛋。

喀噠幾聲後，他聽到那位混蛋的聲音從話筒裡，響亮而清楚就像人在隔壁一樣。他心想，這麼神奇的科技！我原來應該買貝爾電話公司（Bell Telephone）才對！我買這家狗屎爛公司時，到底在想什麼？

但是他把這些想法拋在腦後，他需要對營業員確立主導地位，讓他知道誰才是老闆，這是他把錢要回來唯一的方法。

「喂，」營業員用樂觀的聲音說：「我能幫上什麼忙——」

他打斷他的話，義正詞嚴地大發雷霆，用天下所有的話罵他，指控他犯了情人節大屠殺以外的所有罪行，卻也不放過指責這個貪婪的混蛋跟黑幫老大卡彭（Al Capone）勾結。他口沫橫飛：「我不欠你或你們的號子半毛錢，我只是買了某某公司一千股，如此而已，而且——」

「哇、哇、哇」，營業員打斷他的話說：「冷靜下來，你會毫無來由心臟病發的！我們同意過，你只買了一千股某某公司，沒有發生什麼古怪的事情，你需要放鬆一下。」

這位農民氣瘋了。「什麼沒有古怪的事情！如果沒有古怪的事情，那他媽的我為什麼會收到你們公司的電報，說如果我不匯兩千五百美元給你們，你們就要清算我的帳戶？我今天早上間隔了十五分鐘，收到兩封電報，你要怎麼說？

「喔——我知道怎麼回事了，」營業員回答說：「你收到的是追繳保證金通知，過去幾天裡，某某公司一直在下跌，事實上，一切都在跌，整個市場都很糟糕，因此後台作業部門自動發出那些通知，這件事我很抱歉。」

農夫一時之間搞糊塗了，他從來沒有聽過「追繳保證金通知」這個字眼，營業員從來沒有提過這件事。突然間，他想到了——呼的一聲，就像拳王傑克・鄧普西（Jack Dempsey）一拳正中他的肚子一樣！他覺得膝蓋軟了下來，現在是他才剛剛了解一切的可怕時刻，他知道自己是在愚蠢之餘，推動一件無法阻擋事件最末端的人。就是「追繳保證金通知」這個字眼……他在什麼地方看過這個字眼，他不知道是在那裡看到的，但是其中的含意很可怕，他可能被徹底掃地出門！他心想，該是裝傻的時候了。

他必須假裝從來沒有聽過這回事，為什麼不如實稱呼這種事情呢？這就是要求他立刻償還一筆糟糕之至的高利貸嘛！更糟的是，他們還掌握住他匯去的四千美元，當成擔保品！這些混蛋！他根本不知道可能發生這種事，他是農夫，這種金融術語就是要讓他們這種善良、誠實、勤奮老百姓搞昏頭！

此外，這位營業員從來沒有提過「追繳保證金通知」這個名詞，只提過用融資購買，這件事讓他占據了道德上的制高點，他顯然是遭到冤枉了，他完全有權要求退款，沒有第二種方法！

他在這種想法鼓舞下，用完全不知情的語調說：「追繳保證金通知是他媽的什麼東西？你從來沒有提過跟追繳保證金通知有關的事情！我從來沒有聽過這個名詞！相信我，我記得什麼東——」

營業員用厚顏無恥的謊話打斷他的話，「我當然跟你提過這一點！我們曾經完整地討論過這件事！我解釋過整個——」

「沒有，你沒有！你從來沒有提過有關——」

營業員再度厚著臉皮，用謊話打斷他的話：「有，我提過！我記得那次談話的每一個字！我告訴你，說如果股價下跌超過百分之十，那麼，你就必須匯更多錢進來，彌補差額，融資就是這樣運作的，你的股票是這筆貸款的擔保品，因此，某某公司從四十美元跌到三七．五美元時，你的擔保品就下降到低於五％門檻的切斷點，這裡就是問題所在——我根本不認為會發生這種事情，因為市場太強勁了……」營業員喋喋不休說著，農夫卻充耳不聞，他根本聽不進這些鬼話，他已經知道營業員這樣說有什麼打算了，但是，你不能相信的是，這個貪心的混蛋怎麼說得出這種謊話！

股價跌到三七．五美元時，他的一千股部位的價值降到三萬七千五百美元，使他的四千美元投資的權益變成只剩一千五百美元。都是因為這筆該死的貸款，他仍然欠了三萬六千美元——還要加上利息！一檔股票下跌五％不算是什麼大事，這種事情常常發生，他注定會失敗——這一切全都是陷阱。

他可能在心眼裡，看到精確的算式，算式就漂浮在那裡，在他的心眼中，昭然如日，實際上，是兩個算式。

同時，這位營業員還在喋喋不休，謊話繼續從他貪婪的嘴巴裡吐出來！「我告訴過你，這是一種風險，我承認自己說過這種情形不太可能出現，但是我要替自己辯護，過去八年裡，我們一直都處在龐大的多頭市場中，而且我替客戶賺得盆滿缽滿，我希望你成為他們當中的一分子。但是現在每一個人都陷入恐慌，整個市場正遭到摧毀，不單是某某公司而已，這種情形對每一個人都很糟糕，我能說什麼呢？」

「你還能說什麼呢？」農夫生氣地說：「說這一切都是一堆快樂的狗屎吧！我對這些東西一無所知，你從來沒有對我提過追繳保證金通知的事情，而且反正我也沒有剩下半毛錢可以匯給你，我上次就告訴過你了，我已經把自己最後的四千美元丟進去，這是我名下所有的

最初的投資

每股價格＝40美元
股數＝1000股
投資總值＝4萬美元

股票融資＝90%×4萬美元＝3萬6千美元
帳戶權益＝4000美元

股價下跌後的價值

每股價格＝37.5 美元
股數＝1000股
投資總值＝3萬7千5百美元

股票融資（不變）＝3萬6千美元
帳戶權益＝3萬7千5百美元－3萬6千美元＝1500美元

財產了，我就要虧損一空了。」

「噢，那樣真是不幸，」營業員說：「我們公司必須在這檔股票再下跌前，出清你的部位。否則的話，你最後會欠更多的錢。」

農夫難以置信，氣急敗壞地說：「這樣是什麼意思？」

「意思是我們公司會自動賣掉你帳戶裡的股票，以便償還你的貸款。目前某某公司的成交價是三十七美元，因此，如果我們賣掉你的股票，你會拿回三萬七千美元，扣掉我們借給你的貸款三萬六千美元，加上你無法逃避、應該支付的五十美元利息後，你會剩下九百五十美元，然後你只需要付給我二．五%的佣金，這是我們這一行的標準費率，而且不得打折。」

「總之，如果我們收取三萬七千美元交易總額的二．五%，我們會得到九百二十五美元，那就是我的佣金。因此，我們扣掉九百二十五美元後」——在那一瞬間，農夫了解這個混蛋為什麼鼓勵他用融資買進了，因為這樣做會讓他的佣金提高十倍！——「這樣你會剩下二十五美元。噢，等一下，我忘了最後一件事情、忘掉單據費了，對不起，買進和賣出都要支付三美元的單據費，我們在你買進時，沒有叫你支付這筆費用，因此單據費只是當成借項，放在帳上，因此這筆費用一共是六美元，這樣你收回的總金額就會降為十九美元。」

「如果你希望這樣做，我現在就可以替你辦理，」營業員繼續說：「考慮到目前的情勢有多不好，我此刻很可能會建議你這樣做，你最不希望的事情是帳戶變成負值，那時我們就必須追討你欠我們的債務，收帳員可沒有這麼好——」

「我聽夠了，」農夫生氣地說：「我不知道你想說的是什麼，但是你從來沒有提過跟追繳保證金通知有關的事情，或提過如果股價下跌，我必須匯更多的錢過去，我沒有半分錢了！何況你告訴過我，某某公司會漲三倍，我會像你其他該死的客戶一樣，賺到的錢會多到我不知道該怎麼花。因此現在我只想取銷整個交易，我希望結清我的帳戶，匯回我的四千美元，否則的話，我只好——」

營業員冷漠地打斷他的話，繼續說道：「就像我說的一樣，你最不希望的是讓你的帳戶變成負的，然後你必須匯更多的錢進來，彌補你欠我們的債務，我不願意看到這種事情——」

「什麼債務？我沒有欠你們什麼債務！我什麼都不欠你們！你從來沒有說過——」

「很不願意看到這種事情發生，」營業員從他被打斷的地方說起，「總之，我不知道你為什麼一直說你不知道我在說什麼，這一切全都寫在你簽過字的新帳戶合約中，合約現在就擺在我眼前，包括你的新帳戶表格、融資協議、利率附加條款，我全都拿了過來。因此，就像我說的一樣，我強烈建議你在你的帳戶變成負值前，現在就賣掉，懂嗎？」

農夫啞口無言，他覺得徹底洩氣了，他怎麼可能這麼愚蠢，蠢到沒有細看合約？但是合約文字印的太微小了，這是古老的微小文字把戲！他們逮到他了！此外，他只是一個農夫而已，他怎麼會應該知道這些事情呢？

這不是我的錯……這不是我的錯……這不是我的錯……他一直想著這句話，但是心裡知道他完了，他失去一切了……

「總之，這是我的建議，」營業員繼續說：「現在時機非常糟糕，每一個人都跟你一樣，落在同樣的處境裡，他們全都收到追繳保證金通知，全國各地都是這樣，每一檔股票都是這樣，這種情形為市場帶來龐大的壓力，變成了自我實現的預言。」

「市場愈跌，要清算的帳戶愈多，因為他們不能滿足追繳保證金的要求，這樣就在市場上製造更多的賣壓，進而進一步壓低市場，引發更多的追繳保證金通知，從而創造更大量的賣壓，就這樣持續不斷。就像我說的一樣，這種狀況非常糟糕，不知道會變成什麼樣子。」

農夫說不出話來，華爾街不但把股市拉抬到高的離譜，同時在拉抬過程中，也在財務上，把道瓊指數最近的下跌變成好比聖母峰頂的雪崩——不論雪崩開始時規模多小，都是勢不可擋，一路變大和加速，一直崩到山腳，摧毀沿路上的一切、摧毀一切的一切。

想到這裡，這位農夫只簡單回答營業員一句話：「全部賣掉。」

融資九成買股就是這麼瘋狂，等於把點著的大禮炮交給一個小孩，再跟他說：「噢，小強尼，你一定要非常小心，這個禮炮可能非——常危險！」

但是，小強尼看到的當然只有閃閃發亮的火花，以及整個中樞神經系統都在強烈地興奮著，好刺激！好激動！這是十足的人性！不論我們是用融資買進一檔爛股，還是拿著一個點著的大禮炮，直到我們的一隻手被炸掉為止，都是這樣。我們十分興奮時，通常會十分難以看到後面的危險。

就是因為這個理由，世界上所有未來斷掉一隻手的小強尼，才會不顧惡兆清楚閃現在眼前，還不斷地把全部的終生儲蓄，投入蓬勃發展的股市中，算總帳的日子很快就會來到。

同時，投機狂潮升到白熱化的程度，道瓊公司在一九二八年時，決定在自己的旗艦指數中，增加十八家公司，使道瓊指數的成份股變成三十檔，全名變成道瓊三十種工業股價指數，一直到今天仍然如此。

然而，問題大致不在構成道瓊工業股價指數的三十檔大型股身上，雖然這些股票的價格膨脹到歷史高峰，現在卻還有另外七百檔股票，在紐約證券交易所交易，這些股票的品質後來會爆發重大問題。事實上，到了一九二九年，問題惡化到極為嚴重的程度，以致於大部分紙本股票的價值，低於印製股票的那一張紙。

好笑的是，你可以大膽地猜猜看，到底是那家證券經紀商帶頭衝刺？把這種金融狗屎膨脹到最大塊、膨脹到惡臭和惡毒之至，以致於這種金融狗屎最後內爆之際，會造成整個金融天地變得輻射性極強，強到投資人二十年都不能住進去的地步。

你猜對了，正是高盛公司。

高盛公司起步緩慢，卻採用未來一百年會發展完善的策略，然後，一旦他們確定龐大的金融暴利，會超過隨之而來的金融大破壞，他們就最先兩腳跳進去，成為業界生產最多、最大塊狗屎的業者。

十月來臨時，紐約證券交易所已經完成轉型，從美國的最主要股票交易所，變成金融熱核戰的原爆點，這時只剩下一個問題要問：

核彈什麼時候會爆炸？

這是他們在十月二十五日星期五正式創造的名詞，用來描述前一天紐約證券交易所爆發的大屠殺。**新聞界稱之為黑色星期四**。

道瓊指數開盤時暴跌十一%，到午盤時，成交量已經超過一千一百萬股，當時一千一百萬股是空前未有的成交量，是紐約證券交易所一整天的正常交易量的十倍以上，當時的電子報價機根本跟不上這麼熱絡的步調。

到了正午，報價機已經落後三小時，加劇了已經蔓延到全國的金融恐慌，不精明的投資人——包括屠夫、麵包師、燭台製造商——都已經愚蠢地用融資九成的方式，把終生積蓄投入冒險的股票。在少數既有的股票報價機落後幾小時的情況下，沒有一個人知道市場現況如何，也不知道自己是否會收到西聯公司的電報。

到了下午二時，所有的希望似乎都破滅了。

然後奇蹟出現。

投資人的情緒突然憑空急轉直下，巨量的委買單突然同時出現，開始湧入市場，買進標的分散在道瓊三十種工業股價指數中最大、最重要的公司，這些股票的價格飛躍上漲，更引人注目的是，委買單來自紐約證券交易所最備受尊敬的會員、來自一家替范德比家族、洛克菲勒家族和其他木偶戲大師管理資產的證券經紀商，是一個以消息靈通而享有盛譽的人。

紐約證券交易所的其他交易員，看到這種消息靈通人士發出的巨量委買單後，決定跟進。畢竟如果這些木偶戲大師都在買進，表示他們知道某些事情，於是，就像這樣，消息開始在交易所交易員之間傳播，再從交易員口中，傳到證券營業員耳中，然後傳到營業員的客戶耳中，於是整個市場恢復了生氣。

實際上，買單並非憑空出現，這些木偶戲大師認為，把派對儘量延長，符合每一個人的最大利益（尤其符合他們自己的最大利益）因此，他們把資金集中在一起，成為一系列的巨量委買單，然後透過他們的經常利用的營業員下單，以便傳達他們的意圖。

這是古老的伎倆——在短時間內，下大量委買單，以便拉抬股價——在買進的人是過去紀錄優異的知名人士時，這種作法特別有效。

今天，我們把這種「刻意買進」叫做股票炒作，會害你到聯邦獄中海俱樂部大飯店關個三、五年，但是一九二九年時，美國沒有聯邦證券法規，可以對付普普統統的股票炒作，而且就這一點來說，更沒有對付利用任何其他骯髒手法、巧取豪奪小白投資人的法規，這是徹底的大混戰，行事根據叢林法則，炒作股票是大家熱愛的遊戲。

不管怎麼樣，這個計畫推動得非常漂亮。

收盤鈴聲響起時，道瓊指數幾乎已經完全收復早盤的失土，收盤指數只比前一個交易日下跌二％。

星期五平靜的過去了，投資人停下來喘一口氣，一切看來都很美好。

然後到了星期一。

星期一也是黑色的——事實上，遠比黑色星期四黑多了——至少八千萬美國人在飽受震驚之餘，隔天早上拿起他們最喜歡的報紙，看著報紙標題時，新聞界是這樣描述昨天的慘劇。

到處是一樣的標題。

黑色星期一！股票暴跌！華爾街之死！資本主義末日！

然而，和黑色星期四不同的是，星期四下午尾盤的反彈拯救了股市，星期一早上一開始交易，股價就像石頭一樣，開始自由落體，而且一路跌落，大屠殺從早上九時三十分開盤時開始。

突然間，整個投資大眾瘋狂地衝向唯一的出口，把紐約證券交易所交易大廳變成了金融大決戰的戰場。這一天結束前，道瓊指數慘跌了十一％，以二四一點收盤，和僅僅四十天前創造的空前新高峰相比，已經狂跌了三三％，跌幅令人震驚。更糟的是，股市就像掛在繩索上的職業拳擊手一樣，下午四時的收盤鈴聲拯救了股價指數，道瓊指數在巨量賣壓下，以當天的最低點作收。

然後星期二來臨。

這一天也是黑色的，甚至比黑色星期一還黑，黑色星期一又遠比黑色星期四黑多了——至少新聞界對驚慌失措、仍然試圖消化前幾天劇毒新聞標題的美國人，是這樣描述最新這一回合的金融大決戰。

到處是一樣的標題。

黑色星期二！股市更進一步慘跌！這次華爾街真正死亡了！我們這次不是開玩笑！嚴重極了！派對結束了，好嗎？！連續兩天了！小心銀行家跳窗而下！

天啊！這次這些標題說對了。

在一九二九年十月二十九日黑色星期二這個最後的黑色日子裡，市場會再度慘跌十二%，而且在未來三年裡，會繼續慘跌，道瓊指數會到一九三二年七月八日才觸底，跌到四一．二二點的收盤價，比一九二九年九月所創的空前高峰下跌九〇%之多。

市場當然不是直線下跌、而且從來沒有這樣下跌過，市場不是這樣運作的，即使在最猛烈的空頭市場裡，市場在盤跌之際，你仍然會看到反彈——用華爾街的術語來說，這樣叫做傻瓜反彈，或是叫做死貓反彈。這些反彈都相當貧血、短命、都具有成交量非常清淡的特徵，而且反彈一結束，市場就開始再度下跌到新低點。

這就是十月大崩盤後三年裡的狀況，同時一系列的傻瓜反彈，為這個十分震驚、整個金融體系和基本經濟瀕臨崩潰的國家，帶來短暫的希望之光。

然後這個國家就倒下了。

像一排緊緊排列在一起的骨牌一樣，股市崩潰導致銀行體系崩潰，銀行體系崩潰造成全國性的信用危機，信用危機蔓延到已經減緩下來的經濟，造成經濟停頓下來，整個問題至深且鉅，美國人對本國的金融體系徹底喪失信心，開始縮手縮腳，希望躲避風暴。

這是終極自我實現的預言，結果帶來慘重災難。股市成交量跌到極低的水準，銀行遭到擠兌，開始崩潰，大家知道他們認為存在銀行裡、屬於自己、還安全等待他們提領的資金，實際上已經借給華爾街的投機客，拿去以九成的融資，購買狗屎爛股，商業實際上陷入停頓狀態。

這是流浪漢、排隊領救濟餐人潮和赤貧處處的時代。家庭把自己的財物裝進破舊的老爺車裡，開車穿越全國，尋找食物、住所之類基本必需品、以及能夠賺錢的就業機會。

這三樣東西都很難找到，尤其是最後一樣東西。在三分之一的美國人根本找不到工作的時候，失業率升到三三%，能夠找到的少數工作都是不需要技術、只需要做粗活、工資低落之至的工作。進步就這樣停了下來，全國陷入大蕭條。

就是在這個時候、在經濟動蕩不安的一九三四年，政府終於決定介入，希望撥亂反治，現在該是控制華爾街、或假裝控制華爾街的時候了。一九三四年，美國證券期貨管理委員會根據國會的立法，正式成立。

證管會身為美國這個行業的最高監管機關，有權監管跟任何型態證券——包括股票、債券、選擇權、共同基金和對投資人公開發行的任何其他金融工具——發行和交易的所有活動。證管會的任務十分清楚，就是要讓大家對這個國家恢復信心，對貪心之至華爾街騙子肆意橫行、最後炸毀股市和自己，造成憤憤不平投資人充斥的國家恢復信心。

國會的看法很正確，他們認為，如果沒有人民能夠信任的股市和銀行體系，經濟幾乎不可能復甦。

他們把選擇證管會第一位主任委員的關鍵任務授權給了全美最高權威——美國總統。當時的總統是老好人小羅斯福總統，小羅斯福是個高瞻遠矚、公平無私、確實能夠擔當重任、或是大家認為能夠勝任這項任務的人。

你絕對猜不到他會選擇誰來監視這個雞舍。

他選擇了原版的華爾街之狼。

第五章　老甘迺迪和狂野的空頭世界

一方面，選擇華爾街最惡名昭彰的股票作手當證管會主委非常有道理，畢竟，如果你希望鏟除華爾街的詐欺行為，那為什麼不僱用華爾街最大的詐欺慣犯呢？另一方面，這樣做也等於找一隻狼來監視羊群，然後希望這隻狼抗拒自己的本性，而不是把綿羊變成羊排。

無論如何，美國證管會第一任主委約瑟夫．甘迺迪（Joseph P. Kennedy）就是這樣的人，他是十足十的壞蛋，唯一的可取之處，是生下一個後來變成美國第三十五任總統約翰．甘迺迪的兒子，但是除了這一項幸運捐贈總統級精子的事蹟外，老甘迺迪不但是華爾街有史以來最惡名昭彰的股票作手，而且他還專精一種極度惡毒、在引發股市崩盤上扮演重要角色的交易策略。

具體而言，老甘迺迪是空頭作手，意思是他賭某些股票的價格會下跌，就去借來這些股票，然後立刻在市場上賣出，建立所謂的「空頭部位」。他賭對時，這檔股票會下跌，然後他可以用比較低的價格，把這檔股票買回來，再把股票還給借券給他的人，賺取其中的價差。如果他賭錯了，股價會上漲，他買回股票、把股票還給借券給他的人時，就必須承擔其中的虧損。

你感到困惑嗎？

如果是這樣，你並不孤單。

大部分人會有點難以理解賣出不屬於自己的股票、以從其消亡中獲利的概念。再加上你必須先借入這些股票，然後在未來的某一時刻，歸還這些股票，希望鎖定其中利潤的事實，你會覺得更加困惑。坦白說，你考慮自己得要通過的重重障礙後，看來要賭一檔股票會下跌，似乎要做很多苦工。

例如，券要從那裡借？借券要花多少成本？借來的券你可以保有多久？你怎麼還券？做實際的交易要花多少錢？如果交易對你不利，你要怎麼辦？

諸如此類的問題、還有更多其他的問題，導致投資新手對放空避之唯恐不及，他們認為其中充滿風險，而且真的太、太精密了，因此最好留給專家去玩。

但是，真的是這樣嗎？

放空真的這麼複雜嗎？而且，就事論事，放空真的充滿風險、以致於應該把放空當成瘟疫一樣、避之唯恐不及嗎？或者放空只是招徠一種不必要的惡名，對精明的投資人可能是一種有價值的工具呢？

真相像生活中大部分的事情一樣，中庸之道才是正確答案，不過從務實的角度來看，不論你是空方還是多方，只要你撥出超過健全投資所需的資金，從事任何型態的短期交易策略，那麼你注定會失望，你會在第五章裡，清清楚楚明白其中的原因，現在我只舉一個現實世界裡的例子，說明如何放空股票，好讓你完全了解，不會受自私自利的營業員或任何提供建議的人誘惑，隨便去放空。

例如，假設一位二十五歲的羅賓漢用戶*14對疫情感到厭煩之餘，正在考慮如何把政府發的最新消費券支票投資下去。到目前為止，他靠著作多，在市場上買進迷因股（meme stock），然後賣出獲利，創造出極佳的績效。

對不熟悉迷因股這個名詞的人說明，這是指因為跟公司基本面無關、大致上是因為社交媒體上分享的文化因素、包括希望對某家公司或某個品牌表示支持等因素，因而激發出散戶的興趣，在散戶之間流行起來的股票。不足為奇的是，迷因股通常震盪幅度極為劇烈，在很長的一段期間內，成交價遠遠高於公司的真值，然後以驚人的方式，崩跌到地上。

雖然如此，年輕的羅賓漢卻在過去半年內，靠著迷因股大賺一票，把他的兩萬五千美元，變成十五萬美元，他的信心因此像巨大的痘痘一樣大增，他像很多過去的投資人一樣，認為自己新近能夠創下這種成就，是敏銳的第六感配合他獨有的特殊能力所致，而不是因為一個顯而易見的事實，就是澎湃洶湧的多頭市場讓所有的股票都水漲船高，他超高價的迷因

14編者註：Robinhood，羅賓漢公司是美國一間以提供主要面向散戶的股票交易app，並且低門檻、零手續費著稱的網路券商，在迷因股浪潮中扮演重要的平台與關鍵角色。通常使用此券商平台下單的交易者被視為年輕、更不理性且情緒化的FOMO世代投資者典型，被稱作Robinhooder。下文貝爾福或直接用「羅賓漢」代稱這位用戶，即是帶點輕蔑嘲諷意味。

股像所有股票一樣，都是因此而上漲的。事實上，他因為變得極有自信，因此想在這場遊戲中更上一層樓，同時操作多空雙方。幸運的是，他已經確定了第一檔要放空的股票。

他相信這是一個完美的狀況，也就是說，他很確定這家公司是真正的爛東西，股價注定會下跌。目前這檔股票在那斯達克股票交易所裡，以每股四十美元的價格交易，他絕對確定這檔股票會跌到歸零。唯一阻止他放空這檔股票的事情，是他還不熟悉所有的微妙區別，他了解放空的所有基本事項，但其中就是有一些東西，仍然讓他覺得困惑，他真正需要的是專家的指引。

因此，他認定他名下的羅賓漢帳戶，不是他執行自己第一筆空頭交易的好地方，相反地，他拿起電話，撥給他的營業員金寶．瓊斯（Jimbo Jones），瓊斯在華爾街一家著名的號子工作，過去幾年來，一直都是他的股票營業員，只是他跟他沒有做過多少生意。他在瓊斯那裡的帳戶跟他名下的羅賓漢帳戶不同，羅賓漢帳戶很有趣、很刺激，他在瓊斯那裡的帳戶卻無聊的要死。此外，瓊斯雖然是他的朋友，卻也是自大的混蛋。

「噢，告訴我，年輕的羅賓漢，」瓊斯快人快語：「有什麼我可以幫忙的地方？」

年輕的羅賓漢！這就是瓊斯之流的華爾街人士對他這種人的看法：我們是曇花一現的人！是大瘟疫的產物！是社會的吸血蟲！依賴高升的失業率和政府刺激經濟的消費券支票過活。

「我把這個名字當成讚美，」羅賓漢回答說：「但是我不劫富濟貧，我從政府那裡拿到免費的資金，再投資在迷因股上，這樣有什麼問題嗎？」

「沒問題！年輕的羅賓漢，你應該非常自傲。」

「我是相當自傲——我非常自傲。噢，華爾街今天怎麼樣？你剝削任何孤兒寡婦了沒！」

「還沒，」瓊斯回答說：「但是時間還早，我仍然滿懷希望。」

「噢，祝你在這方面好運，」羅賓漢說：「我很肯定你會成功，總之，我今天有一些事情需要你幫忙。我想放空一檔股票，但是我從來沒有這樣做過。」

「好，你要放空什麼股票？」

羅賓漢猶豫了片刻，才說：「噢……我告訴你之前，我只希望你知道，我自己對這件事情做過研究，因此不要試著說服我別這樣做，我不會不做的。」

「好，我跟你保證。你想放空什麼股票？」

於是，羅賓森對瓊斯詳細的解釋，為什麼這家公司是放空史上最好的放空標的，他檢查了一切，檢查過資產負債表、一年的交易歷史、衰退的銷售、膨脹的固定成本、過時的事業模式，以及自私自利的經營團隊。然後，他偏離正軌，開始對瓊斯吱吱喳喳吹噓自己的驚人績效紀錄、以及超凡的時機感。瓊斯經過幾秒鐘痛苦的考慮後，決定噤口不言。

諺語「一知半解很危險」浮上瓊斯的腦海，放空這檔股票是風險非常高的舉動，因為交易對他不利的機會很大，他應該試著說服他不要這樣做嗎？有一大堆投資人放空這檔股票，這樣創造了這檔股票嚴重軋空的風險！如果年輕的羅賓漢不小心，他會重新流落雪伍德森林

（Sherwood Forest），變得窮困之至！

一檔股票（或任何資產）的價格快速上漲，造成空頭蒙受重大虧損，然後迫使很多空頭買回股票，以便應付追繳保證金通知時，軋空就出現。這種需求的增加進而刺激股價更形上漲，使剩下的空頭損失更為嚴重，立刻買回股票、以便停損的壓力增加，這種情形會導致股價更大幅度的上漲，使僅存的少數空頭遭受更大的壓力，然後如此這般的持續下去，這樣就是軋空！

早在一九八〇年代，就出現過一個著名的例子，當時德州的韓特（Hunt）兄弟試圖軋空白銀市場，因此在半年的時間裡，悄悄買下巨量的白銀期貨和選擇權的部位，實際上變成了世界上最大的白銀持有者。韓特兄弟繼續購買愈來愈多的白銀之際，激發了白銀價格漲到更高，在白銀市場掀起一波大規模的軋空，賭白銀價格會下跌的空頭，被迫以高出很多的價格回補空頭部位，蒙受鉅額的虧損。

關鍵在於放空可能是危險的遊戲，最好留給有多年經驗和口袋很深的專家去玩。

「……我賺到了極多的錢，」未經世故的羅賓漢繼續說：「因此我認為此刻不能否認我是天縱英明，事實上，一旦我精通這種遊戲中空頭的一方，我認為我會創立我自己的避險基金。」羅賓漢滔滔不絕道：「事實上，瓊斯，如果你願意的話，你可以來替我工作，如果你有能力的話，我會付你高薪……」

就是這樣！瓊斯心想。如果羅賓漢想跳下財務懸崖，那我算老幾，怎麼可以阻止他？更別提放空的佣金跟做多一樣多，而且我可以把多賺的鈔票，用在下次的卡波聖盧卡斯（Cabo San Lucas）之旅中。

「絕對如此！」瓊斯大聲說：「你在這方面會大獲全勝，如果我是你，我會把這檔股票放空到死。」

「我知道，」羅賓漢輕快地說：「即使像你這麼多疑的混蛋，都不能反駁我的邏輯。好，我想放空一千股，那樣要四萬美元，對吧？」

「哇、哇、哇，說定了，」瓊斯說：「我們採取任何行動前，我必須看看我們是否能夠借到這檔股票的券，我想我們可以借到券，不過請等我一下。」

「如果我們借不到券，那會怎麼樣？」

「那樣你就不能放空這檔股票，」瓊斯說：「這樣會違反證管會的法規，我今天還不想被罰款，至少不想為了你而遭到罰款。而且，即使你能夠進行裸放空*15，你仍然不會希望這樣做，這樣風險實在太大了，你最後會面臨帳戶無法交割的局面。」

「無法交割這檔股票嗎？」

「對，這檔股票，」瓊斯說：「不論你是放空一千股，或是賣出一千股你擁有的股票，最後買進的人都希望這些股票在某一刻，會出現在他們的帳戶裡，股票就是不能不入帳。」

「現在，我要澄清一下，我說的不是跑單員在下曼哈頓跑來跑去，從所有買方和賣方手中，收取和交付實體證券，一九六〇年代之後，他們已經廢棄了這種事情，那時成交量已經

15編者註：naked short，裸放空，意即不用借券就賣出不存在的股票的做空行為。

變得太大，大到交易所實際上每星期必須停市一天，以便趕完所有的文書作業。」

「總之，這是一切現在用數位處理的原因，現在一切都是〇與一了，一切都用電子股票分類帳追蹤，但是這樣沒有改變投資人賣出一批股票時，買方希望賣方的電子股票在交割那一天，出現在他們的帳戶裡，賣方希望買方的現金也出現在他們帳戶裡的事實。我等一下會詳細解釋放空；從作多開始就比較簡單，我們假設你有十萬美元，你希望買進一千股每股四十美元的股票，而不是放空這檔股票，我會下單委託我的交易員，以每股四十美元的價格，買進某某公司一千股，他會替你到市場上買進這檔股票，接著，砰的一聲，幾秒鐘後，股票會顯現在你的帳戶中，你的現金餘額會減少四萬美元，對吧？」

「是啊，還有什麼問題呢？」

「以下就是我的問題，」瓊斯繼續說：「如果你要檢查電子股票分類帳，你看到的這些股票的所有權，會列在誰的名下呢？你的名下嗎？」

「對，當然如此，」羅賓漢說。

「錯，」瓊斯說：「你會在上面看到我們公司的名字，如今所有股票都由所謂的華爾街公司持有，這點表示，電子登記簿上登載的所有權人，是賣股票給客戶的經紀商，而不是實際的買方。」

「這樣聽起來有點可疑，」羅賓漢說。

「不可疑」，瓊斯反駁說：「我們在內部的登記簿上，仍然把你列為這檔股票的受益所有權人，因此這樣對你的財務沒有什麼不同。在交易量極多的情況下，這樣做只是讓追蹤一切變得比較輕鬆，整個系統才不會扛不住。」

「總之，你第一次在這裡開戶時，」瓊斯繼續說：「你簽署了一大堆表格，其中一張表格授權我們，用證券公司的名義，持有你帳戶中的所有股票，以及可以把所有股票借給所有想要放空的人。而且這種作法在華爾街上是龐大的生意，我們有一整個部門，叫做借券部，他們整天什麼事都不做，只是打電話給經紀商、避險基金、共同基金和他們認為可能出錢借券的任何人。這種業務非常賺錢，因此，我才會說你放空前必須先借券，現在你知道券是從那裡來的了，這不是魔術。」

「懂了，」羅賓漢說：「我從你們的號子借券，但是券的所有權實際上屬於客戶。」

「完全正確！如果你試圖放空時沒有借券，那麼不管交易的另一方是誰，在結算日當天，都不會收到電子交割——這時就是你可能真正倒霉的時候了！」

「為什麼會這樣？」

「你不把股票交割給買方十天後，他們就可以不用問你，自行到市場上，買進這些股票，再把帳單寄給我們公司，你猜猜看，然後我們公司會把帳單寄給誰？」

「寄給我，」羅賓漢說。

「順便要說的是，他們買股票時，會儘量出最高的價格，讓你蒙受最大的虧損。因此，這是你絕對不要不先借券就放空的原因，即使這樣做合法，也不要這樣做。」

「懂了，」羅賓漢說：「絕對不要裸放空。」

「這是自取滅亡之道，總而言之，這是我們之間懸而未決的事情，我剛剛收到借券部門的通知，他們有券可借，因此我們可以開始進行了，現在我要逐步說明怎麼做，先從我要替你開立融資帳戶開始，我必須立刻辦好這件事，你才能放空，請等我一下……」

「為什麼我需要融資帳戶？」羅賓漢問：「我在我名下的帳戶裡，完全用現金交易，我不喜歡融資。」

「噢，不幸的是，你別無選擇，你不能在現金帳戶裡放空。要知道，嚴格來說，你存進來的錢不會用來買股票，而是用來當我們借給你的股票的擔保品，我們不准承作放款，而且就這件事來說，我們不准在現金帳戶中接受擔保品，聯邦法律規定，這一切都必須在融資帳戶中辦理，好嗎？」

「好，沒問題。」

「好，非常好，」瓊斯說：「好了，我已經收到你的帳號了，我們可以開始了。因此，第一個問題是，你想放空多少股？你想借多少股，都可以隨心所欲的借。」

「我猜是一千股。」

「你猜？」

「噢，我的意思是，我不清楚、呃、放空的運作方式。」說著，羅賓漢突然信心十足的說：「我的專長在別的地方，瓊斯，我很會找贏家股票，這就是我賺大錢的原因！總之，放空一千股要花我多少錢？是五萬美元嗎？」

不可思議！瓊斯心想。從來沒有見過所知極少、卻以為自己極為博學多聞的人！看著這種人倒地不起、完蛋出局應該會很有趣！

「沒關係，朋友，」瓊斯熱情地說：「我來解釋一下放空怎麼運作，放空交易的最初融券保證金是交易金額的一五〇％，因此要放空——」

「一五〇％？」羅賓漢打斷瓊斯的話，大聲說道：「我不要拿出六萬美元，來放空價值四萬美元的股票！這樣子太愚蠢了，划不來。」

「冷靜一點——你不必拿出六萬美元！」瓊斯知道羅賓漢這種小白多無知，連簡單的融資規定都完全不懂，於是瓊斯說：「你忘了賣出一千股借券得到的四萬美元，這檔股票現價是每股四十美元，因此如果你賣出一千股，你的帳戶裡最後會進帳四萬美元，這樣表示你只要匯進兩萬美元，就能達到一五〇％的規定，懂嗎？」

「懂了，」羅賓漢回答說：「因此，我用四萬美元，實際上可以放空兩千股，對嗎？」

「完全正確，」瓊斯說：「基本上，就是你想放空金額的五〇％。現在，容我問你這一件事，你對這個想法的信心有多高？你是否極有信心？還是只有一般的信心？朋友，其中有很大的差別。」

「噢，我了解，」羅賓漢說：「我極有信心，好嗎？事實上，我一輩子裡，從來沒有對什麼事情這麼有信心過，這樣說如何？」

「讓人刮目相看，」瓊斯說：「我的意思是，我得說，至少我非常感動。」

「噢，對，」羅賓漢說：「這檔股票會跌到〇元，沒有第二條路。」

「好——哇，噢，你現在也說服了我，目前你的羅賓漢帳戶裡存多少錢？」

「略高於十五萬美元，幾乎全都是獲利，不壞吧？」

「還不賴，我的朋友，其中有多少是現金？百分比是多少？」

「你老哥可全部都是現金，」羅賓漢說：「我就是這樣做的，小兄弟，我持有倉位的期間都不超過一、兩天，我的時機把握得無懈可擊，你懂嗎？」

「噢，是的，我懂，」羅賓漢回答說：「你把這件事當成科學，對吧？」

「顯然是這樣，但是我也是生來就是要做這種事的人，我所做的事是學不來的，是一種天分——我得說，是一種罕見的天分——或許最像是第六感。總之，如果你在這件事上做得不錯，又把你的佣金壓低，那麼，小伙子，或許我願意給你幾個股票明牌，作為交換。」

「絕對是這樣，」瓊斯說：「你不會看到我收半毛錢佣金。」因為我要像羅賓漢一樣，對你隱瞞佣金。「我會把佣金完全取消，這樣代表我對你有多信任。事實上，考慮到我倆對這件事都信心十足，坦白說，我覺得你應該多放空一些，我唯一的問題是，你認為還要過多久，這檔股票才會崩盤？你說的是幾天、幾周、還是幾個月呢？」

「幾天，可能頂多是兩星期。絕對是少於一個月！」

「好，太好了，因此這次確定是短期交易了，」瓊斯回答說：「我這樣問的原因是目前貸款利率有點高，如果你打算長期抱著這筆部位，那麼利息就會開始往上加。」

「現在利率多高？」羅賓漢問。

「二十％」瓊斯回答：「但是從你的時間架構來看，利率不會造成影響。總之，只要記得將來你要放空時，時機就是一切。換句話說，光是做對了還不夠，你必須相當快地做出正確的決定，不然你借券的利息會開始吃掉你的獲利，這樣說有道理吧？」

「對，」羅賓漢回答說：「但是，為什麼現在利率會這麼高？」

「受供需因素影響，」瓊斯說：「目前有很多其他投資人希望借這檔股票，這點對你來說是好徵兆，對吧？我的意思是，在正常的狀況下，利率大約是三%上下，所以你顯然猜對了一些事情，很多其他投資人同意你的看法。」

「我知道，」羅賓漢說：「我在這些事情上的直覺確實難以解釋！」

「老哥，你顯然有天分。」（自欺欺人。）

「毫無疑問是這樣，」羅賓漢同意說：「現在該是我善用這種天分的時候了。我可以放空多少股？上限是多少？」

「噢，你在羅賓漢帳戶裡的十五萬美元，加上在我這裡的一萬美元，一共是十六萬美元，放空的初始保證金規定是五十%，因此把你能夠拿出來的錢加倍計算，你就有三十二萬美元可以用，以每股四十美元計算，上限就是八千股，正確的說，那樣就是三十二萬美元。但是我認為，為了安全起見，你開始應該做少一點，應該從放空七千股做起，這樣的現金支出就只有十四萬美元。這檔股票下跌時，你當然會少賺一點，但是這樣的話，如果這檔股票一時之間走勢不對，你會有一些準備金。」

羅賓漢大吃一驚：「你說什麼？這筆交易走勢不會不對，只有一種走勢，就是直線下跌到底，我的意思是……目前這檔股票極為……」瓊斯充耳不聞，開始考慮讓羅賓漢這種十足十的小白，動用全部財產，當做擔保品，放空一檔已經遭到巨量放空的個股，他可能會陷入多大的麻煩，因為這種策略有著極大的風險，尤其是陷入上述軋空中的風險，羅賓漢可能在幾秒之內，就賠得一乾二淨。

不久之前，他曾經在特斯拉這檔股票上，看過這種事情，這檔股票基本上，遭到巨量放空，到了過度放空、以致於無券可借的地步。同時，每一筆空單都代表這檔股票未來的一筆買單，到了某一個時候，空頭必須重回市場，買回他們放空的這檔股票，歸還借來的券，這樣會創造巨量的積壓需求。就像把一條橡皮筋儘量拉長，橡皮筋最後會飛快而猛烈的向反方向彈回去一樣。

在特斯拉這檔股票的例子裡，所需要的只是一點利多消息，「多方」就可以得到夠多的買單，加總起來，足以開始推升這檔股票的價格，這樣會開始讓所有的空頭，陷入被迫追繳保證金、進而陷入恐慌的狀況。突然之間，他們湧入市場，開始買進這檔股票，試圖回補空頭部位，因而進一步推升股價，就這樣持續下去。

「我無意冒犯，小兄弟，」羅賓漢繼續說：「但是你們華爾街這幫人是明天的舊聞了，我需要的所有資訊，我都可以在網上找到。」

管他什麼遵循法令了！「沒有受到冒犯，既然如此，因為你這麼有信心——」

「確實如此。」

「我會建議你放空七千股，只留少量現金，以備不時之需，對你來說，七千股等於十四萬美元，這筆錢你今天必須從羅賓漢帳戶匯過來，而且——」

「沒問題。」

「好，太好了，」瓊斯繼續說：「現在我要快速告訴你，你回補空單時，這樣做實際上怎麼賺錢，好嗎？」

「好，請說。」

「如果我們現在以每股四十美元，放空七千股，那麼你的經紀商帳戶會收到二十八萬美元，然後你必須另外存入十四萬美元，以便符合最低保證金規定，這樣你的帳戶中，總餘額會變成四十二萬美元。因此，假設這檔股票跌到一股二十美元時，你想回補空頭部位，我們該做的事是進入市場，以每股二十美元，買進七千股，這樣我們只要花費十四萬美元──那麼這筆錢會從你的經紀商帳戶中扣除，帳戶中的總餘額會降到二十八萬美元。然後，我們在結算日收到這筆股票時，會把這筆股票歸還借券部門，你的帳戶中，高於你最初存入的十四萬美元、也就是高於滿足融資規定的所有金額，就是你的獲利。在這個例子裡，這筆錢應該是十四萬美元，那應該就是你的獲利，也是你放空時賺到的錢，這樣合理嗎？」

「絕對合理，」羅賓漢回答說：「但是我不可能在每股二十美元時回補，這個東西會跌到〇美元，但是我可能會在每股一美元時補回來，因為我不像你們華爾街幫的人那麼貪，因此每股一美元時，我會賺多少？」

「如果你在每股一美元時回補，就表示你買回股票時，只要花七千美元你只要從二十八萬美元中，減去七千美元，就會得到二十七萬三千美元的利潤。當然，你也必須為你借來的股票，支付十八%的利率，但是十八%指的是年利率，因為你只持有這檔股票一個月，因此一個月的利率大概是一．五%，因此你要為二十八萬美元──這是你借券那天那筆股票的市值──支付一．五%的利息，這樣利息等於四千二百美元，因此正確來說，最後你的淨利應該是二十六萬八千八百美元。

「我喜歡這樣，」羅賓漢說。

「誰不喜歡呢？現在我要真的很快地說一下，只是要告訴你等式的另一邊——好讓你至少有個了解——如果這檔股票每股上漲二十美元，假設漲到六十美元，那麼你買回時，帳戶裡就會出現虧損。你回補你放空的七千股時，要花四十二萬美元，但是你放空時，只收到二十八萬美元，你會虧損十四萬美元。

「我不擔心這件事，這檔股票不可能上漲，這檔股票是等待要發生的事故。」

「是啦，」瓊斯回答說：「但是，只是要讓你知道，每一個融資帳戶，包括你的帳戶在內，在放空賣出方面，都有一個最低維持率規定，目前的最低維持率是一三〇％，因此如果這檔股票上漲超過二十％，漲到超過四十八美元時，你的帳戶會摔落到最低維持率之下，你就會收到追繳保證金通知，你必須匯進更多的錢，來支撐餘額。如果你不匯去，他們甚至會不告訴你，就自動開始買回這檔股票，以便補空。換句話說，他們會拿你的部位跟市場比對，看看如果你要回補的話，你的帳戶有多少價值，如果帳戶餘額降到一三〇％以下，你就得匯更多錢進去，股價漲的愈高，你必須匯進去的錢愈多。我不是要潑你冷水或什麼的，但是為了遵守法規，我必須對你提到這一點。」

「我今天已經聽到夠多的負面言論了，我準備走了，我現在要放空七千股。」

「這是大膽的行動，我們就這樣做吧，稍等我一下。」

瓊斯進行這筆交易時，羅賓漢開懷大笑，他正在鴻圖大展，他知道是這樣，他確實可以從骨子裡感覺到這一點。他用這筆簡單的交易，開拓了一個很多可能性的新天地。憑著他的知識——不對，是憑著他的智慧，因為他不但知識廣博，而且還擁有超齡的智慧——他可以做多、做空、或同時多空兼做。只不過是九個月前，他還是好市多公司的貨品管理員，如今……竟然這樣！

「交易完成了，」瓊斯宣布說：「你正式以每股四十美元的價格，放空了七千股股遊戲驛站公司（GameStop）的股票，恭喜你，我祝你好運，小夥子。」

「好運？」羅賓漢問道：「運氣是屬於失敗者的，這筆交易跟天分有關——不多也不少。你很快就會看到遊戲驛站跌到零元！」

「說的對，」瓊斯回答說：「只是別忘了今天要把你的錢匯進來，明天下午兩點鐘前，一定要匯到這裡來。」

「我知道了，」羅賓漢輕蔑地說。

「就是別忘了，匯錢來這裡，明天一月十四日下午兩點。」

電話喀嚓一聲斷了。

可憐的羅賓漢！

除非你過去三年一直躲在岩石下，否則我可以相當確定的說，你應該知道接下來發生的事情。

遊戲驛站成為華爾街歷史上最大的軋空標的，雖然這檔股票的真值頂多只有五美元，卻在二〇二〇年一月底，飛躍上升到一股四百美元以上。這場軋空的核心是幾百萬小散戶，聚集在名叫華爾街賭場（WallStreetBets）的線上股票論壇上，所發動的民粹主義式反抗。

華爾街賭場是海梅．洛高真斯基（Jaime Rogozinski）在二〇一六年創立的網站，用專業的術語來說，華爾街賭場是美國網路論壇Reddit下面類似電子布告板的子版（Sub-Reddit），這意味著，要上這個布告板，你必須先訪問Reddit。實際上，華爾街賭場是投資的狂野大西部，在這個聊天室裡，任何人在任何非X級聊天室預期會碰到的正常社交禮儀，都不再存在，大家反而互相稱呼對方是智障人猿（在華爾街賭場布告板上，大家認為這種稱呼是崇高的讚美）並闡述把身上的最後一美元，投入單一投資標的，追求達成最高目標的優點。用華爾街賭場的術語來說，這種財務上的自殺行為叫做「有樂」（YOLO），是英文You Only Live Once（你只活一次）的縮寫。

無論如何，不可否認的是，華爾街賭場上，每隔一段時間，就會有人想出一個聰明的投資概念，如果整個社群都支持這個概念，而且開始買進，那麼大家就要注意了！

遊戲驛站的股票就是這樣，在社群中一位備受尊敬、化名為「咆哮小貓」（Roaring Kitty）的成員，提出一個相當令人信服的概念，說明為什麼從基本面來看，遊戲驛站的價值遭到低估，而且說明放空專家一直殘酷無情的攻擊、打壓這檔股票的股價，其實是錯誤的行動。在這種情況下，大家所需要的只是激增的買盤，這檔股票不但會根據基本面價值估算的應有價位，而且空頭也會開始接到追繳保證金通知，被迫回補空頭部位，這樣會為這檔股票創造更多買盤，導致股價進一步推升。

這一切就是這樣開始的——「咆哮小貓」一篇令人信服的貼文。

接下來的事情令人震驚。

幾百萬投資散戶協同一致，匯集足夠的購買力，把遊戲驛站股價推升到極為離譜的高峰，甚至使財力最雄厚的空頭——尤其是香櫞資本（Citron Capital）和梅爾文資本（Melvin Capital）兩檔避險基金——都被迫在蒙受巨額損失後，回補空頭部位。

梅爾文資本的損失極為驚人，以致於需要外界投資人注資二十七億五千萬美元，才能繼續經營下去。香櫞資本的虧損沒有這麼驚人，但是仍然高達數千萬美元，高到足以促使這檔基金的經理人安德魯．萊夫特（Andrew Left）公開宣布，他永遠不再涉足放空事務。

幸運的是，我能夠安排到親自採訪萊夫特和洛高真斯基，了解這個故事的正反兩面。諷刺的是，我問他們兩位同樣的問題——「你要怎麼用一句話，總結遊戲驛站的軋空事件？」——兩人都用幾乎相同的話回答我：

「這完全是一場錯誤連連的大災難。」

萊夫特認為，這是一場錯誤連連大災難的原因，在於他在他因此虧了幾千萬美元，而且沒有任何合理的理由，可以解釋這檔股票的價格會漲到這麼高，原因除了八百萬小散戶因為對新冠疫情感到厭煩、又收到政府為了振興經濟而發出的支票，決定向避險基金證明：不管有沒有道理，他們都可以「炒高」他們希望炒高的任何股票。萊夫特解釋說，遊戲驛站一定會跌回地上，導致所有小投資人虧掉他們冒險投入的每一塊錢，對這些小散戶來說，似乎都無關緊要，只要能夠教訓避險基金，他們就覺得滿意了。

萊夫特的預測當然完全正確。

一月二十八日，遊戲驛站漲到一股四八三美元的空前高峰，然後在同一天裡，回跌到低點，起因是華爾街賭場網版投資人進行交易的兩大主要平台——羅賓漢（Robinhood）和德美利證券（TD Ameritrade），都限制他們再買進任何遊戲驛站股票，賣出卻不限制。這項措施帶來毀滅性的影響。

禁止再買進、卻容許賣出，等於把整個大西洋的海水倒在一堆小小的營火上。這一天的交易結束時，遊戲驛站慘跌到以當天最低價的一一二美元收盤，蒸發了數十億美元的市值。

這兩家公司採取這種極端行動的原因是什麼？

羅賓漢規模比德美利證券小，資本準備金也小多了，對他們來說，幾百萬小客戶的集體買盤，已經使羅賓漢公司可能違反主管機關為了應付此類情境，而訂定的資本要求規定；也就是說，券商客戶在一檔波動性很大的股票上，建立一種集中的部位，會為整個結算系統，帶來系統性風險。

為什麼是系統性風險呢？

如果你回想本章前面的內容，就會知道每筆交易都有兩個面向。有人購買大量股票時，就必須有別的人把股票賣給他們，交易的兩端之間會各有一家經紀商，作為中間人，不論自己這方面的客戶是否付帳，經紀商都要為自己這方面做保證。對羅賓漢公司而言，這點表示，該公司每天都要親自擔保小散戶購買股票的數十億美元。因此，如果遊戲驛站的股價暴跌，剛剛買進股票的該公司客戶不是無力、就是不願意為突然間變成虧損的交易付款，該公司就必須付款彌補這筆損失。

我第一天當營業員，就看到完全相同的這種情況出現在眼前。

如果你還記得《華爾街之狼》這部電影，那天就是一九八七年十月十九日，大家比較知道那天是黑色星期一。在十月那個悲慘的一天裡，道瓊指數一天內暴跌了五〇八點，我服務的羅思齊公司（LF Rothschild）被迫倒閉大吉，諷刺的是，害這家公司關門大吉的不是他們自己的交易，而是法人客戶哈斯證券公司（Haas Securities）的魯莽交易，哈斯證券有超過五億美元的未平倉交易，是透過我們羅思齊公司執行，害我們公司因此陷入圈套。股市崩盤時，哈斯證券虧了非常多的錢，以致於無法為他們的未平倉交易付款——這樣就把他們的五億美元債務，移轉到羅思齊公司的資產負債表中。

就像他們說的一樣，其他的一切都已經變成歷史了。

幾天之內，已經經營百年的羅思齊公司，就違反了淨資本的規定，被迫關門。

這種情況對資本薄弱的羅賓漢是個大問題，此外，他們還得面對另一個大問題，導致情勢變得更為複雜。具體而言，他們不但為客戶每天鉅額的買股金額陷入困境，也必須為客戶的融資帳戶曝險。本質上，融資買進遊戲驛站的任何客戶（對羅賓漢公司來說，悽慘的是，絕大多數的客戶都用融資買進）都具有潛在的巨大風險——因為如果遊戲驛站的股價快速崩盤，他們卻不能在仍然持有股票的客戶帳戶中，出脫客戶的部位時，羅賓漢反而就有義務彌補虧損。

面對這種發展中的潛在災難，羅賓漢別無選擇，只能立刻限制所有買進遊戲驛站股票的新委託。如果他們不限制，隔天他們會因為違反自己的淨資本規定，遭到主管機關勒令停業，不管他們怎麼做，這個決定最後都是雙輸的局面。

事實上，他們一宣布停止買進遊戲驛站股票時，就感受到整個華爾街賭場社群的正義怒吼，這個社群公開指控他們跟空頭串通；對八百萬小散戶來說，羅賓漢別無選擇的事實是不可信的藉口，這些小投資人驚恐的看著他們最愛的股票崩盤，看著自己的美夢跟著破滅。

對比較大的德美利證券來說，他們禁止買進，原因反倒跟他們沒有退路比較沒有關係，原因反而是為了管理內部風險和維持市場秩序，因為他們跟羅賓漢一樣，在財務上，跟每一筆沒有結算的交易都勾串在一起。德美利證券認為，遊戲驛站的股價已經跟基本面脫離，遭到一群組織嚴密、滿懷怒火、不管賺不賺錢，都要跟華爾街槓到底的小散戶炒作到高價。

到最後，大部分小散戶都沒有堅持到底，包括少數早早就進場、應該能夠賺到大錢的少數華爾街賭場布告板上發言的人，都沒有堅持到底。

出了什麼問題？

在貪婪、同儕壓力和心照不宣、認為派對永遠不會結束的信念助長下，這群人絕大多數不只是拒絕賣出，還持續不斷地一直買進到最高價。然後，雪上加霜的是，這群人絕大多數都是用融資買進，以致於這檔股票崩盤時，他們全都虧得一乾二淨。

華爾街賭場的創始人洛高真斯基就是基於這個原因，也把遊戲驛站的興衰，稱之為「徹底錯誤連連的大災難」，還延伸補充說：「這是樂極生悲的經典例子，漲到八十美元之前，軋空還有道理，但是漲到超過八十美元後，就變得相當荒謬，而且幾乎每一個在場的人都會虧錢了。」

他的看法很有道理，你考慮到遊戲驛站今天的價格時，尤其如此。目前這檔股票的價格大約在每股二十三美元[16]上下，公司還在努力想方設法，翻新根據實體商店銷售的老舊事業模式。

最後，年輕的羅賓漢和瓊斯為他開立的客戶結果如何？

噢，說輕鬆一點，羅賓漢選的時機再糟糕不過了。

他以每股四十美元放空遊戲驛站後，幾天之內，遊戲驛站的股票就漲到超過一百美元，不過羅賓漢早在很久之前，就虧掉整筆投資了，遊戲驛站漲到五十美元時，他就收到瓊斯公司的追繳保證金通知了，通知上面指出：

> 除非你立刻再匯給我們兩萬美元，促使你的帳戶恢復到我們公司的最低維持率規定，否則我們要替你結清這個部位！

顯然羅賓漢根本無法達成證券公司的要求，他建立最初的空頭部位時，已經動用所有財

16編者註：二〇二四年三月四日止，GME股價約為十五美元。

力，如果這筆交易出問題，他身上再也沒有半毛錢了。

瓊斯的公司為了因應這種局面，毫不考慮就回補羅賓漢的空頭部位，造成羅賓漢的帳戶中出現略低於五千美元的負值。羅賓漢是否清償了這筆債務，變成了眾說紛紜的事情。不過要是你熟悉一句跟希望渺茫有關的諺語，我想我們可以公允地說，希望很久以前就離開了，剩下瓊斯的公司還抱著渺茫的希望。

因此，考慮到這一切之後，我們難免要問：放空股票是否有道理，還是大家默認這種事最好留給專家去做？

答案應該很明顯：就是最好留給專家去做；不過，坦白說，我給你的建議跟做多相同：要設法從利用短期交易策略、或利用個人選股的角度來賺錢。

但是我現在要向前躍進了。

在我深入探討怎麼在股市真正賺大錢之前，我要回頭談華爾街的簡史，以及我最喜歡的監理機構美國證管會的設立經過。

第六章　禍不單行

平心而論，證管會作為美國金融業的最高監理機關，表現遠勝過證管會之前的監理機構，唯一的問題是先前的機構基本上毫無作為，因此這樣說其實沒有什麼意義。事實上，一九三四年前，在股市投資，就像在保安官厄普（Earp）兄弟來到亞歷桑納州以前的墓碑鎮（Tombstone）上漫步一樣。

如果你很幸運，你可以過一個愉快的下午，沒有遭到搶劫或殺害，平安回家。不過最後你的好運會到頭，你會發現自己在錯誤的時間，來到不對的地方，面對殘酷又無法無天的大西部。

這就是喧囂的一九二〇年代時的股市實況。

無論是貪腐的執行長發布虛假的新聞稿，還是不道德的營業員推薦毫無價值的股票，或是華爾街木偶戲大師把不知情的投資人，綁在人體目標發射機上，再大叫一聲「放」，你都不可能躲開所有的子彈，子彈從每一個地方、從每一個方向射來，而且根本沒有警告。

某種程度而言，在市場上投資好比在腐敗的賭場裡下注。不僅機率自然而然地對你不利，而且你玩的每一種遊戲中，都有著更深一層的腐敗。每一次擲骰子、每轉一次輪盤、發給你的每一手牌，其中都有玄機，而且詐賭高手也參與其中，他們會使賠率對你更為不利，這兩個因素加在一起，會害你不可能贏錢。

證管會成立前，這就是美國股市的實際狀況。

這樣是派野狼監視綿羊：讓狐狸看守雞舍；叫囚犯管理避難所；選舉縱火犯當消防隊長。

事後回想，從一開始，情勢就很明顯，讓老甘迺迪當食物鏈監理的頭頭，要不了多久，就會天下大亂。畢竟，既然有這麼多的比喻，都跟授權給肆行剝削股市的前科犯會有風險有關，那麼其中一定大有文章。

無論如何，雖然老甘迺迪在道德上有瑕疵——他慣於說謊、欺騙，是個花花公子、作手、切掉腦前額葉的笨蛋、私酒販子，還是崇拜希特勒的世界級仇視猶太人份子——卻還是著有成效的證管官員。因此我們先從好的一面開始。

證管會在老甘迺迪的領導下，首要任務是制定一套明確的基本規則，讓每一個人遵循，以便遏止華爾街貪腐賭場的古怪行為。每一個人不光是指在華爾街工作的人，也指在華爾街上募集資金的公司、在其中投資的人、以及使華爾街能夠順利運作的各色人等。美國第一次有了一套可以跨越州界執法、同時具有凝聚力的聯邦證券法律。

這種跨越州界區別的重要性，再怎麼強調都不為過。

證管會現在靠著全面的聯邦授權和內部執法部門，可以在每一州提起訴訟，並票傳他們認為涉嫌詐欺的任何個人或實體。這份名單包括銀行家、營業員、交易員、分析師、律師、會計師、交易所、評等機構和可能影響市場的任何個人。

根據聯邦證券法律，每一個人現在跟客戶打交道時，依法都有義務公平而誠實。雖然我們今天可能把追究證券詐欺的能力，視為理所當然，但是在一九三四年時，卻是結構性的巨變。事實上，如果你問喧囂的一九二〇年代的證券經紀商，他對公平而誠實對待客戶有什麼看法時，他會斜著頭，瞪著你一陣子，樣子就像剛剛聽到完全不合邏輯的事情一樣。然後，他會哈哈大笑說：「我為什麼要這樣做？這裡是華爾街，不是童子軍團，誠實和公平是兒童的幻想，最好留給學童去玩。」

你認為我在誇大其詞嗎？如果歷史有教導我們什麼事情，那就是在周遭每一個人的行為都同樣非常惡劣時，人類就會變得極為惡劣。

例如，古羅馬時代的人拿奴隸去餵獅子，同時道德高尚的公民會鼓掌歡呼。西班牙宗教審判期間，敬畏上帝的基督徒以不是信徒為由，殺害了幾百萬猶太人和穆斯林，然後回到家人身邊，覺得自己更貼近上帝。接著還有納粹德國令人髮指、屠殺幾百萬吉普賽人和猶太人的暴行。簡單的事實就是：某一個時代社會認為道德或可以接受的事情，到了另一個時代，可能變成違反人道的罪行。

涉及比較不重要的事情時，道理完全相同。

想像你在一九三〇年代去看醫生，醫生在替橡膠手套上油，準備替你檢查攝護腺前，嘴上叼著一支菸，你要求他把菸熄掉。你從自己活在二十一世紀的觀點來看，認為自己絕對有權利要求這件事，但是從活在一九三〇年代的醫生觀點來看，你的要求聽起來很荒謬。畢竟每一個人隨時都在抽菸，他的病人吸菸、他太太抽菸、他的同事、他的成年子女吸菸、甚至現在正在住院、靠著補充氧氣呼吸的他爸爸，嘴上都叼著香菸。

因此，這位醫生說話時，覺得義正詞嚴：「放輕鬆，年輕人，我從來不是把香菸對著病人屁股吹的醫生，所以你只要放鬆你的兩塊屁股肉就好了。」說著，他從他最喜歡的致癌良方品牌中，深深、慢慢地吸了一口，再對著病人臀部括約肌的方向，噴出一口濃煙。

同樣地，我們現在視為理所當然的無數規範當初首次提出時，都被人視為是革命性的概念。其中一個原則是華爾街的營業員應該公平而誠實，並且把客戶的利益，放在自己的利益之上。今天我們認為，這種行為在道德上顯而易見，但是一九三四年以前顯然並非如此，當時華爾街把投資人當成人類炮灰，然後在關燈時，像嬰兒一樣熟睡。

證管會對公開上市公司的影響一樣深遠。

這是美國有史以來，首次出現一套明確法規，規範證券的發行和籌資，證管會為所有新證券的發行，制訂了一套中央式的註冊制度，還訂出標準化的申請表格，以便簡化審核流程。

根據新的制度，所有新證券的申請，都必須以公開說明書的格式，向證管會提出。證管會收件後，就交由會中企業金融部門部門評估，經過證管會和發行公司之間很多回合的評論和修正。這些證券最後獲准發行時，會被各界視為「合法註冊」的證券，可以在伴隨著公開說明書的情況下，向大眾銷售。

就是在這個批准流程中，證管會做出成立八十九年來最明智的決定。實際上，這是兩個決定合而為一、名符其實一舉兩得的決定，為資本形成創造了一個完美風暴。

證管會的第一個明智決定是把審查流程的基礎，建立在充分揭露的觀念上。根據定義，充分揭露表示一家公司必須把所有相關資訊，向一般大眾揭露，以便潛在投資人可以在知情的狀況下，做出明智的決定。此外這個原則涵蓋的資訊，還包括公司的核心業務、目前的財務狀況、成長展望、經營團隊、發行在外股數、發行證券類別、大股東姓名、和可能影響投資的任何關鍵風險因素。

證管會的看法是：如果一家公司要向美國民眾募資，就必須願意把好事、壞事、特別是醜陋的事情，告訴美國民眾。你可以看出來，實際上，公開說明書不是要當成魅力十足、闡述公司光明前途的行銷文件，反而是要用在相反的用途上，使公開說明書成為在大眾要做出明智的投資決定時，可能可以評閱的最重要文件。事實上，沒有公開說明書的話，你等於是在盲目飛行。

雖然公開說明書的某些部分可以安然地瀏覽過去，但是你應該特別注意下列部分：

● **摘要：**摘要放在公開說明書開頭的地方，輕易就成為最多人閱讀的部分，摘要中提供這分文件所含重點的簡要概述，包括發行目的、業務簡介、涉及的風險、發行人的財務狀況、經營團隊、以及任何其他投資人可能感興趣的細節。

- **市場與產業資料：**這一節主要取材於第三方的產業報告，文中提供投資人的東西，是跟這家公司營運所在的市場和產業相關資訊，包括產業規模、成長率、重要產業趨勢和競爭環境等特徵。資料中也介紹這家公司賴以衡量未來成就的重要指標，如每日主動用戶數量、同店銷售年成長率、每位顧客平均營收。這一節也可能包括跟當前管制環境、以及發行人因此可能面對的風險有關的資訊。
- **綜合財務狀況：**這一節提供發行人的標準化財務報表和其他相關財務資訊，包括最新的資產負債表、損益表、現金流量分析，以及上述所有指標的未來預測。在某些例子裡，這一節也包括跟即將進行的交易，如併購與收購有關的資訊，以及從現金流量和獲利角度來看，這種交易對公司財務有什麼影響的資訊。
- **經營階層的討論與分析：**和公開說明書的其他部分相比，這節文字的語氣比較「保守」，希望讓投資人對公司目前財務狀況和未來成長展望，得到基本認識，其中包括跟公司營運、過去的財務成就、目前的流動性、資本資源和重大風險因素有關的資訊。
- **業務：**這一節詳細說明公司的產品、服務和整體業務營運——包括跟公司歷史、目標市場、和任何競爭優勢有關的資訊，也可能包括跟公司重要顧客、供應商、策略性夥伴有關的資訊，以及有關彼此已經簽訂、對公司業務相當重要合約的相關細節。這些資料可以藉著提供公司營運、機會、以及所面對挑戰的全面概況，協助投資人對是否投資這家公司，做出明智的決定。

- **經營團隊：**這一節提供投資人的重要資訊，和負責這家公司日常經營的人有關，通常包括跟高階經理人和經營團隊和重要成員有關的資訊，包括他們的姓名、背景、經驗、資格、以及他們在公司裡的角色和責任。
- **大股東：**這一節為讀者列出一份名單，內容是擁有相當大比率發行人所發行股票的個人或實體名單，也提供他們的身分和所有權股份的重要資訊，以及他們跟發行人之間可能存在的任何隸屬關係。這種資訊對投資人可能極為重要，因為大股東的行動，對發行人和所發行證券的價值，可能會有重大影響。例如，大股東可能有能力影響發行公司董事會的決定，或是能夠在併購、收購或股利發放之類的重要事務中投票。因此，投資人了解有那些人是大股東、他們的個人投資目標和自己是否一致方面，可說相當重要。
- **特定關係和關聯方交易：**這一節是指發行公司和某些關係人、如發行公司的高級職員、董事和主要股東之間，過去或將來會進行的金融交易。這些交易可能包括貸款、資產的買賣、服務的提供或接受、或任何其他型態的金融交易。投資人務必要了解這些交易，因為其中可能涉及利益衝突，或是可能涉及關係人的不當影響。公開說明書應該充分揭露這些交易的資訊，包括條件、交易目的和所涉及的對價關係。這種資訊可以協助投資人了解發行公司和關係人之間關係的本質和程度，評估投資所發行證券的潛在風險與效益。
- **風險因素：**本節強調可能影響公司業務和財務表現的潛在風險和不確定性。常見的風險因素包括市場風險，如需求、競爭或經濟狀況的變化，也包括營運風險，如供應鏈中斷、技術問題、或監理方面的變化；財務風險則包括利率、匯率或信用評等的變化；法務風險包括訴訟、調查、法律或法規的變化，環境風險包括天然災害或跟氣候變遷有關的問題。此外，因為風險因素的揭露有助於保護公司，免於受到（從未揭露風險因素而來的）未來責任的影響，很多公司通常會用一網打盡的方法，不管風險有多不可能或多無關緊要，都會列出每一個可以想像到的風險。因此，你在看這一節時，務必要保持警覺，以免落入「風險因素疲乏」的陷阱中，以致於每一件事情都變成一片模糊，最後無法掌握每一個風險因素的重要性。

至於要問那一部分才最重要時，你永遠都不該低估經營團隊攸關公司成敗的重要程度。例如，即使一家公司最初的事業模式令人失望，頂尖的經營團隊幾乎總是會想出方法，讓公司營運下去，在這種情況下，他們會簡單地轉向新模式，並且頑強地堅持下去。差勁的經營團隊卻可能浪擲最好的概念，把公司經營到一敗塗地，而且帶著股東一起陪葬。

噢，上面就是我對證管會所發布公開說明書的正式說明。

如果你要我用比較「務實」的說法，說明通過證管會審核的公開說明書，那麼我的解釋會稍微不同，我會說：

「公開說明書是無聊、醜陋、可怕的文件，意在嚇死看公開說明書的讀者，只有最精明的投資人除外。公開說明書用最可怕的方式，強調每一種可能的風險，還用強而有力的免責聲明，淡化任何上檔潛力。」

「因此，如果你從一般人的角度，從第一頁開始，看公開說明書，看到最後一頁，那麼你最後會有百分之九十五的可能逃之夭夭，而不投資。」

為什麼？

「因為，對沒有受過訓練的人來說，公開說明書似乎讓一切變得風險太高，高到只能得到加速逃跑的結論。」

因此，就是這樣，大家對於應該怎麼閱讀公開說明書，存在兩種截然不同的看法。

誰對誰錯呢？

真相像生活中的大多數事情一樣，介於兩者之間。

然而，我要明確告訴你一個重點。

我不是想說公開說明書會針對公司的業務展望，提供讀者不公平的看法，相反地，我要說的是，你在一家公司公開說明書中，看到的所有警告和風險因素，也可能在相同產業中每一家規模類似公司的公開說明書中看到。換句話說，一家公司公開說明書中強調的絕大多數挑戰和風險因素，都是競爭對手被迫必須強調的相同挑戰和風險因素。

換句話說，事業經營對每一個人來說，大致上都相當困難。

每一個路口都有風險，每一個轉彎都有危險，不管你注意的是什麼事業，其中都有無數的陷阱，可能坑害一家公司，例如，籌資可能有困難，供應鏈中可能有挑戰，競爭者可能帶來問題，顧客可能變化莫測，收帳可能有麻煩、嚴重經濟衰退，通貨膨脹飆升，可能面臨訴訟，科技上可能有挑戰，爆發全球性流行病等等。

因此，在這種現實狀況下，你在評閱公開說明書時，心裡應該記得什麼？答案是，記住你所閱讀內容的脈絡。

換句話說，從嚴肅、不帶感情的角度來看，這本公開說明書中的優缺點，跟同業中類似規模企業公開說明書中的優缺點相比時，優劣如何？這是做投資決定時，必須考慮的單一且最、最重要的重點。

事實證明，時間其實不是唯一相對的東西。

風險也是這樣，報酬也是這樣，公開說明書中的每一樣其他事實也是這樣。

我猜愛因斯坦會非常自傲。

無論如何，這就是為什麼經驗豐富的投資人，可以輕易看穿典型公開說明書中負面偏見的原因，他們知道每一份公開說明書中，大部分的內容都是標準化的文字，因此可以根據適當的脈絡，做出正確的決定。相反地，投資新手會為這種東西苦苦掙扎，他們因為沒有看過夠多的公開說明書，缺少適當的脈絡，無法做出正確的決定。他們在火上加油式的強調風險因素、以及低調淡化上檔利潤之間，對這家公司的看法通常會遭到扭曲，偏向負面，因而無法得出正確的結論。

例如，假設一位投資新手正在閱讀美元的公開說明書，他會從中得到什麼結論呢？公開說明書中顯然有很多積極面，對吧？畢竟美元不但是全球唯一的準備貨幣，而且美國也是世界最大的經濟體，是世界上唯一的超級強國，而且在整個美國歷史中，美國一直都有償還自己的債務。

但是有哪些負面不利的地方呢？老天爺，公開說明書應該從什麼地方說起呢？首先，公開說明書會談到聯準會怎麼印製了巨量的鈔票，同時在長到不可思議的期間裡，把利率壓低到零利率。公開說明書揭露的這兩點，不但本身是巨大的警訊，也會一點接一點地列出來，還加上多到難以計算的無數其他風險因素。畢竟，這就是各國貨幣的本質，各國貨幣是亂七八糟的事業，即使其中最好的美元，也是如此。但是大部分投資新手當然都會看不出這種差別。

事實上，投資新手在看完公開說明書前，就會深感震驚，會質疑聯準會在想什麼，他們為什麼要把美元帶進未知的水域、並且在全世界創造極大的不確定性？公開說明書說，很多經濟學家認為，用這麼極端的方式貶低美元，可能造成大家認定的美元價值嚴重惡化。

雖然這些事情看來似乎沒有那麼離譜，投資人還是會猜想，公開說明書怎麼可能連這種事情都要對大家暗示呢？這樣看來似乎很瘋狂！很不負責任！這種事情根本不可能發生，至少這輩子裡不可能發生，這樣違反邏輯，我們是堂堂美國啊！

但是傷害已經造成。

投資人再也不會用完全相同的方式看待美元了，懷疑的種子已經種在他的潛意識裡，像休眠的病毒一樣埋伏著。

事實上，看投資人有多了解全球外匯市場而定，他們可能發現自己認為，現在只有瘋子才會瘋到投資美元。但是，請等一下，他們看到的所有積極面到底怎麼了？這些東西不足以抵消所有的負面因素、讓他們精確了解美元的整體情勢嗎？

不幸的是，實際上不是這樣。

我要再說一遍，從公開說明書的本質來看，公開說明書設計的目的，本來就是要讓正面的事情看來沒有這麼正面、讓負面的事情看來更為負面，不過坦白說，這樣可能是為了達成最好的目的。畢竟，公開說明書雖然為不精明的投資人帶來挑戰，但是經紀商必須向每一位潛在投資人、發送公開說明書的事實，卻也強力抵消了經紀商在激動之餘，常常會對投資人說出的夸夸其談和宣傳廢話。事實上，身為在最高層中親身目睹這種現象的我，一定會說，你對營業員要推銷一檔新股時所說的話，一定會深感震驚。我說的不光是我創立的史崔頓奧克蒙證券公司（Stratton Oakmont），真的差遠了！我說的是從高盛公司以降的華爾街每一家大券商。他們的一線營業員在高潮時刻，為了完成一筆交易，會滔滔不絕的發出像尼加拉瀑布一樣的鬼話。

關鍵是：如果你要全面衡量一家公司，你應該從這家公司的公開說明書開始，而且要非常小心閱讀，但是接著你還要做額外的研究，以便創造適當的脈絡。絕對不要忘記所有的公司在設法茁壯自己的事業時，都會面對很多挑戰，不論是配發股息的績優公司，還是擁有破壞性科技的快速成長高科技公司，或是初出茅蘆、在書面上看來糟糕之至，可能讓投資人嘔吐的新創企業，都會有無數需要放在背景脈絡中考慮的風險因素。

接下來我們要談證管會的第二個明智決定，就是證管會決定在公開說明書的核准過程中，不納入「實質審查」。換句話說，證管會不會當裁判，判定那家公司會成功，那家公司會失敗，這一點真的要謝天謝地！

畢竟，在證管會企業部門任職的俊男美女一點也不知道哪些公司會成功，哪些公司會失敗。他們怎麼可能知道呢？他們大都是剛剛大學或法學院畢業的新社會人。

但是我要更進一步說明。

如果我在創投基金工作了三十五年——哈！——然後決定到證管會企業部門任職，那我怎麼知道哪家公司會興會衰呢？

以下是我的看法：

最後連世界最頂尖的創投專家，如果夠幸運的話，十次投資中也只有三次正確投資。事實上，如果你跟創投專家談話，他們會告訴你無數的實戰故事，都跟他們選擇放過、最後卻變成世界最大公司的不同事例。

關鍵是：在任何產業中設法試著挑選贏家和輸家，都是碰運氣的事情，連最高明的人也都只有少少幾次碰對。例如，當年席維斯特．史特龍（Sylvester Stallone）第一次拿著電影《洛基》（*Rocky*）的劇本，去好萊塢找人時，你知道有多少人拒絕他嗎？你要猜猜看嗎？

你對好萊塢的每一個人都拒絕他這件事，有什麼看法！所有的天才電影公司的頭頭——所有這些在挑選贏家方面，創下不可思議優異紀錄、因而爬到這個行業頂端的人——一致認為，《洛基》這種片子是毫無商業吸引力的愚蠢構想，尤其附帶由史特龍這種無名小卒演員來領銜主演，更是愚蠢。

或許由雷恩．歐尼爾（Ryan O'Neal）來領銜主演，影片才會大賣。

雷恩．歐尼爾是誰？

對，一點都不錯。

如果你還不到五十歲，你很可能不知道鬼雷恩．歐尼爾是誰；不過他在一九七〇年代可是紅極一時，史特龍卻是正在力爭上游的無名小卒，每一個人都認為，雷恩．歐尼爾一定會變成好萊塢有史以來最大的票房紅星，史特龍應該轉業，改當保鏢或特技演員。但是當然，後來《洛基》贏得了奧斯卡最佳影片獎，史特龍變成了家喻戶曉的名字，雷恩．歐尼爾變成了過氣人物的典型代表。

這裡要再說一次，挑選贏家總是一件冒險的事情，碰到要挑選公開上市公司時，甚至比平常更冒險，涉及的變數實在太多了，容易出錯的事情也太多了，還不提你永遠不會知道閃電什麼時候會打下來，什麼時候會有人帶著新概念或新觀點，走進門來，使原本是世界最差勁企業、注定要破產的公司，現在穩穩走在變成下一家蘋果或谷歌的道路上。

證管會就是基於這個原因，才決定在沒有實質審查的情況下，把他們的審核過程，建立在充分揭露的基礎上，才會把這件事變成一舉兩得，促進資本形成和現代投資天地的形成，嘉惠我們大家。

然而，缺少實質審查卻為一般投資人帶來若干挑戰，例如，滔滔不絕的營業員說，他寄給你的公開說明書，有得到證管會的核准，就好像在某種程度上，等於有人蓋章批准這份公開說明書一樣，他這樣說卻不是「說謊」。

事實卻非如此。

例如，在在最糟糕的情況下，「獲得核准」的公開說明書，只是表示證管會核准一家公司揭露自己的方式——也就是核准這家公司描述自己完全是一大沱狗屎、是一沱骯髒、惡臭之至的爛狗屎，凡是投資這家公司的人，無疑一定是失心瘋的方式！在某些公開說明書中，連替這家公司簽證的會計事務所，都會聲明如果這家公司能夠繼續經營一年，就算是走狗屎運了；還說他們面臨驚人的競爭，在市場上沒有立足之地，專利有問題，商標毫無價值，經營團隊又是新手，有著持續一貫把公司經營到一敗塗地的紀錄。

雖然公開說明書列出這麼多警告，但營業員對投資新手指出的東西，卻是閃閃發亮、從證管會得到的核准大印。而且雖然封面上印了一些細小的文字，說證管會並未判斷這家公司的優缺點，用心去看的人卻很少，因為那些字實在太小了。即使有人去看，營業員也很快就會辯解說，這是華爾街每一家公司的標準作業程序。

現在我要說個小故事。

你們全都知道我在華爾街的職業生涯是怎麼開始的，對吧？

我前面提過，我的華爾街職涯始於一家備受尊敬、名叫羅斯齊的公司，這家公司推銷的是在紐約證券交易所交易的績優股——至少大部分時間是這樣。他們偶爾也不會在乎在陰溝裡打滾，額外地賺一點錢。

「畢竟，華爾街就是這樣啦！」他們這樣跟我解釋。

總而言之，我完成羅斯齊公司六個月的訓練計畫，並以優異成績通過營業員考試後，就在星期一早上，出現在公司門口，準備征服世界。

我要再說的是，天啊！那天是一九八七年十月十九日該死的黑色星期一！

接下來的六個半小時裡，我驚駭莫明地看著道瓊指數在一天裡，慘跌五〇八點，於是，就像這樣，羅思齊公司被迫關門，我也就此失業。

我記得那天就像昨天剛發生一樣，營業員垂頭喪氣、夾著尾巴，四處走動，嘴裡嘀嘀咕咕：「媽的！遊戲結束了！我根本不敢相信！遊戲結束了！」我也一樣，還說：「你說遊戲結束了是什麼意思？我根本還沒開始玩呢！怎麼可能就結束了？」從那時開始，情勢愈演愈烈，我走到樓下，看到《紐約郵報》（*New York Post*）頭版上，大標題印著：

華爾街壽終正寢！

然後，在大標題正下方，是一張紐約證券交易所交易大廳淒慘景象的照片，搭配一些交易員衣衫襤褸、體重過重、表情驚恐的特寫，再下面是小標題，寫著：

營業員要改開計程車

事後回想，我猜是這個小標題嚇壞了我。

我當時就知道，這場遊戲真的結束了，我的人生也結束了。當時我二十四歲，是牙醫系綴學生，又才在不到七個月前宣告破產。

簡單介紹，我從牙醫系退學後，創辦了一家賣肉類和海鮮的事業，然後迅速擴充為擁有二十六輛貨車的企業，然後再以同樣快的速度，把自己的事業經營到一敗塗地。基本上，我犯了年輕企業家所可能犯的每一種錯誤，我過度擴張，資本太少，靠著信用成長。於是我的事業就這樣子破產，我也一樣破產，這就是我來到華爾街的由來。

然後，在羅思齊公司經歷漫長六個月的訓練後，我又回到了原點，也就是說，我又破產、又絕望，連房租都交不出來。在華爾街一片恐慌、停止雇用新人的情況下，我被迫到華爾街以外的長島，屈就一家名叫投資人中心公司（Investors Center）的小型證券商。

投資人中心！光是這個名字，就足以讓我背脊發涼。

我習慣的是雷曼兄弟、高盛公司和美林公司（Merrill Lynch）之類有實力、在華爾街名聲響亮的名字。我可以想像自己說著：「嗨，我叫喬登．貝爾福，我從長島某個他媽的鬼地方的投資人中心公司打電話給你，我跟你一樣貼近華爾街，因此我所知的東西、你卻不知道的機會少之又少，少到不存在。你要把錢交給我管理嗎？你很可能再也看不到你的錢喔。」

我現在肯定你至少看過《華爾街之狼》一次，而且可能不只一次。這部電影中經典的一幕是：我第一次走進投資人中心公司破舊的辦公室時，真是嚇呆了，我環顧四周，這個地方沒有半樣跟財富、成功或華爾街有關的東西，桌上沒有電腦，沒有業務助理，沒有穿著西裝、打著領帶的營業員，只有二十張老舊的木頭桌子，其中一半沒有人坐，還有一群發育過度、表情愚蠢、穿著牛仔褲和運動鞋的青少年。

經理口試我時，有一位坐在離我們兩公尺半、引人注目的孩子，正在跟客戶講電話。他長的又高又瘦，臉比純種馬還長，年齡不超過二十歲，衣著像放春假的學生一樣。他正在跟客戶講電話，突然間，他從他的位子上冒出來，開始對著話筒尖叫，斥責那位可憐的傢伙。經理和我轉頭聽他說話。

「讓我稍停一下！」馬臉營業員尖叫著說：「我不管愚蠢的公開說明書怎麼說！公開說明書唯一的用處是要把你嚇死，就是這樣！公開說明書說盡一切的壞事，卻完全不說好事。因此，我現在要你做的事情是：到浴室裡去，關上門，關掉電燈，然後在他媽的黑暗中，閱讀公開說明書。這樣是看公開說明書最好的方法，因為這檔股票要漲到月球上去，我不希望你錯過這檔股票，聽起來不錯吧？」然後他平靜地坐回位置上，等待對方的回答。

「那位是克里斯．奈特，」那位經理說：「他是這裡最頂尖的營業員，他真的唱作俱佳吧？」

「對，我想是這樣，」我回答說：「他在保證方面有點輕率以對。不過，噢，我是說，我算老幾，怎麼能夠批判別人呢？對吧？大家也對羅思齊公司說過一番難聽的瘋話，他們那裡的人的確不是吃素的。」我對那位經理展現出戰友般的笑容，好像是說：「別擔心，我知道華爾街的營業廳是怎麼回事，我不會揭發你的！」

事實上，我說羅斯齊公司的營業員不是吃素的時候，確實沒有說謊。我在那裡工作的六個月內，我聽過至少十幾次同樣要人進浴室、在黑暗中看公開說明書的話。我心想，這句話一定是記載在某些祕密的銷售訓練手冊裡。雖然證管會確定不知道這種東西，這種東西卻明顯違反證管會跟公開說明書中分銷股票有關的規定。

法律理當是這樣運作的：

分銷期間從公司向證管會企業金融處，申報公開說明書時開始，到股票開始交易三十天後結束，在這段期間裡，只有列入公開說明書的資訊，才能向投資人傳達，其他任何資訊都嚴格禁止，你甚至連提都不能提，不論是在銷售文本中、還是行銷部門或廣告中，或是在像奈特這種白癡營業員的聲明中，都不能提到。如果你提到了，你就違反了法律。

問題是：這種法律在理論上比實際施行還更有效。

下面是新股在第一線上，怎麼分成四個不同階段銷售出去的實際狀況：

1. **稀少期：**營業員打電話給客戶，告訴他們未來兩星期內，會出現一檔熱門新股，而且他確實認為他們應該買這檔股票。然後，他在接下來的一分鐘內，提供客戶這家公司的簡短說明，重點大致放在供應有限的事實上，這表示，這檔股票一開始交易就會上漲。唯一的壞消息是因為這檔股票極為熱門，他只能替客戶搶到一些股票。但好消息是，這些股票像黃金般珍貴，因此，他們應該慶幸自己運氣好，好到讓他能夠替他們搶到那幾股股票。客戶對這一點深深表示感謝，並且告訴營業員自己有多麼感激。

2. **預先設局階段：**這是如果客戶決定評閱公開說明書，營業員要開始設法儘量降低公開說明書負面衝擊的階段。營業員起初會解釋說，因為這是發行新股，他在法律上，有責任把公開說明書寄給他們——但是，他接著補充說：「我知道你有多忙，因此你不需要浪費時間，看整本公開說明書，這種東西很無聊，因此你很可能只想瀏覽一下。大多數人都是這樣做，我的意思是，別誤會我，這家公司的一切都好的出奇，因此如果你喜歡看這種東西，那你就看吧！看到你昏頭轉向吧。」

3. **祈禱階段：**營業員掛斷電話後，用電子郵件把公開說明書寄給客戶，以便履行自己的法律義務，然後他閉上雙眼，向上帝祈禱，希望客戶不會看公開說明書，如果客戶看了，那麼他會等待一定會打來的憤怒電話，不然的話，打電話來的客戶至少也會相當困惑，這時他就要啟動第四階段的行動。

4. **中和階段：**因為營業員一直預期會有這種電話，他已經準備好一種回應，以便中和有問題公開說明書中的不利影響。看營業員的道德水準而定，他會從若干不同的制式反駁中，選擇其中一種來反駁——從僅僅略為越線，告訴客戶，說有些像這家公司一樣的其他公司，後來如何、如何變成大贏家之類的故事，到引領客戶跳下黑暗的深淵，打出那句著名台詞：「我要你到浴室去，在黑暗中閱讀公開說明書。」

總之，回到我去投資人中心公司參加口試的現場，那時奈特突然再次從椅子上站起來，對著電話大叫：「哈，少來了！老天爺啊，老畢！你真的很荒謬，公開說明書只是說明最糟糕的情境。此外，這支新股每股只賣○．一美元，如此而已！每股○．一美元的股票怎麼可能出問題，對不對？」

我湊向那位經理，小聲問說：「他剛剛是說每股〇・一美元嗎？」

「是啊，你為什麼會問？」經理回答說：「有什麼問題嗎？」

「沒問題，」我回答說：「我只是從來沒有聽過這麼便宜的股票。」

就在這時，奈特生氣地摔下電話，然後嘀咕說：「那個臭王八蛋！他掛我的電話！好大的狗膽！我他媽的要宰了他！」

我憂心忡忡看了看經理。

「沒問題，」他說：「下次他會搞定那個傢伙的。」

我點點頭，但是這裡有一些非常有問題的地方，我的胃裡可以感覺到這種情形，居然有一家公司以每股〇・一美元的價格上市？我心想，*這家公司一定是十足十的狗屎。*

這時，我當然已經很清楚證管會沒有進行實質審查，因此最大的狗屎可以藉著公開說明書銷售。我準備營業員考試時，已經學到跟充分揭露有關的一切事情，但是，從書上學習是一回事，在真實生活中看到這種事，看到像奈特這樣的營業員實際表現出來，卻是大不相同的另一回事。事實上，就在那一刻，鑑於這一點可能遭到誤用，我反倒不敢確定沒有實質審查是不是真的是好事。

無論如何，整個情況似乎就是不對勁，好像整間投資人中心甚至不應該存在，容許這樣的事情出現似乎沒有道理。不過，另一方面，就在這位經理後面的牆上，卻掛了兩塊牌匾，透露大不相同的故事。其中一塊相當大，是長方形的牌子，上面淺藍色的字體指出，投資人中心公司是全國券商協會（National Association of Securities Dealers NASD，那斯達克）的會員。另一塊牌匾是正方形的，顯示投資人中心公司是經過證管會發給執照、獲准執行業務的經紀商公司。我深感震驚，比著兩塊牌匾，說：「所以，你們實際上是受到監理的業者？喔，太令人驚奇了！」

那位經理人似乎吃了一驚，反問說：「你是什麼意思？我們當然是受到證管會監管的業者！」他指著他桌上一排五個透明塑膠方塊，每一個塑膠方塊大約有七．五公分高，裡面有一份縮小的微型公開說明書。「這些是我們過去承銷過的新股。」他拿起一個小方塊，丟給我，好讓我仔細檢查。「我們做的每一件事情都十分光明正大。」

真是不可思議！我心想。誰會想到像這樣的地方實際上居然是合法的經紀商。

事後回想，事實證明我對這家公司的想法大錯特錯。

投資人中心公司跟合法經紀商之間，不但有著八竿子打不著的關係，而且我在那裡學到的東西，後來為華爾街歷史上離奇的行跡奠定了基礎。

但是除此之外，那天我坐在那張椅子上，欣賞那些小小的透明塑膠方塊，以及裡面縮小的公開說明書時，我應該想到的是：

沒有實質審查嗎？要是我看過實質審查的話，那可是一把雙面刃！

我們繼續討論前，我還要跟你分享一些跟揭露這個主題有關的訊息，首先是公司上市後，揭露的規定並非就此結束，公司必須定期申報和揭露資訊報表，以便投資人了解。

我們要迅速檢視一下四種最常見的報表：

1. **10-K年度報表：**這是所有公開上市公司每年必須申報的綜合報表。用白話來說，就是所謂的一次揭露所有你所需要了解資訊的財務報表，而且最好的地方是，這種報表經過會計師簽證，否則會受到簽證不實的處罰。執行長和財務長都必須在一封信上簽名，說明就他們所知，報表內容百分之百都正確無誤：沒有廢話、沒有誇大其詞、沒有會計美化、沒有重複計算庫存。這是證管會新增加的一項內容，意在打擊執行長和財務長的說謊和欺騙（他們過去曾經提出虛假的數字，卻只受到輕微的懲罰）。現在如果他們故意提交虛假的資訊，美國聯邦調查局很可能會來敲他們的門，送給他們前往監獄的單程票。

2. **10-Q季報：**這是老哥10-K年度報表的精簡版，每三個月必須申報一次，而不是每年申報一次。兩者的其他主要差別是10-Q季報跟10-K年度報表不同，沒有經過會計師的簽證，這表示，其中的資訊沒有這麼可靠。不過10-Q季報仍然可能非常有用，可以當作早期的警告系統——讓人看出公司現金流量、供應鏈、存貨管理、以及業務上最後會顯現在10-K年度報表上的其他問題。

3. **8-K報表：**這種報表用來宣布公司的任何重大變化，隨時可以申報。8-K報表常見的例子是宣布併購、聲請破產、經營階層的重大變化、董事會的變化、或新股的發行。實際上，8-K報表可能是短期交易者最好的朋友，也可能是短期交易者最可怕的夢魘，視消息如何解讀和他們在市場裡的定位而定。

4. **13-D報表：**這種報表通常稱為「實質受益人」報表，用來公開宣布個人或公司累計持有的公司股票比率，已經超過公司發行在外股份的五％以上。申報的內容中，投資人除了必須揭露自己在只想被動賺錢之外，是否有其他意圖（如果他們沒有主動意圖，他們可以申報一種叫做13-G的簡式表格）。最常見的主動意圖是像馬斯克最近收購推特公司（Twitter）一樣，透過要約收購這家公司，就是成為主動的投資人，以便達成強迫這家公司在現有營運方式或資本結構上，推動重大變革、提高股東價值的目標。

除了這四大報表外，還有一些其他揭露報表，但是，前述報表是你最常聽見、並且推動絕大多數投資人做出投資決定的報表。

我們繼續討論前，我必須強調一個重點，就是華爾街跟一般民眾相比，最大的優勢是他們知道民眾不知道的一些事情，過去百年裡，在跟華爾街業者同樣沒有靈魂的麥迪遜大道廣告同業、花費無數億美元廣告費驅策下，已經把這種看法打磨到近乎完美的程度。

透過直郵廣告、看板廣告、廣播廣告、電視廣告和過去二十年多到嚇死人的網路廣告，麥迪遜大道已經成功的達成任務，把世界上最惡臭、最醜陋、最貪婪的豬玀，塗上最迷人的脂粉。

覺得困惑嗎？我來解釋一下。

簡單的事實是你不需要華爾街替你管理錢財。

你根本不需要；你自行管理，會比他們做得好多了。

認為我誇大其詞嗎？

好，很公平，但是你覺得巴菲特怎麼樣呢？你認為他像誇大其詞的人嗎？

絕對不是，對吧？誇大其詞不是他的本性。

他說話輕聲細語、深具睿智，是你絕對可以信任的人。

事實上，我們都同意巴菲特是最值得信任的投資建議來源，對吧？

對，的確如此。

因此，考慮到這一點，請你看看巴菲特最近談到金融圈時說的話，這句話值得大家深思。

「我寧可把錢交給一群對著大盤射飛鏢的猴子，也不願交給華爾街的營業員或避險基金經理人。我沒有別的意思，但是猴子十次會有九次打敗華爾街的人。」

然而，只不過是近在三十年前，情況就截然不同。

一九八七年我初次到華爾街時，如果你想知道金融天地的動向，實際上，你除了看早上的《華爾街日報》晨報版外，你還真的需要營業員，何況根據定義，《華爾街日報》報的是昨天的新聞。

因此，我在券商史崔頓奧克蒙公司，寫下第一齣好戲的經典銷售台詞，就跟這個問題有關，也就是資訊不對稱使一般散戶在面對能夠掌握市場脈動的華爾街營業員時，處在極為不利的地位上。我說的這齣戲跟柯達公司（Eastman Kodak）有關，當時柯達是紐約證券交易所的績優股，但是，最近卻遭到拍立得公司（Polaroid）控告侵害專利權，以致於籠罩在訴訟疑雲中，股價因此從每股一百多美元，暴跌到四十美元。

這一齣戲的主題很簡單。

很多投資機構在公司章程中，都有限制性約定，禁止他們涉入面臨重大訴訟的公司，因此，訴訟結束後，投資機構會回頭湧向這檔股票，促使股價飛漲到天上。

因此我把像柯達公司一樣的三家其他公司的例子，納入我的劇本中，訴訟一結束，這些股票就猛然恢復生氣，迅速衝上新高價。這是非常強而有力的劇本，從邏輯和感情上來看，都非常有道理。但是在即將結束的地方，有一句重要的台詞，使整個事情得以順利進行。

這句話極為強而有力，因此你對客戶說這句話時，他們有百分之五十的機會，會打斷你的推銷，說：「那不是事實嗎？」或是說：「那是一定的。」或是對你發出會心的咕噥聲，好像是在說：「對啊，你們這些傢伙在底下拚命惡搞！」

實際上，這句重要的話不光是要清楚地告訴客戶，他們必須在看到訴訟和解的消息之前，就要買股票，而且也強調在生活中，擁有一位以華爾街為基地的營業員很重要，即使這種營業員可能要收取額外的佣金，也還是如此，最後這種營業員一定物超所值。

關鍵的這句話會在你推銷過程接近結束、就在你要求客戶下單時出現。

你會說：「吉姆，在這種情況中賺錢的關鍵是：你現在就必須在官司和解前占好位，因為等到你在《華爾街日報》上看到這則消息時，時間就太晚了。」

於是，就像這樣，訊息十分清楚：

如果你不在華爾街上，基本上，你沒有在股市中賺錢的機會。資訊傳播的速度實在太慢了，等到消息刊在《華爾街日報》上、或是你可能可以接觸到的其他新聞來源上時，就會太慢了，慢到甚至一文不值了。這時華爾街上的每一位交易員、分析師和證券營業員，都已經看到消息，跟著行動了——跟著買進、賣出或按兵不動了。為了確保這種優勢，華爾街上的營業員桌上，還有一種名叫「報價通」（Quotron）的特殊電腦，讓他們即時接觸股票報價，同時即時接觸名叫《彭博資訊社》（*Bloomberg*）的專業新聞服務，這家通訊社會在重要的財經新聞上線時，即時且直接送到他們的桌上。

讓失衡更嚴重的是，華爾街的每一家大公司都派了信差，到華府的證管會總部露營，等待上市公司申報揭露事項，申報一到達，信差就開始行動——騎著自行車、短跑、開車和用傳真機，把這些對時間十分敏感的揭露資訊，傳給他們自己公司的財務分析師，他們分析、解剖這些東西，再把東西重新組裝回來，變成專有的研究報告後，再跟公司的交易員、營業員分享，最後還跟他們的客戶分享。

所有這些優勢都在你的銷售攻勢結束時，由那句強而有力的推銷金句中，巧妙地暗示出來。在客戶仍然覺得懷疑、或是客戶表示，他們比較願意跟本地營業員打交道的罕見狀況下，你會補充說：「吉姆，我不是想干涉你跟奧克拉荷馬市當地營業員的關係，我相信，談到活牛期貨和收成報告之類的事情時，他一定為你服務得非常好，但是談到股票時，我人就在華爾街上，我掌握著市場脈動，你的當地營業員正忙著看昨天的《華爾街日報》，我卻有明天新聞的內線管道。」華爾街的營業員如此這般說著。在奧克拉荷馬州農場上或密西根州生產線上的投資人，絕無可能跟華爾街上的營業員競爭，在資訊缺口、科技缺口和客戶如果不拿起電話，甚至連一股股票都不能買到的情況下，他們一定是毫無機會。

但是現在的情況如何呢？

我剛剛描述的一切，聽起來是不是有點像今天的數位世界呢？在這個世界裡，資訊是不是以光速、流向世界各地的每一支智慧型手機、筆記型電腦和桌上型電腦呢？

絕對不是，差遠了。

華爾街今天仍在拚命地把這種老舊的繞舌歌曲，努力傳達給投資大眾，說他們擁有大眾所沒有的資訊，這種說法純粹是最極端的胡說八道。

不錯，過去有一段期間裡，這種情況是確實無疑的真實狀況，但是那段期間早就過去了。從二〇〇一年起，依據法律，所有公開上市公司都必須在證管會的線上資料庫 EDGAR 上，申報所有的揭露事項，使每一份10-K 年度報表、10-Q 季報、8-K報表和 13-D 報表，都能傳達給世界上每一位能夠上網的人。

簡單的說，資訊鴻溝已經填平。

要得到任何上市公司的最新動態，你所要做的就是上網，並且輸入 www.edgar.com，然後，哇，你的指尖下就會有你所需要的所有資訊。

這就是在沒有實質審查下的充分揭露。

這樣做是一舉兩得之舉，一則促進美國的資本形成，二則為美國股市成為世人艷羨的市場一事，奠定了良好的基礎。

但是，這種進展當然需要時間。

一九三四年時，美國仍然是亂成一團。

大蕭條是美國前所未見的慘狀，美國經歷過多次盛衰循環，偶爾還會碰到恐慌，但是當時面對的慘狀截然不同，大家十分氣苦，要求變革，創設證管會，就是要回應變革的呼聲。為了推動變革，證管會身負兩大核心任務：

1. 恢復投資人信心
2. 推動美國再投資

這是崇高的使命，第一個任務的成功會為第二個任務鋪下坦途，基本上，如果證管會能夠說服美國大眾，相信競技場地已經鏟平，那麼美國人應該會更放心的重新開始投資。

理論上，這個計畫非常高明。

唯一的問題是說來容易做來難。

為了讓資本市場解凍，華爾街和投資大眾都必須接受，都必須同意競賽場地已經鏟平，新的證券法確實會公平對待每一個人，否則的話，一切大致上只是跟過去相去不遠而已，而且我敢說，華爾街會欣然接受這種狀況，美國大眾一定不會接受。他們受不了了，他們受夠了，他們受騙太多次了，沒有真正的變革，他們不會回到桌上。

華爾街反而很緊張——實際上，不是緊張，而是嚇壞了。

超過一百年的貪婪和過分終於受到限制了，這套新的證券法不容小覷，一九三〇年代時，充分揭露、新證券的註冊、公平而誠實、客戶至上等等，都是激進的想法，連有一點點類似的作法從來沒有人嘗試過。

但是，話說回來，華爾街有什麼選擇嗎？

這次美國人看來似乎是相當震驚，實際上卻是很認真，搶奪和劫掠金融天地的好日子終於結束了。

因此，這次決定咬緊牙關，做正確事情的是華爾街。

華爾街最大銀行和證券商領袖全部聚集在一起，同意接受這套新規則。從這個時候起，他們會尊重和遵守這套新規則，把紐約證券交易所變成比較友善、比較溫和、比較公平、投資人的需要總是最優先的地方。畢竟，這樣做是為了美國，而且美國一直對他們好到出奇，讓他們變得有財有勢到他們根本不敢想像的地步；現在該是稍稍回饋的時候了，這樣應該是某種重生，你也可以說，這樣是一種新時代，是華爾街光明、充滿希望、又有道德的時代。

不可思議，對吧？

如果你相信上面這些鬼話，相信華爾街在爆發全國性危機的時刻，居然找到自己的道德中心，同意為大我犧牲利潤，那麼我在虛構的瓦干達國（Wakanda）市區裡，就會有一些土地，可以賣給你。

老實說，你真的認為這些貪婪的王八蛋會不戰而降嗎？絕對不可能！接下來上演的是十歲兒童大鬧脾氣的理財版好戲，戲碼是「除非我們能夠繼續依照舊有的規則玩下去，否則我們會把球帶回家，讓大家都不能玩，就是這樣！」而且，華爾街真的就是這樣做。

這些大公司根本拒絕合作。

「這樣不公平，」他們宣稱：「這樣不是美國！這是共產黨徒的陰謀！我們不接受這些新規則，也不打算遵守，我們不會去註冊證券，不會申報公開說明書，不會揭露每一樣事情。而且，我們當然不會把客戶的需要擺在我們的需要之前，我們到底為什麼要這樣做？你們認為我們瘋了還是怎麼了嗎？要我們誠實的話，我們要怎麼賺錢？」

就這樣，杯葛開始了。

各大報刊出很多報導，反對派成員遭到公開抹黑，有人已經向最高法院提起訴訟。華爾街的木偶戲大師們在美國史上最大的遊說行動中，針對美國國會開戰——堅持要國會修正那些荒唐的新證券法規，在法規修正前，股市會繼續關閉，不會有新的東西上市，不會籌募新的資本，不會釋出新的信用。

其中的訊息很清楚：除非你們合作，否則美國會變成人質。

這個作法產生了效果。

在華爾街近乎完全獨占籌資和融資的強大壓力下，國會放寬了證券法規，使法規變成對使用者友善的版本，也為紐約證券交易所安排了大量的豁免。紐約證券交易所大致上可以自我監理，但碰到要鎮壓諸多木偶戲大師時，執法行動會缺乏同樣的力道。

毫不奇怪的是，制定原始證管會法律的人徹底崩潰，但是小羅斯福總統的下一個決定讓他們完全崩毀。

但是，小羅斯福總統還有一個問題。

華爾街並不信任他。

在他們看來，小羅斯福總統是局外人，是有著共產主義傾向的理想主義份子，大家認為他是公然敵視美國企業的人。因此對他們來說，連這種放寬過的聯邦證券法律仍然還管太嚴。按照他們的思考方式來看，如果他們退讓一寸，小羅斯福總統就會得寸進尺，而且在他們發現前，他們就會套上他的枷鎖了。

因此僵局持續下去。

小羅斯福總統為了打破僵局，需要找人向華爾街推銷這個計畫，需要找一個他們認識、而且可以信任的內部人，否則的話，市場會繼續關閉，人民會繼續受苦，大蕭條會持續下去。

這是小羅斯福總統選擇老甘迺迪的原因，也讓他的主要顧問和起草第一版比較嚴格證券法的人非常懊惱。

他們感到震驚和憤慨，新聞界也一樣，大標題寫道：「老甘迺迪，說事實並非如此！他們叫野狼來看守綿羊。現在是怎麼回事？」

但是小羅斯福總統自有他的道理。

他知道老甘迺迪只是那種口齒伶俐的銷售員，只要眨眨眼、點點頭，就能讓華爾街動起來，而且他確實也這樣做了。

他的計畫極為簡單。

他打的旗號是：「我們永遠不會有資源隨時監視整個華爾街，因此談到執法，談到什麼人必須密切監視、什麼人不必密切監視時，我們必須務實，基本上，我們知道有些人是我們可以信任、會遵守所有這些新法律的人，然後還有其他我們不能信任的人。」

「對於我們信任的人，監管很簡單，我們只要把他們有義務遵守的一套法律交給他們，他們內部的道德標準就會處理其他的事情。至於其他的每一個人，我們會像他媽的老鷹一樣，盯著他們。」

老甘迺迪就是這樣做的。

他藉著承諾在執法公式的企業金融這一端，建立兩級制的司法系統，說服過去的犯罪同夥，在企業金融這一端，接受嚴格的揭露規定。

他對這些木偶戲大師同夥解釋說：「這樣甚至會比以前更好，恢復投資人的信心會創造更多的錢，讓我們可以偷竊，你們把手伸進監管餅乾罐，卻被人抓到時，我會確保證管會睜一隻眼、閉一隻眼，或是略施薄懲，這樣做起來很簡單，不會引起任何人的注意。」

「我們會為展開新的調查，訂定高到不尋常的標準，而且我們在解釋結果時，會採取無罪推定的立場。在騙局嚴重失控、大眾損失慘重、連新聞界都介入的罕見狀況下，我會確保證管會容許我們指出一些低階的笨蛋，說他們貪心不足、自作主張，再把他們變成替死鬼，同時讓我們的機構繼續前進。各位先生，我向你們保證，這種情況會讓大家很驚奇的，同意嗎？」

不出所料，大家都同意了。

畢竟，這個計畫十分高明，是由昔日的華爾街之狼規畫設計出來的，他自己也神奇地變成了披著羊皮的狼。

老甘迺迪迅速開始行動。

他的第一步是把金融界分成兩個獨立的群體，一個群體是好人、另一個是壞人群體。他把他認為值得信任的人和機構，放在第一個群體中，成員包括華爾街最大銀行、經紀公司、共同基金、評等機構、投資信託、法律事務所、會計事務所、以及道瓊指數三十家成份股公司的高階經營階層，基本上，是引發股市崩盤的名人錄。

但是老甘迺迪並不是這樣看待他過去的犯罪同夥。

他認為他們是有榮譽的人，他們像所有有榮譽的人一樣，可以透過榮譽制度來規範。畢竟，這些人都家世良好，上優秀的寄宿學校，唸著名的大學，參加知名的鄉村俱樂部。他們在榮譽制度中長大，知道這種制度的重要性。對他們來說，榮譽準則是神聖的傳統，必須不惜任何代價遵守和保護，或者至少在他們違反這種制度時，他們是這樣告訴自己和其他人的。

然後，老甘迺迪把所有其他的人，放在第二個所謂「壞人」的群體中。換句話說，他們都是不屬於既有體制的個人和機構。雖然說老甘迺迪認為他們不值得信任並不公平，但是他們存在於體制外的事實，使別人不知道他們的人數有多少，因此需要像老鷹一樣的監視他們，以免他們造成損害。

噢，這兩套規則在書面上當然不存在，老甘迺迪太聰明了，不會這樣做，他知道這樣會違反憲法最基本的原則之一，即在法律下獲得平等保護的原則，而且立刻會遭到最高法院的痛痛駁回。因此，正式來說，只有一套適用於每一個人的規則。

但是在實務上，情況卻截然不同。

透過選擇性執法，配合建制派成員做出惡劣之至的惡行，以致根本不能忽視的罕見狀況時，必須予以薄懲的做法，使華爾街的最大公司得以運作如常，同時木偶戲大師仍然繼續掌控大局。

現在，在我們進一步探討前，我想快快的向大家提出一個小小的重點。也就是，我知道你們現在可能作何感想。

你可能會想：少來了，喬登，所有這種抨擊證管會的話，出自像你這樣的人口中，聽起來有點像自圓其說，畢竟你曾經因為炒作股票，遭到證管會起訴，最後繳交了三百萬美元的罰金。你很可能認為，自己遭到道德破產、腐爛到骨子裡的制度不公平的迫害。

如果你這樣想，我完全明白，我可以看出事情為什麼看來可能是這樣。如果你不知道完整的故事，看來我像是心懷怨恨，要找證管會算帳。

因此讓我花一點時間，澄清一下。我要說，再也沒有更背離事實的說法了，我跟證管會連最輕微的爭執都沒有，而且我確實從來沒有覺得，自己曾經遭受過最輕微的迫害。即使在監獄裡，囚犯總是不斷地發誓，說自己絕對清白。我曾經說過：「我是《刺激一九九五》電影中那個重刑犯監獄中唯一有罪的犯人。」

你懂了嗎？

我從來沒有幻想過，以為自己是無辜遭到某些惡棍調查員陷害，然後遭到司法制度追殺、迫害的人。我犯了別人指控我的罪，就是這麼簡單明瞭！我犯了法，而且得到了應得的懲罰，我從來沒有儘量淡化或合理化這件事。

事實上，事後回想，被證管會抓個正著變成是我碰到過的最好事情，我的淪落教了我最寶貴的教訓，這些教訓變成我現在所擁有美好生活的基礎。

因此，我要再說一次，我跟證管會之間的問題，跟過去的互動或他們怎麼對待我毫無關係，反而跟他們對華爾街大公司的為非作歹一清二楚有關，例如對所有的搶帽子交易、股票炒作、泡沫、詐欺、違法行為一清二楚，卻沒有採取任何行動加以遏止，只開罰金額小到可笑、影響跟一張超速罰單沒有兩樣的罰款。

*

我們回頭來談老甘迺迪，他的計畫推動的很完美，證管會在華爾街的支持下成立。紐約證券交易所也像大家承諾的一樣，恢復了營運，但是接下來的十年內，進展仍然緩慢，在失業率徘徊在三三％的高檔，世界正處在另一場世界大戰的情況下，大家擁有的一點資金都配合加速生產、打敗希特勒戰爭機器的行動，流向美國的戰爭公債。

戰時經濟起初開始緩慢起步，然後迅速加速，到戰爭結束時，美國經濟以前所未有的姿態蓬勃發展。

最後，第二次世界大戰改變了一切。

世界大戰釋出有史以來最強大的經濟主導力量，華爾街取代了倫敦，變成世界金融中心。美國在地大物博、兩岸有兩洋保護的支持下，在戰爭中幾乎毫髮無傷，工廠繼續努力生產，資本到處流動，大家賣力工作，股市隱隱作態，準備為大規模的多頭市場開始衝刺。然而，道瓊指數還是另外花了九年時間，才完全收復一九二九年股價崩盤的全部失土。

但失土完全收復時，卻不無諷刺意味。

有人對城裡的新遊戲表示不滿，有人做出一些非常大膽的宣示，宣稱這種遊戲會改變一切。

會把一切變得更好。

第七章 大崩盤和其他重大事件的真相

準備好要看令人震驚又悽慘的統計資料了嗎？資料來了。

道瓊指數花了二十五年多的時間，才完全收復一九二九年崩盤和隨後大蕭條的失土。那是二十五個黑暗、悽慘、痛苦的年頭。

具體來說，道瓊指數在一九二九年九月三日以三八一．一七的歷史新高作收（盤中一度來到三八一．七六）。一直到一九五四年十一月二十三日，就是整整二十五年又四個月後，才超過這個水準。

我是在一九八七年，第一次聽到這些統計數字，當時我正在為自己的營業員執照考試念書。我記得這些統計數字讓我極為驚訝。當時，我正在閱讀的東西關於「喧囂的一九二〇年代」期間融資部位的危險性，及其是如何製造出引爆黑色星期一的定時炸彈。我也得知聯邦政府和聯準會在那段歲月的最初幾年，犯了若干嚴重錯誤——例如該降息時，反而升息，該減稅時，反而加稅，該增加貨幣供給時，反而緊縮貨幣供給，而且還訂定進口關稅，導致貿易戛然而止。

最後，還是這個惡性循環，造成道瓊指數慘跌九成，到一九三二年七月八日，跌到四一．二二點的空前最低紀錄，這一年堪稱非常悲慘的一年。然後道瓊指數在接下來的二十二年裡，開始緩慢而痛苦地起死回生。

事後回想，雖然經濟景氣從第二次世界大戰起，變得非常繁榮，華爾街卻無法推動道瓊指數恢復活力。畢竟，到大戰結束時，美國已經成為經濟超級強國，全國各地工廠林立，失業率低落，士氣高昂，和崩盤前高峰相比，工業生產成長三〇〇%。但是，因為一些無法解釋的理由，這樣仍然不夠，在世界大戰結束後，還要再花九年的時間，才能讓道瓊指數終於超越崩盤前的高峰。

令人震驚，對吧？我的意思是：喧囂一九二〇年代的銀行黑幫和營業員大膽妄為、竟然把市場推升到極度高於基本面價值，你對這些人的無恥程度，幾乎一定會刮目相看，因為連世界大戰和從中升起的工業巨獸，仍然不足以讓頑強的道瓊指數超過崩盤前的高峰。

股市理當作為基本經濟的領先指標，具有六到九個月的前瞻性，因此在第二次世界大戰結束時，經濟繁榮到空前最高峰，美國的前途無限光明之際，道瓊指數怎麼可能仍然陷在低迷狀態中，低到只有一八一．四三點，比崩盤前高峰還低五〇%呢？

股市出了什麼問題呢？為什麼股市沒有跟美國經濟的其他部門一起復甦呢？事實證明，這種情形有一個很好的原因，就是這種情況跟真實相去甚遠！

這是以有缺陷假設和錯失資訊為基礎的虛假統計，實際上，道瓊指數只花了七年又兩個月的時間，就完全收復失土，說明白一點，道瓊指數在一九三六年十一月五日、也就是在美國仍然處於大蕭條期間，就努力創造了一八四・一二點的空前新高紀錄，超越一九二九年所創的歷史新高三八一・一七點。我知道上述數字看來像是打字錯誤，其實不是。一八四・一二遠低於先前的三八一・一七新高紀錄，怎麼可能是歷史新高呢？

首先，你的數學技巧確實無與倫比，三八一點確實高於一八四點。其次，你認定的「錯失資訊」說法也正確無誤。事實上，上述統計錯失了三樣東西：

一、通貨緊縮的影響

二、發放股利

三、道瓊指數的構成要素

要精確解讀道瓊指數的實際績效，必須考慮上述三點。否則的話，你所得到的樣貌會嚴重扭曲。現在，假設你根據很短的時間架構、可能是根據兩、三個月的架構，觀察道瓊指數時，你可能在不考慮上述三個因素的情況下，仍然可以得到精確的解讀，但是超過三個月後，你看到的樣貌扭曲程度，會隨著時間過去逐日加深，一直到完全錯誤為止。為什麼會這樣？噢，我們先探討第一個因素好了。

一、通貨緊縮的影響

過去八十五年裡，美國經濟大致上經歷了穩定的通貨膨脹，物價年復一年的緩慢上漲。某些年度裡，物價漲幅比較高，某些年度裡，物價漲幅比較低，但大體上都是持續上漲。

然而，大蕭條期間卻不是這樣，一九三〇年到一九三五年間，情況正好相反，美國碰到有史以來第一次驚人的通貨緊縮，產品與服務的價格暴跌，從汽車、住宅到食物、天然氣和汽油，再到搭乘公車、理髮的價格，都全面下跌了三三％。

那麼，這種情形對道瓊指數的價格，會有什麼影響呢？道瓊指數（就此而言，指的是任何股價指數）的真正價值像所有其他事物一樣，跟基本經濟總是保持相對關係。例如，我們假設道瓊指數目前為五〇〇〇點，同時一般住宅的價格為三千美元，一輛一般的汽車價格為一百美元，你一個月的水電費為三美元，你買一加侖牛奶、一打雞蛋和一磅碎肉，總共要花五美元。

然後，災難降臨。

大蕭條來襲，突然之間，產品與服務的價格開始下跌，你身邊的每一樣東西都便宜了三三％，新住宅價格跌為兩千美元，新車跌為六十六美元，你每個月的水電費降為二美元，買一加侖牛奶、一打雞蛋、一條吐司和一磅碎肉，本來要付五美元，現在總共只要付三．五美元。同時，道瓊指數卻堅持沒有退讓。

因此，考慮到這種狀況，我要問你一個問題：鑑於三三％的通貨緊縮，從經濟購買力的角度來看，你覺得道瓊指數的真正價值是多少？是跟過去道瓊指數五〇〇〇點的購買力一樣，還是購買力已經提高。

答案很清楚，道瓊指數五〇〇點的購買力提高了。提高多少呢？以實質經濟的角度來計算，在美元保持不變的情況下，一共提高了三三%，使道瓊指數五〇〇點的實質購買力，提高到等於道瓊指數六六七點的購買力。這裡要說清楚的是，這不是理論上的構思，而是會對你的口袋會有深遠影響的經濟現實。因此現在發表經濟統計數字時，都用兩種不同的方式陳述：

1. **名目方式**
2. **實質方式**

統計以「名目方式」發布時，表示未經外在因素調整，沒有創造更多背景脈絡，你看到的數字就是它的本來面目。相反地，以「實質方式」發表統計數字時，表示這個統計經過外在因素的調整，以便創造比較多的背景脈絡。這方面的例子包括經過通貨膨脹調整、通貨緊縮調整、匯率波動調整、季節性波動因素調整、以及人口規模因素調整等。你在比較一段很長期間的資產價值時，如果不做調整，那麼你的結果可能毫無意義。

一九三六年時，根據名目角度來看，道瓊指數一八五點看來只像比歷史高點紀錄低五〇%，從實質角度來看，實際價值其實是多出三三%，只比歷史高點低二〇%。這一點引出了下述的第二點。

二、股利的影響

這是一個瘋狂的故事。

我相信你聽過國際商業機器公司（ＩＢＭ）的故事，對吧？好久、好久以前，早在我還是小孩的一九七〇年代，ＩＢＭ就是全世界最大、最著名的公司之一，ＩＢＭ會得到「藍色巨人」的稱號，是因為該公司生產的電腦有著藍色的外殼，公司標誌又由藍白兩色構成，也因為在投資人心目中，ＩＢＭ是績優股中最績優的公司。該公司在世界上的一百七十個國家裡，雇用超過三十五萬個員工，年銷售額超過一百五十億美元（當時的一百五十億美元其實非同小可）。但是，雖然ＩＢＭ的經營階層在一九八〇年代初期開始胡搞瞎搞——首先錯過了個人電腦熱潮，接著又錯過伺服器熱潮，然後再錯過網際網路熱潮——但是到了今天，該公司依然是超大企業，目前擁有的員工超過二十八萬人，年營收超過五百九十億美元，股票在紐約證券交易所以每股一二〇美元的價位交易，還是道瓊指數三十檔成份股中的一檔。

但是ＩＢＭ公司雖然規模龐大，卻和所有的巨型企業一樣，起步時當然並非如此，連ＩＢＭ這樣可以回溯到一九世紀末葉創業的公司，也一樣是出身卑微，創業的人是當時一位名叫赫曼．何樂利斯（Herman Hollerith）的聰明德裔美國人，他是在想出利用紙板「打孔卡」，取代用手工計算，以便完成計算一八九〇年人口普查的艱鉅任務後創業的。實際上，他是在愛迪生發明電燈和大家開始用電前，就設法製造電腦。

令人震驚的是，打孔卡運作效果非常好，公司業務蓬勃發展，並且在一九一一年公開上市，二十年後，ＩＢＭ成為道瓊指數的成份股之一。請你記住這個極為成功的故事，再大膽猜測一下，如果你在一九一一年ＩＢＭ公開上市時，投資一百美元，購買該公司股票，到現在，你會擁有多少錢？

我猜你會假設這筆錢數目相當大，對吧？

我的意思是，在這種成功故事推動下，這筆錢怎麼可能會少呢？

噢，如果你確實這樣想，那麼我要說你百分之百正確無誤。

一九一一年投資一百美元在ＩＢＭ上，目前會值約四百萬美元，相當可觀，對吧？

嗯，我可沒有這麼確定。

老實說，我第一次看到這個數字時，並不覺得驚訝。我不是說，我不滿意一百美元變成四百萬美元的投資績效，說不滿意的話，簡直是荒唐之至。我要說的是，我多少預期這個數字會稍微高一點，例如可能是一千萬或兩千萬美元，畢竟，我們談的公司在一九一一年時，是一家相當小的公司，七十五年後，變成世界上最賺錢的公司！我不知道……我只是認為，這家公司的規模最後發展到大的離譜，因此當初一百美元的投資應該變得很有價值。

噢，事實證明，我的直覺正確無誤。

上面的計算中，省略了一個重要因素，因而對結果造成了驚人的改變，這個因素就是ＩＢＭ從一九三〇年代開始，一直都有發放股息。

抱著公司股票其實有兩種方式可以賺錢。第一種方式是靠著資本增值，這種奇怪的說法

表一：二〇二三年美國聯邦稅率級距

稅率（%）	單身	已婚配偶聯合申報	節稅比率（%）
10%	$0–$11,000	$0–$22,000	0%
12%	$11,001–$44,725	$22,001–$89,450	3%
22%	$44,726–$95,375	$89,451–$190,750	7%
24%	$95,376–$182,100	$190,751–$364,200	9%
32%	$182,101–$231,250	$364,201–$462,500	17%
35%	$231,251–$578,125	$462,501–$693,750	20%
37%	$578,126+	$693,751+	22%

表示：如果你遵照古老的諺語，以買低賣高的方式投資，那麼用華爾街的術語來說，得到的利潤就稱為「資本利得」，如果是在美國，資本利得分為下面兩種：

- **短期資本利得：**投資標的持有期間低於一年的所有收益屬之，要以正常所得的方式課稅。
- **長期資本利得：**投資標的持有期間高於一年的所有收益屬之，目前的稅率為十五％，換句話說，除了最低所得投資人外，這種稅率遠低於一般人為正常所得繳交的稅率（表一是各個稅率級距的節稅比率。）

此外，請務必記住，稅率可能隨著時間的推移而改變，因此你必須隨時了解最新狀況，也要諮詢稅務專家，以便了解你的特定投資在任何年度的課稅方式。

靠股票賺錢的第二種方式是靠公司配發股利。股利是公司把獲利的一部分，發放給包括大眾股東在內的所有股東，意思是：如果你擁有一家發放股利公司的股票，那麼公司配發股利時，你就會得到應有的部分。例如，如果ＩＢＭ每季每股配發

一．五美元的股利，那麼到季末時，你持有的每一股ＩＢＭ股票，就會獲配一．五美元，一年總共會獲配六美元。

根據上述所述，你可以算出另一個叫做「股息殖利率」的數字。我們同樣用IBM的例子，你把每年每股配發的六美元股利，除以ＩＢＭ當前一二〇美元的股價，得到的數字以百分率表示出來，就是五％，換句話說，如果你只是買進並長抱ＩＢＭ，而且這檔股票保持現在的樣子，那麼最後你每年會得到五％的年度投資報酬率。

從帳面上來看，就是下面的樣子：

股息殖利率＝年度股利／現行股價

甲股票

買進價格（t－1年）＝120美元

現價＝120美元

股利＝每股6美元

ROI＝（淨投資報酬率/總成本） x 100%

淨投資報酬率＝（價格-買進價格）＋股利

投資報酬率＝〔（120美元－120美元）＋6美元〕／120美元＝0.05 x 100%＝5%

投資報酬率＝5%

一般說來，股利分為兩種：

1. **一般股利：**這種股利大都按季配發，可以用現金或加發股票的形式配發。

2. **特別股利：**這種股利是一次性配發的股利，可能在任何時候宣布配發，也可能用現金或加發股票的形式配發。公司可能根據下述多種原因，宣布配發特別股利：

- **手頭擁有額外現金：**公司手頭可能擁有大量額外現金，近期卻不需要用在營運或擴張上，在這種情況下，公司可能選擇配發特別股利給股東，作為退回部分現金給股東的方法。
- **一次性事件：**如果一家公司出售一筆重要資產，或收到一大筆法律和解金額，公司可能選擇配發特別股利，作為退回這筆額外現金的一部分給股東的方法。
- **改變企業策略：**一家公司可能改變企業策略，手頭不需要保留這麼多現金，在這種情況下，公司可能選擇配發特別股利給股東。
- **平息股東壓力：**市場派股東可能對公司施壓，要求公司配發特別股利，尤其是公司有配發股利的歷史，手頭又保留大量現金時，更是如此。

一家公司很年輕，又處在快速成長期間的話，通常很難配發股利，因為該公司需要把每一塊錢，都用來融通未來的成長。然而，如果公司已經發展到能夠創造足夠的現金流量，足以融通本身的營運和未來成長，那麼董事會可以宣布發放股利，根據股東的持股比率，配發股利給所有股東。

從歷史的角度來看，有若干產業有著非常高的股息殖利率，使這些產業特別能夠吸引老年投資人，因為這種投資人希望尋找額外的所得，以便補充退休所得；例如，公用事業公司、油氣公司和金融服務業者，通常全都有著非常高的股息殖利率，而且按季配發給股東。對於唯一其他所得來源是每個月社會安全支票的退休人員來說，由高殖利率股票構成的投資組合，可能造成的差別是勉強度日或過著奢侈的生活。

就此而言，你有兩種方法可以處理你每季的股息收益：

1. **你可以花光：**雖然有些投資人確實靠著股利維生，但沒有法律表示你不能帶著現金股利，跑到拉斯維加斯，去瘋狂玩幾天。我的意思是，那是你的錢，你愛怎麼花，就怎麼花！但更好的是，你可以做比較負責的事情，嘗試第二種選項。

2. **你可以從事再投資：**假設你不需要靠股利所得維生，這個選項既是最好的選項。大部分配發股利的公司，都會提供股利再投資計畫——讓你把你的股利，自動轉為購買額外的股票。我會在後面的某一章裡，十分詳細地探討這一點，說明如何利用長期複合成長的方法，儘量提高你的投資報酬率。

要收到即將發放的股利，你必須在一個日子前，列在這家公司的股東名冊上，這個日子叫做最後過戶日。如果你在最後過戶日之後買股，你就沒有資格領取即將發放的股利。

除息日是指股票以不含息的方式、開始交易的日子，通常訂在最後過戶日前兩天。股票除息時，股價通常都會下跌，跌幅跟股息正好相當，因為每一股的價值正好減掉要配發股息的金額。例如，如果一家公司的股價為一百美元，公司宣布要配發每股一美元的股息，那麼在除息日當天，股價通常會跌到每股九九美元，反映這檔股票現在以不含一美元股息的狀態交易。

要計算股利對道瓊指數二十五年復原期的影響，必須考慮兩個重點：

首先，公司股息殖利率和股價之間，有一種反比關係，說明白一點，公司股價下跌時，股息殖利率會上升；反之，公司股價上漲時，股息殖利率就會下降，算法很簡單，我們現在舉ＩＢＭ的股票，作為例子，來說明這一點。假設ＩＢＭ股票下跌五十％，從每股一二〇美元，跌到六〇美元，那麼，ＩＢＭ的股息殖利率就會自動地從五％，倍增為十％。相反的，如果ＩＢＭ的股價上漲一倍，從每股一二〇美元，漲到二四〇美元，那麼五％的股息殖利率就會自動腰斬，降為二．五％，這樣還只是簡單的算術。

再者，雖然公司股價通常都會不斷波動，股利通常卻出奇穩定，原因在於公司幾乎都會盡一切力量，維持配發給股東的股利，因為股利即使是些微削減，都可能為這檔股票帶來悲慘的後果。如果你深入思考，這一點十分合理，為什麼？因為如果一家公司覺得必須減少每季股利時，就是他們碰到現金流量問題的明顯跡象。此外，由於股息收益會吸引渴望賺到股息殖利率的投資人，很多股票的價格都受到股利的支撐。因此即使是最微小的削減，通常也會為股價帶來龐大的壓力，因為同一批渴望賺到股息殖利率的投資人，會開始出售手中的股票，改買另一檔股息殖利率比較高的股票。因此一家公司的董事會，通常都只會把削減股利當成最後的手段。

因此，考慮到這一點，道瓊指數在大蕭條期間慘跌九十％時，道瓊指數三十檔成份股的股息殖利率到底受到什麼影響？在你問答這個問題前，請記住，此處重要的區別，在於我談的不是每家公司實際股利金額的變化，因為這種金額大都很穩定。我談到的是，慘跌九十％對這三十家公司股息殖利率的影響——以及對道瓊指數平均股息殖利率的整體影響。答案當然是：每家公司的股息殖利率都跟九十％的跌幅同步上升，道瓊指數的平均股息殖利率也同步上升。

具體來說，一九三〇年到一九四五年間，道瓊指數三十檔成份股的平均股息殖利率為十四％，從歷史標準的角度來看，這種殖利率的確高得驚人（今天道瓊指數的平均股息殖利率只有一．九％）。

實際上，這點表示，在這段期間裡，任何投資人要是抱著道瓊指數，而且把股利再投資的話，那麼即使道瓊指數沒有什麼波動，他們的投資還是每隔五年就會倍增，而且光是靠著股利，就可以讓他們的投資翻倍。

為了說明這一點，我們要回到最初的計算，就是計算在一九一一年ＩＢＭ初次公開上市時、投資一百美元在ＩＢＭ上，現在會有多少價值。

你應該還記得，如果不含股利，目前的現值是四百萬美元。雖然把一百美元變成四百萬美元，的確不可小看，但是，考慮到這段期間的長度，這種成就並沒有讓我真正大吃一驚。那麼，如果你把IBM過去百年配發給股東的股息，全部再投資下去，請你胡亂猜測一下，同樣的一百美元投資，現在會變成多少錢，我想答案一定會讓你大驚失色。

你準備好了嗎？

答案會跳到一億四千萬美元。

不錯，嚇死人了，一億四千萬美元！是你原始投資的一百多萬倍！

我不知道你作何感想，只知道這個數字不但讓我極為吃驚，也說明了為什麼從實質的角度來看，道瓊指數只花了遠遠不到二十五年的時間，就完全收復大蕭條期間的全部失土，還超越三八一．一七點的舊天價紀錄。

事實上——考慮到通貨緊縮調整，並考慮道瓊指數在這段期間特別高的股利後——道瓊指數只不過是在七年後，也就是在一九三六年十一月五日道瓊指數升到一八五點時，就已經創造了新高價紀錄。

我們來好好計算一下，我們已經做過通貨緊縮調整，讓道瓊指數每一點的（實質）價值提高了三三％，這樣會讓道瓊指數增加六十點，使實質道瓊指數從一八五點，提高到二四七點。然後替道瓊指數飛躍上升到十四％的股息殖利率調整，你必須用所謂的七二法則[*17]來調整，根

17原書註：七二法則是計算複利的簡單方法，你只要拿七二這個數字，除以目前的投資報酬率，就知道你的錢要經過多少年才能翻倍。

據七二法則，如果你的錢以十四%的速率成長，那麼每過五年，你的錢就會翻倍，這樣就揭露了原本遭到遮蓋的狀況，就是道瓊指數在一九三六年底，遠比大部分人想像的早了十九年，而且還是在美國仍然淪落在大蕭條底部的時候，就已經完全收復失土。

但是接著，一九三九年有人做出了一個幾乎可笑的決定，造成道瓊指數的實質價值巨幅下降，這件事引導我們必須考慮第三個變數：

三、道瓊指數的構成

我們要最後一次回顧一下ＩＢＭ的故事。

從一九一一年ＩＢＭ首次公開上市，到一九二九年十月大崩盤期間，ＩＢＭ的經營雖然相當成功，卻根本不是家喻戶曉的名字，問題在於該公司的主要業務是資料處理，但當時是「資料處理」根本不存在的時代，該公司卻在這種時代裡經營。

事實上，黑色星期一降臨時，ＩＢＭ甚至還沒有變成道瓊指數成份股。

一直要到一九三二年，道瓊公司終於才決定把ＩＢＭ納入道瓊指數，但是當時IBM仍然不是大眾耳熟能詳的公司。

當時，道瓊指數已經比一九二九年的崩盤前高峰下跌九十%以上，ＩＢＭ的處境也沒有比較好，幾乎跟道瓊指數同步暴跌，成交價從一九二九年九月崩盤前高峰的每股二三四美元，跌到每股只剩九美元。

簡單的說，那三年最後對每一個人都是不堪回首的悲慘歲月。

不過，謝天謝地，情勢開始迅速好轉，對ＩＢＭ來說，更是如此。

事後看來，不管負責把ＩＢＭ納入道瓊指數的人是誰，不管這件事是天才純粹的靈光一現，或者只是真正的狗屎運，都應該被追贈選股諾貝爾獎。實際上，ＩＢＭ成為道瓊指數成份股三周後，小羅斯福總統就靠著「為美國推行新政」的政見，贏得美國總統大選，結果新政帶來意想不到的後果，為美國創造了有史以來最可怕的會計噩夢：社會安全法。

突然間，美國每一家企業都必須依據法律，記錄每一位員工每一小時的工作，然後把員工的一部分工資，繳交給聯邦政府，聯邦政府必須在這些員工最後年滿六十五歲，有資格領取社會安全給付時，設想在什麼時間、在什麼地方、用什麼方法、把這種給付發還給什麼人。最後這件事只有一個解決之道。

就是去找全名叫做國際商業機器公司（International Business Machines）的ＩＢＭ。

ＩＢＭ靠著自己最先進的製表機和受到專利保護的打孔卡，是唯一能夠解決美國資料處理最大難題的廠商。

因此企業史上單一最大的成長躍動就這樣開始了，ＩＢＭ從製造打孔卡、製造每十年一次人口普查用得上的加法機廠商，變成世界上最大、最有價值的公司，規模比最接近的競爭對手埃克森石油公司（Exxon）大了二·五倍。

這是真正令人驚奇的成功故事，對吧？

不只對ＩＢＭ公司如此，對道瓊公司那些精明的人也是這樣，他們具有睿智和遠見，能夠在ＩＢＭ即將展開整整四十七年的成長躍動——四十七年的飛速成長、飛躍上升的股價和高到不可思議的股利——之前，就把ＩＢＭ納入道瓊指數。藍色巨人的股東享受了極為驚人的報酬率，以致於投資人如果在ＩＢＭ開始納入道瓊指數時，以每股九美元的價格，買進區區一股就好，到一九七九年時，這一股的價值就會高達四萬一二七二美元。換句話說，在這四十七年的躍動成長期間，ＩＢＭ的投資報酬率高達四十五萬八六〇〇%。

真的是不可思議，對吧？

我的意思是，如此的睿智！如此的遠見！道瓊公司的天才選股專家如此的精明！我們只能想像ＩＢＭ在這段歲月裡，對道瓊指數有多大的影響，ＩＢＭ獨力推動道瓊指數，一再漲到任何人都想像不到的高峰，對吧？

實際上沒有這麼多。

其中有一個小問題。

一九三九年內，道瓊公司有一些世界級的白癡（或者可能是一群白癡，因為相關決定似乎太白癡了，以致於不可能是一個人做出來的決定）決定：在ＩＢＭ走上變成世界最有價值公司的道路之際，要把ＩＢＭ從道瓊指數移除。沒錯，ＩＢＭ納入道瓊指數七年後，遭到移除。

道瓊公司到底為什麼會這樣做，其實並不重要，不過簡短的解釋是：他們正對旗下的另一個指數——道瓊公用事業股指數（Dow Jones Utility Index）[*18]——進行結構性改變，ＩＢＭ陷在交叉火網中，最後遭到美國電話電報公司（ＡＴ＆Ｔ）取代，當時ＡＴ＆Ｔ的規模仍然遠遠超過ＩＢＭ。

無論如何，這樣最後都是可怕之至的差勁決定。

接下來的四十年裡，ＩＢＭ只有在惹火顧客的差勁服務這個項目中，不如ＡＴ＆Ｔ，此外，在每一個你能想像到的評比標準中，表現都遠遠超過ＡＴ＆Ｔ。ＡＴ＆Ｔ在顧客服務這個項目中，是無與倫比的天王，但是在每一個其他項目中，尤其是在股票表現上，兩家公司的表現都絕對是天壤之別。

說明白一點，從一九三九年起，到ＩＢＭ終於重新納入道瓊指數的一九七九年為止，投資一千美元在ＡＴ＆Ｔ上，價值只會增加到兩千五百美元，但是投資一千美元在ＩＢＭ上，會變成四百多萬美元。

ＩＢＭ重新回歸道瓊指數的日子是一九七九年三月十六日。

那天道瓊指數收盤為八四一．一八。

價值百萬美元的問題是：如果ＩＢＭ從來沒有遭到道瓊指數成份股名單剔除，到一九七九年三月十六日那天，道瓊指數應該會是多少？

你想猜猜看嗎？我來幫你省一點麻煩吧。

答案是二萬二七四〇點。

18 原書註：道瓊公用事業股價指數是在一九二九年創設的，目的是要追蹤在美國公開上市的十五家公用事業公司，選擇的標準包括總市值、流動性和產業中的代表性。大家認為，道瓊公用事業股價指數是股市中公用事業部門的領先指標。

嚇壞了吧？

的確如此，但這就是ＩＢＭ或任何一檔股票在很長的期間裡，對道瓊指數可能構成的深遠影響。

影響當然可能是雙向的，正確的決定對道瓊指數可能有良好的影響，錯誤的決定跟正確的決定一樣，也可能對道瓊指數造成不利的影響。

為什麼這件事很重要？

原因有三個。

第一、這是造成道瓊指數花了二十五年時間，才收復大崩盤失土這種常見、卻顯然是錯誤說法的第三個變數，事實上，道瓊指數只花了七年時間，就收復失土，而且是在美國仍然深深陷在大蕭條期間時，就已經收復失土。

第二、這件事清楚提醒我們，耐心當長期投資人很有價值。這樣才不會受到凶猛的空頭市場驚嚇，才不會因為身邊的每一個人都告訴你，市場要花幾十年的時間才會恢復原狀，因而在底部拋售股票。

從歷史觀點來看，上述說法根本不對。

如果你回溯過去一百五十年，空頭市場的平均持續時間還不到兩年，即使是歷史上最糟糕、糟糕到美國經濟全面崩潰的空頭市場，也只有持續七年而已。換句話說，別聽白癡的話，要很有耐心！

第三、情形很清楚，像道瓊指數這樣，由三十檔股票構成的指數，不論成份股的選擇多麼慎重，都不能當成比較廣泛美國股市的精確對應基準指數。不但「三十檔」的樣本規模太小，而且像道瓊指數這樣的指數，也會忽略從早年就在經濟體系中規模比較小、卻扮演重要角色的快速成長企業。

噢，我顯然不是第一個知道這一點的人。

道瓊指數不能精確代表股市（和基本經濟）是一百多年來的爭論焦點。從二十世紀初期起，每一位美國總統、財政部長和聯邦準備理事會主席，全都必須和大眾認定道瓊指數等於市場、以及道瓊指數下跌表示經濟正在減緩的錯誤觀念對抗。事實上，這種想法根本不對，大眾只是受到財經媒體過度簡化的報導方式洗腦，因為媒體持續用一系列的日常名言、提到道瓊指數的走向、一些偶發的事實、以及美國經濟的可能變化，就以為這種過度簡化的說法正確無誤，最後所有這些說法在一般人的心裡混淆在一起，等大眾聽到太多次以後，哇！這些東西就連結在一起了。

事實上，早在一九二三年，就有一家名叫標準統計（Standard Statistics）的公司，試圖創造一個指數，希望這個指數比十分不完美的道瓊指數，能夠更精確的對應股市大盤，其中只有一個小問題。

在電腦發明前的歲月裡，這種事情說來容易，做起來卻很難。

你聽過「三次魔咒」這句話嗎？標準統計公司的情形就是這樣，他們幾十年來，一直致力為美國股市和美國經濟，創設一個比較精確的對應指數。這種指數想要成功推出，規模必須遠大於根深蒂固、等於美國股市同義字的的道瓊三十種工業股價指數。

事實上，到一九二〇年代初期，美國的每一家報紙，都會在財經落的頭版，列出道瓊指數前一天的收盤價；而且美國最新的熱門媒體——廣播新聞——都會快速的用一句簡單的句子，摘要報導前一天的股市新聞：「在華爾街上，道瓊三十種工業股價指數在熱絡的交投中，以比昨天高出三點的價格收盤，因為投資人因應勞工部所發布比預期強勁的就業數字，唱高股價。」或是說：「在華爾街的大量交易中，道瓊三十種工業股價指數收盤比昨天下跌六點，因為在政府宣布第三季經濟成長減緩，顯示美國正處在經濟衰退轉捩點上，投資人競相逃命。」這種報導方式已經變成慣例。

這裡的訊息又很清楚：道瓊指數就等於股市，經濟和道瓊指數的關係密不可分。同時，對華爾街上的每一個人來說，道瓊指數的缺點都顯而易見。

其中有三個缺點特別突出：

1. 道瓊指數的樣本規模太小，不能精確代表比較廣泛的大盤，例如，當時在紐約證券交易所掛牌的股票多達七百多檔，而且數目還快速成長。
2. 道瓊指數主要注重工業化公司，美國經濟卻變得日益多元化，最後道瓊指數為了維持自己的相關性，必須也開始納入非工業公司，但是這樣做要到很後面的一九六〇年代才開始。
3. 為了簡化計算，道瓊指數是用每檔股票的價格加權來計算權數，這樣會讓比較高價股票的影響力，遠超過比較低價的股票，而不管該公司發行在外的股票有多少股。因此，任何一天裡，道瓊指數中兩檔最高價的股票經常都會推動道瓊指數的走向。

解決這些缺點的方法當然顯而易見：就是從更廣泛的產業類別中，納入更多檔股票，並且用每家公司的總市值來計算指數——意思是用每家公司目前的總市值，和指數中其他股票的總市值比較——然後每天用一個簡單的數字發布出來。

和價格加權相比，市值加權有下列三大優點：

1. 市值加權會使比較大型公司的價格波動，對指數產生比較大的影響，因此能夠比較精確反映股市大盤和基本經濟。
2. 市值加權反映每家公司的實際價值，價格加權則反映一家公司的股價有多高，卻不管公司的總市值高低。
3. 市值加權會降低股票分割和其他企業行為的影響，這些行為造成公司股價上漲，但總市值卻沒有相應增加。不幸的是，在沒有電腦的時代，這三種解決方法——更多檔股票、更多種產業、市值加權——其實是挑戰性極高的任務。例如，即使是計算像道瓊指數這樣由三十檔股票構成、依據價格加權的指數，每天都需要一小隊會計師和統計專家來處理眾多數字。

不過標準統計公司卻毫不退縮，一九二三年時，就開始第一次的嘗試，為了因應數學上的挑戰，該公司採取每周發布一次指數的作法。標準統計公司的第一個指數由二百三十三檔股票構成，成份股是從範圍比較廣泛的眾多類股中選擇出來，標準統計公司推廣這檔指數時，宣傳這檔指數是看清整體趨勢的工具。可惜華爾街的反應頂多只能說是冷眼相看。事實證明，要拿周指數來看出什麼東西，其實不太有用，於是，經過短短幾年後，標準統計公司就放棄了這檔指數，回頭重新設計。

他們在一九二六年進行第二次嘗試。

這次他們從過去的錯誤中吸取教訓，推出了每日指數。指數由範圍廣大的類股中，選出九十檔大型股*19構成，意在成為改進老舊道瓊指數的新版本，標準統計公司甚至為這檔指數取了一個動聽的名字，叫做綜合股價指數，希望讓這檔指數更容易向華爾街和大眾行銷。

但可惜的是，他們再度失利……和由三十檔股票構成的道瓊指數相比，綜合股價指數的對應性雖然高多了，卻未能像道瓊指數一樣，獲得大家的關注，因此在隨後的三十年裡，變成什麼基準也不是。但是標準統計公司仍然不屈不撓，繼續緩慢卻堅定地在綜合股價指數中，不斷的增加愈來愈多的股票，繼續在大蕭條期間，發布這檔指數。

接著，撼動整個評等產業核心的併購出現。

一九四一年，標準統計公司跟主要競爭對手之一的普爾出版公司（Poor's Publishing）合併，組成標準普爾公司（Standard & Poor's Corporation），標準普爾後來會變成世界最大的評等機構，最後甚至在二〇一一年，取得主要競爭對手道瓊指數的營運控制權，掌控了道瓊指數，使標準普爾公司成為全球所有金融指數無可爭議的領導公司。

同時，到了一九四〇年代晚期，在新興證券商美林公司的領導下，今天華爾街賺錢機器的現代版開始站定腳跟，華爾街和麥迪遜大道廣告業之間的象徵性關係突然冒出頭，發動以散戶投資人為目標的全國性行銷攻勢。攻勢發動後的五年內，美林公司就從相當沒沒無聞的券商，變成家喻戶曉的美國最大券商之一。

很快地，華爾街的其他券商全都看在眼裡。

不久之後，所有大型券商都在媒體上，推出耗費千百萬美元的廣告攻勢，強調他們道德多麼高尚、績效紀錄多麼無與倫比。

這兩種說法當然都是莫大的謊言，但是，嘿，廣告可能是力量強大的東西，對吧？尤其是不管你轉向什麼地方，完全相同的東西像毀損的唱片一樣，一而再、再而三地播放時，更是如此。

其中致命的訊息是什麼？

諷刺的是，那是今天仍然繼續播放的東西。

華爾街賺錢機器一天二十四小時、一周七天、一年三百六十五天裡都在工作，都在推動

19 原書註：大型股是指總市值超過一百億美元的公開上市公司。總市值是指一家公司發行在外股票的總價值，計算方法是用股數乘以目前股價。大型股通常都是地位穩固、具有穩定成長歷史、風險比中小型股低的公司。

全無中斷的廣告攻勢，說服散戶投資人相信一個關鍵重點：

華爾街的專家比散戶還會管理他們的資金。就是這樣！整個事情的內容就是這樣而已。不論是華爾街的獨門研究、尖端的交易策略、奇怪的金融商品或是線上交易平台，華爾街都是依賴你的誤信：如果你不聽他們的話，你在理財上一定會虧損。

沒有什麼說法比這樣說更背離事實的了。

你認為我在誇大其詞嗎？

噢，還記得巴菲特所說跟猴子矇著眼睛、對標普五百指數射飛鏢的話嗎？

你猜結果如何？

他百分之百正確無誤。

華爾街最優秀、最聰明的人才雖然擁有常春藤大學的文憑，以及「尖端」的交易策略，卻無法跟猴子相比。這些猿猴十次有九次，都打敗常春藤盟校的華爾街專家。

相當神奇，對吧？

我的意思是誰想得到，猴子可能成為這麼神奇的選股專家呢？

唯一的問題當然是，你需要猴子時，永遠不會有一群猴子在你身邊，更不用說猴子並不是我所謂的對使用者友善的動物了。猴子可能是惡毒的小動物，又像鬼一樣精明。事實上，牠們比較可能對你投擲牠們的大便，比較不可能對著靶子射飛鏢。

謝天謝地，還好巴菲特不是要說你應該去動物園，綁架一群猴子，再教牠們怎麼對著標普五百指數射飛鏢。

事實上，我敢說，如果觀眾中有人稍微進一步逼問巴菲特，他一定會說出類似下面的話：「如果你願意堅持一個很簡單的策略，那麼你不必滿足於十次中只有九次打敗華爾街，你隨時都可以碾壓他們。」

噢，這個驚人的策略是什麼？

為了充分了解這個戰略，我們需要稍微回溯一下，回到一九五七年三月六日星期三。標準普爾公司就是在這個決定性的日子裡，推動世界上第一檔電腦生成的標準普爾五百種股價指數。

標普五百指數是一檔全新的股價指數，由各行各業中選出的五百檔大型股構成，最後會轉型為世界最偉大的投資捷徑，造福華爾街最不關心的一般投資人。

要說明清楚的是，這種重大福祉並不是一下子就出現的，而是一點一滴的出現，首先由創設標普五百指數開始。

這是第一步。

這一步花了三十四年，但是科技終於趕上標準普爾公司兩位非常有遠見人士的夢想，諷刺的是，他們並不了解自己即將對華爾街賺錢機器發射的武器。

不過，為了替他們辯護，這裡必須說，從他們推動這檔指數，到這檔指數轉變成世界最偉大的投資捷徑之間，其中一共隔了二十年。此外，這種轉變並非出自標準普爾公司的內部人，而是出自一位脾氣火爆、鄙視既有體制的華爾街後起之秀。

這個人叫做傑克．柏格（Jack Bogle）。

他創辦的公司叫做先鋒公司（Vanguard）。

在一個可能直接出自《威利狼與嗶嗶鳥》（*Road Runner* Cartoon Show）的場景中——威利狼（Wile E. Coyote）利用最後改變航向、並炸飛自己的導向飛彈，試圖殺害嗶嗶鳥（Road Runner）——柏格在一九七六年時，把標普五百指數，變成金融圈中相當於流氓飛彈的東西，而且瞄準華爾街賺錢機器的心臟，他的意圖是把整個收費機器綜合體炸翻！

什麼原因促使柏格這樣做？

簡要地說：柏格最近收到了明確的證據，證明他長久以來一直對華爾街抱持懷疑、卻無法證明的事情，這件事就是華爾街最菁英的選股專家完全都在胡說八道。

實際情形略如下述：

從二十世紀初期起，出現了一系列規模雖小卻引人注目的學術研究，主張股市太有效率，大家無法持續一貫地打敗市場，這種理論的核心是一個簡單的概念，亦即因為跟公開上市公司有關的資訊很容易取得，市場已經把這些資訊全都納入了考慮。換句話說，任何時候，投資人都已經把所有可以取得的資訊，納入他們的買進決定中，然後反映在每一家公司的股價上。

這種理論在一九三〇年代裡，第一次遭到考驗。

股市大崩盤後，美國經濟學家艾佛瑞．柯爾斯（Alfred Cowles）深深感受到，連華爾街的頂尖分析師，都絕對不知道市場的下一步走勢如何，要是這些分析師知道的話，為什麼他們沒有建議客戶在崩盤前賣股？他覺得這樣說不通，雖然他們提出的研究報告說的頭頭是道，實際上，他們是否真的不知道未來走勢呢？

為了回答這個問題，他委託別人，進行一項一直回溯到一八七一年的學術研究——比較華爾街頂尖金融服務公司所做的七千五百次股票推薦，和每檔個股的實際價格表現。在沒有電腦的時代，這個研究的確十分艱辛，但是經過兩年的數字處理後，柯爾斯得到了下述答案：

華爾街主要投資大師提出的股票建議，不會比算命仙的預測還準確。換句話說，整個華爾街說的話完全是胡說八道，不值得他們所收取的所有費用。

對一九三〇年代的華爾街賺錢機器來說，柯爾斯的結論根本是金融邪說，他們很快地就把這項結論抹黑成自私自利的一偏之見，但是證據不斷增加，證明這項結論的科技也在增加。

到了一九七〇年代初期，電腦的力量終於強大到足以精確地回溯過去，比較每一檔共同基金和理論版標普五百指數的績效高下。

他們需要的資訊很容易拿到，一切都存在某個地方的某些保險箱裡，積滿灰塵，包括一直回溯到梧桐樹協議時代的每一項收盤價、每一家曾經在紐約證券交易所交易的公司總市值和股息殖利率。研究人員所要做的事情就是把這些東西挖出來。

此外，由於標準普爾公司試圖在一九二〇年代時，創設一檔比道瓊指數更精確的對應指數，現在研究人員在創設一個理論版的標普五百指數方面，掌握了重大先機。其他的計算現在變得輕鬆多了。

研究人員只要把所有資料，打在ＩＢＭ的打孔卡上，再送進ＩＢＭ的一台大電腦裡，讓電腦發揮神奇力量就成了。

雖然結果並不會讓人覺得驚訝，但是對華爾街而言，結果卻是一場慘劇。

經濟學家從二十世紀初期開始懷疑的下列三大事實真相，現在出現了有史以來第一個無可否認的證據：

1. 因為市場本質上具有效率，大家不可能預測到市場的下一步走勢。
2. 收取最高費用的共同基金長期績效最差。
3. 從一九二四年共同基金業在美國創立以來，沒有一檔共同基金的投資報酬率，在扣掉基金收取的費用後，能夠持續一貫的追平標普五百指數的報酬率。

事實如此，華爾街的醜陋真相暴露無遺，連華爾街上最菁英的投資經理人，都無法持續一貫的達成任務。

早在一九八七年我第一天到華爾街上工時，就有人用更精彩的方式，對我解釋了這個概念。場景出現在我們在超級大順頂樓巔峰餐廳（Top of Sixes）吃午餐時，這家餐廳是華爾街首屈一指的酒吧，菁英好手在這裡碰面、吃飯、也互相交換金融戰爭的故事。

這裡當然也是營業員和基金經理人吸食古柯鹼、痛飲二十美元超高價馬丁尼酒的地方，享受這些東西帶來口齒靈便的額外好處。我的新老闆馬克·哈納（Marc Hanna）就是用這種方式，向我解釋華爾街的內部運作方式。他一面吸食古柯鹼，一面搥著自己的胸膛，告訴我說：「我不管你是華倫．巴菲特，還是吉米．巴菲特，反正沒有人知道一檔股票會漲、會跌、會盤，還是會繞著圈子轉，股票股票營業員更是如此。」

當時，他的話讓我深感震驚，讓我不敢相信！我的泡沫遭到刺破。我成長時所相信跟華爾街有關的信念，在那片刻之間，都遭到了質疑，我習於相信華爾街是最高明、最聰明人才風雲際會的地方，他們在那裡為客戶創造財務魔法之際，也促進了美國經濟的成長。或許我誤解了哈納的意思吧？

我對他說：「呃，一定有人知道什麼股票會上漲的！公司的分析師或基金經理人怎麼樣？我敢說他們一定知道，對吧？」

「讓我停一下！」他喃喃說道：「那些白癡懂的東西甚至比我們還少，這一切全都是騙局，全都是幻象。」

哈納的話翻成白話就是：

替別人管理資金的整個行業都建立在謊言上。

但是，其中有個難題：

我們真的需要華爾街。

要知道，雖然華爾街搞出種種胡搞瞎搞，卻在美國經濟和全球銀行體系的適當運作上，發揮了至為重要的作用。華爾街在有用的角色方面，能夠協助企業上市，融通企業成長所需的資金，為市場提供流動性，並且分析各家公司，看看哪些公司值得提供更多成長所需要的資金，哪些公司不需要。此外，華爾街也能夠促進世界貿易，維持外匯市場，並且跟美國聯邦準備理事會和財政部合作，保持債券市場的運行和經濟的運作。所有這些事情和很多其他任務，都是華爾街所擔負的至為重要角色。沒有他們的話，經濟會陷入停頓狀態，我們最後會重回大蕭條的痛苦中。

這樣說相當公平。

讓他們繼續努力這樣做，並且把所有的利潤收歸己有。

這是他們應得的東西。

但是接下來我們要談第二部分，要談華爾街沒有用的角色，也就是他們的狗屎選股建議，以及他們擔當美國偉大泡沫機器的角色。這裡就是華爾街從事瘋狂投機、促銷短期交易的地方，他們也在這裡創造金融方面的大規模毀滅性武器，再投射到世界上，以便他們中飽私囊，榨乾公眾的利益。

從某個層面上來說，華爾街和義大利黑手黨之間，有著可怕、怪異的相似之處，黑手黨曾經踞坐在美國經濟之上，悄悄地推升在美國全境流通的每一種產品與服務價格。他們從碼頭和機場的裝卸開始，沿著高速公路和全美五十州所有小路的每一里路行駛，到你吃進去、再排出來、進入幫派所控制下水道系統的每一口食物，這一路上的每一步，都有一系列規費和隱藏的優惠，在無情剝削大家。

最後，雖然美國仍然繼續前進，老百姓仍然各自安生，這種狀況造成美國老百姓的生活變得稍微貴一點、稍微不舒服一點，卻讓黑幫五大家族成員的日子變得豪奢多了、舒服多了。

噢，猜一猜吧？

這正是華爾街賺錢機器今天運作的樣子，唯一的差別是華爾街的效率高到黑幫永遠也比不上！事實上，比起華爾街賺錢機器壓榨的絕對價值，聲名狼藉的紐約五大家族壓榨的價值，就像惡霸中小學生偷竊書呆子同學的午餐餐費一樣，根本微不足道。

更糟糕的是，華爾街賺錢機器跟黑幫不同，你根本無法阻止他們，想這樣做根本是為時已晚。華爾街和華盛頓之間的邪惡關係已經在美國的整體結構中，變得極為根深蒂固，以致於華爾街的腐敗會永遠在美國生根。

在他們從自己的偉大美國泡沫機器收取超高費用、以及總是隨之而來的美國大型紓困行動之間，已經完全變成了投擲錢幣的遊戲，投出正面時，華爾街是贏家，投出反面時，人民大眾是輸家——美國老百姓的生活會變得稍微貴一點、稍微不舒服一點。

噢，我現在要澄清一下，我不是說在華爾街工作的每一個人都爛透了，根本不是這樣，是制度在搞鬼，而且制度遠比個人大多了。事實上，我個人就有很多好朋友在華爾街工作，他們都是誠實的好人，我絕對信任他們。但是，這樣不表示我會讓他們管理我的錢財，我可以自己管理，你看完本書後，一定也能夠這樣做。

事實上，只要掌握世界上最偉大投資技巧的力量，你就可以輕鬆完成下面兩個神奇的任務：

1. 你可以阻止華爾街把手伸進你的口袋，偷你的錢。

2. 你可以像巴西柔道大師一樣，利用他們自己的腐敗，在他們自己的遊戲上，擊敗他們（我馬上就會解釋怎麼個做法）。

成功的關鍵是避開華爾街的黑暗面。

讓他們完全自作自受。

你可以讓他們用自己的方式進行交易和炒作，炒到他們在漢普頓海灘的豪華別墅，再炒回他們自己的金融墳墓。

只是別跟他們一起玩。

還記得馬修・柏德瑞克（Matthew Broderick）主演的電影《戰爭遊戲》（*War Game*）嗎？

這是好萊塢又一部的經典電影，片中一台「智慧型」電腦決定發射核子彈頭——不過在這部電影中，這台電腦的動機是想贏得一場模擬的戰爭遊戲。最後，馬修・柏德瑞克主演的角色終於能夠說服這台電腦，以驚人的速度，自己跟自己對抗，一遍又一遍的玩起井字遊戲，因而放棄了發射，最後，電腦察覺到這一切全都是徒勞無功，因此中斷了攻擊，還用一種迫切需要Siri美女指導的怪異機械聲音說道：

「真是奇怪的遊戲，唯一能夠獲勝的方法就是不玩這個遊戲。」

你猜怎麼著？

這台電腦可以一樣輕易地談論：怎麼利用領有執照的華爾街賺錢機器的一位成員，把你的錢進行投資。就像電影《戰爭遊戲》中電腦終於想通的事情一樣，贏得遊戲唯一的方法是：

不玩這種遊戲。

此外，還有另一個重點需要考慮：

即使你不再玩華爾街這種自私自利的遊戲後，你也不會錯過華爾街為美國經濟增加的價值。例如，如果有一家華爾街推動上市的公司最後經營極為成功，成為美國經濟密不可分的一部分，噢，請你亂猜一下，這家公司最後會到哪裡去？

會納入標普五百指數裡去！就是那裡啦！而且一旦這家公司上到這檔指數上，這家公司就會配發股利給你，讓你致富。事情就是這麼簡單，這就是我先前提到的巴西式柔道，而且這是華爾街骯髒的小祕密。

過去二十年裡，像巴菲特之流的人，一直在山頂上大聲疾呼，要大家這樣做，華爾街賺錢機器則努力打壓他，好讓你繼續留在牌桌上，繼續玩傻瓜的遊戲。

幸好股神巴菲特手裡還有一張王牌。

他願意把錢投資在他所說的地方。

第八章　股神巴菲特力抗華爾街

「我願意跟任何人賭五十萬美元，賭十年內，一檔標準普爾指數型基金的績效會勝過任何避險基金、或勝過你們任何人拿得出來的避險基金組合，有誰願意賭嗎？」

兩萬人聚會的大廳堂一片沉寂，連一根針落下的聲音都可以聽到。

「快啊，沒有人要賭嗎？」股神巴菲特催促著說。

還是鴉雀無聲。

然後，突然間，這座會議中心好像發瘋了一樣，爆出一片瘋狂的呼喊、尖叫、大叫、警笛聲和盡最大力量大呼口號的聲音，表達他們對這位精神領袖、對著名的奧瑪哈股神的敬意，這是永恆的時刻。

這項挑戰是在二〇〇六年五月二十六日，在內布拉斯加州奧瑪哈的波克夏公司股東會上宣布的，巴菲特就是在這個地方，把五十萬美元放在桌上，直接挑戰華爾街賺錢機器食物鏈最頂端的人——避險基金經理人。

簡單說，股神巴菲特已經受夠了。

我猜世界第四大富豪曾那麼公開宣稱過幾次：「我寧可把自己的錢，交給一群蒙著眼睛，對著標普五百指數成份股射飛鏢的猴子，也不願交給你們這些待遇超高的白癡，」直到他覺得自己有必要補充：「我願意把我的錢，投資在我所說的地方。你們不是拿出賭注、就是閉上嘴巴，不再收取這麼離譜的費用，不要裝成自己是擁有能力高強的大傢伙，實際上大腿之間卻什麼也沒有，只有煙霧、幻影和脫衣舞女郎用的閃亮晶粉！」

無可否認的是，股神巴菲特沒有說這些話，因為他實在是一個大大的好人，而且他是奧瑪哈的先知，不是奧瑪哈之狼。但是這樣不能改變他很可能這樣想，或者至少他的想法跟這樣更接近的事實。噢，巴菲特比任何人都了解，高昂的費用、超高的績效獎金、和避險基金因為必須作秀，以便證明自己的存在，因而進行持續不斷的交易活動、造成交易成本居高不下等因素加在一起，一定會對基金經理人的投資績效，形成重大拖累，這一來，形成整個產業對待投資人都十分不公平。因此，股神巴菲特反而提倡一種簡單多了的作法，主張一種他知道一定會重重碾壓避險基金的作法，

雖然這種打賭很簡單，賭注卻和心臟病發作一樣嚴肅。

巴菲特打賭未來十年內，一種簡單、低成本、追蹤標普五百指數表現的基金，會碾壓避險基金吹噓的所有花俏、迷人的策略。

就是這樣，就是這種直接、簡單、切中要害的作法。

現在需要澄清的是，巴菲特不是天生的賭徒。

換句話說，你不會看到巴菲特口袋裡裝著一百萬美元，走進賭場，在機率對他不利時，把錢全部押在黑色方格上，或是連續玩數小時，想要玩贏賭場。畢竟你要霸在世界豪富排行榜之上，一定不是靠這種方法，對吧？你要靠下列兩種方法中的一種，才能維持你的名聲：

1. 完全不賭
2. 只賭確定不移的東西

對巴菲特來說，他會選擇第二種方法的理由很充分。他的賭法有超過百年的數學支持，還有五十年的個人投資經驗支持，他不但親眼看到、親耳聽到，還親身體驗到一切。他從一九六二年接管波克夏公司起，就經歷過空頭市場、多頭市場和兩者之間的任何狀況——從投機的一九六〇年代、停滯膨脹的一九七〇年代，到泡沫充斥、最後以泡沫終結的一九八〇年代、到網路股泡沫盛行、也以泡沫終結的一九九〇年代，再到二〇〇七年的房市泡沫，而且在二〇〇六年的那一刻，信號已經顯示，泡沫即將破滅，即將變成重大慘禍，帶領全世界走向金融崩潰邊緣。

巴菲特十分清楚的是，有一種深深的憂慮，存在每一個人的腦海深處，存在每一位避險基金經理人、共同基金經理人、股票營業員、和金融服務業每一位「大師」的腦海裡，這種憂慮就是：你絕無可能持續一貫地打敗股市大盤。不管你是誰，你在哪裡出生、或你現在運用哪一種投資系統，數學已經一再證明：要持續一段時間打敗大盤，幾乎是不可能的事情，即使沒有所謂的「專家」收取高得離譜的費用，也還是這樣。如果你把費用加上去，然後你應該把「幾乎」兩個字都拿掉，而且絕對確切地說，他們不可能持續一貫打敗市場。

為什麼他們都如此熱衷於打敗大盤？

答案很簡單，如果金融專家不能持續一貫打敗大盤，那麼你到底為什麼還要讓他們管理你的資金，還付給他們高昂的費用呢？

你一定不會付！

這正是巴菲特直接鎖定避險基金產業，而不關注華爾街無數其他類別金融「專家」的原因。在華爾街的階級制度中，避險基金號稱是投資領域皇冠上的明珠，是世界上最高明的交易員和選股專家，藉著管理世界最富有富豪的巨額儲蓄，獲得駭人聽聞報酬。

這是個祕密的世界、是私人的天地，是充滿奇異衍生性金融商品、尖端交易策略和麻省理工學院畢業生所設計先進演算法的世界。

簡而言之，這裡是真正世界級專家風雲際會的地方，是金融服務業中所謂菁英聚集的地方，因此巴菲特藉著呼籲避險基金，等於是在對每一個人呼籲。

事實上，波克夏公司在內布拉斯加州奧瑪哈舉行的年度股東會，比任何事情都更像是一種宗教經驗。世界各地的人來這裡向巴菲特致敬，聽他的預言，而且巴菲特年復一年，都沒有讓他們失望。

在每天喝下半打櫻桃可樂的間隙，巴菲特會回答股東提出的各種問題，然後他會開始扯遠，可這時通常就是你找到黃金的時候。

事實上，從他嘴裡說出的一些話絕對是無價之寶，是結合智慧和諷刺、同時藉著軼事表達幽默的話語，這一切的核心是世界級的投資建議，其中還夾雜著對華爾街賺錢機器的厭惡，夾雜著他對這個體制經常令人回味無窮的抨擊。

多年來，他預測過報業的衰敗（此後一直在直線淪落），預測過房市泡沫的破滅（十六個月後爆發，還把世界拖累到瀕臨崩潰邊緣），也預測過無數其他事情，現在他把目光投注在避險基金產業。

他用自己獨特的風格，發表了一分鐘之久的批評，抨擊避險基金產業的收費高得離譜，投資人根本不可能得到應有的公平報酬，巴菲特明白指責的是名叫「二加二〇％」的東西，這是大多數避險基金通常採用的報酬計畫，「二」代表二％的管理費，由基金經理人在每一年開始時，從最上面抽走；「二〇」代表二〇％的績效獎金，這部分也是由基金經理人從最上面抽走，代表他分到的交易利潤。

換句話說，經理人每一年都根據下面兩種方法賺錢：

1. 不論基金是否賺錢，他都根據這檔基金管理的總資產金額，收取二％均一費率的費用。
2. 他要從這檔基金產生的所有利潤中，收取百分之二十，但如果到年底時，基金賠錢，他卻不承擔任何損失。在這種情況下，投資人必須承擔百分之百的年底損失，然後基金會重置，從新開始新的一年。[20]

下面是一個簡單的例子：

假設二〇二一年時，有一檔避險基金管理二十億美元的資產，賺到二五％的投資報酬率，這時基金經理人會從他管理的二十億美元中，收取二％的管理費（即等於收取四千萬美元），加上從交易中所獲利潤五億美元中的二〇％（即等於一億美元），這樣子的話，他似乎當之無愧領到一億四千萬美元，這檔基金仍然保有三億六千萬美元的淨利，這樣看來仍然是雙贏的局面，真的是這樣嗎？但是就像大家說的一樣，外表可能很會騙人。事實上，在這個例子裡，唯一的贏家是貪心的避險基金經理人，他賺到了九位數字的所得，他的投資人卻面對吃虧的局面。

讓我解釋一下原因：

首先，這檔基金的總投資報酬率為二五％，一旦你減去這檔基金的費用和開支，淨投資報酬率就只剩下十八％，從表面上看來，十八％仍然相當可觀，但是同一年裡，標普五百指數卻上漲了二四．四一％，比這檔基金的績效高出六．四％！順便要說的是，這樣還沒有包括股利再投資，如果把股利拿去再投資，標普五百指數的投資報酬率還會提高到二八．

20 原書註：二加二〇％雖然是最常見的報酬計畫，卻不是所有基金都採用這種方式。

四一%！比這位「天才」避險基金經理人創造的績效，高出十%之多，我猜你可以說他仍然是天才，卻是非常另類的天才，也就是那種賺到一億四千萬美元，創造的投資報酬率，卻比任何投資人只要購買不收手續費的標普五百指數，就可以輕鬆打烊收工、賺到的投資報酬率還少十%的天才。

為了清楚起見，我們要更深入探討一下：

考慮到所有費用、績效獎金和額外的開銷（不錯，他們還向投資人收取基金的所有支出，如租金、電腦、電費、迴紋針和所有交易員、分析師、祕書、助手的薪資，以及他們可能想的出來、要向投資人收取的任何其他費用），你可以隨便猜一下，這檔基金的績效要多強，才能媲美標普五百指數那一年的績效？

答案是三五．二%。

低於這個數字的話，一億四千萬美元的費用和開支，就會造成這檔基金的表現不如標普五百指數。更糟糕的是，如果這檔基金在過去的任何一年裡虧損，那麼在可以考慮任何正報酬率之前，這檔基金首先還必須百分之百彌補過去向投資人收取的虧損。

例如，假設這檔有二十億美元資產的基金這一年流年不利，虧損了八%。

在這種情況下，這位經理人仍然會得到二%的管理費（四千萬美元），投資人要承受八%的全部虧損（一億六千萬美元）。然後從新年的第一個交易日開始，這檔基金會重置，從頭重新開始計算。

當然，如果你能夠找到一位避險基金經理人，即使在扣掉所有的費用、開支和片面的績效獎金後，基金績效仍然能夠持續一貫地以這麼大的差距，擊敗標普五百指數，仍然能夠領先指數，那麼二加二〇%的結構應該還是有道理，對吧？

對，當然有道理。

唯一的問題是：你到那裡去找這種基金？

答案很簡單：到虛無幻境去找。

巴菲特希望用五十萬美元的打賭來證明這一點、證明避險基金產業可以用「沒有必要」這麼簡單的一句話，來蓋棺論定。華爾街這些待遇最高、擁有常春藤盟校文憑、領取幾十億美元薪資的超級巨星，是完全沒有必要的人。事實上，他們比沒有必要還糟糕，他們是淨負值，拿走的東西比給予的東西多，而且他們像所有的淨負值一樣，都要儘可能極力避免。

你們當中可能有人會認為，少來了，喬登，你一定誇大其詞了！業界至少一定會有一些避險基金經理人，能夠持續一貫地打敗大盤。我的意思是，我聽過上千個跟這些避險基金奇才有關的故事，他們都為投資人賺到了大錢。

如果你真的這樣想，我不能說我真的要挑你的錯，你提出來的觀點很有道理，不幸的是，下面說的才是事實：

一、的確有少數獨一無二的天才避險基金經理人，能夠持續一貫地創造驚人的非凡報酬率，證明他們收取的費用很合理。這些人是理財界的搖滾巨星，非常有名，人人都追捧他們。

二、不幸的是，他們的基金長期不對新投資人開放，而且短期內不會重新開放，事實上，一旦他們達到了搖滾巨星的地位，大部分人都不但對新投資人關閉自己的基金，甚至還退錢給原始投資人，轉而開始為自己和少數巨富投資人操盤。

三、新的業界超級巨星出現時，都會很快地對新投資人關閉基金，而且在操作績效下降前，不再開放投資，但這時，大家已經不再把他們當成理財界的超級巨星了。

四、業界的其他基金經理人不能打敗射飛鏢的猴子，卻仍然跟理財界的超級巨星一樣，收取同樣高到不可思議的費用。

五、因此你到底為什麼想把自己的錢財，交給收取驚人費用的人管理，這種人卻無法打敗矇著眼睛射飛鏢、只跟你收一根香蕉費用的猴子？

事實就是這樣，簡單來說，避險基金產業就是一些天才橫溢（但誰都無法加入他們的陣營）的基金經理人，創造出極為出色的績效，散發出金色的光芒，業界另外一大堆笨手笨腳的小丑卻藉著他們的餘暉，牟取巨利的行業。

然而，避險基金產業的問題並不在於經理人沒有才華或經驗，或者只是普普通通的老笨蛋。實際上，根本不是這樣，問題跟他們收取的巨額費用有關，這麼巨額的費用最後會蠶食他們的報酬率。

巴菲特就是因為這樣，才會在二〇〇六年五月那個決定性的日子裡，決定跨越平常撻伐避險基金產業的界限，採取進一步的行動，開始攻擊基金經理人本身。他說：「你聽我說，如果你太太要生產，你最好找婦產科醫生，而不是自己接生；如果你的水管漏水，那麼你應該找水電工。大部分專家都會勝過一般人，創造出超過一般人自己動手所創造的價值。但是，整體而言，投資專家這個行業卻無法做到這一點，雖然他們每年總共收取一千四百億美元的報酬。」

因此，股神巴菲特才會在內布拉斯加州的奧瑪哈，向兩萬人清清楚楚說明他的打賭，巴菲特的看法切中問題的核心，就是為什麼投資人這麼難以理解華爾街根本就是淨負數。我們從一丁點大的時候，就受到教導，要找專家協助我們解決我們的問題，消除我們的痛苦。你生病時，你的父母會帶你去看醫生，醫生會以某種方式穿裝打扮，會以某種方式行動，你們走進診間時，你會驚訝地發現，連你的父母都對這位專業人士十分尊敬，因為這個人受過無數年的教育和實習，他們在這段期間裡，學到所有讓病人康復的知識，這些專家對我們提出建議時，我們應該聽從他們的意見。

但這只是我們剛開始接受制約而已，隨著我們成長，眾多的專家繼續影響我們。如果你在學校裡碰到功課上的問題，你的父母可能會替你請家教，如果你想精通一種運動，你的父母可能替你請教練等等。到你終於成年時，你接續父母的作法，一直到今天，你繼續尋求專家的協助，確保你在所有努力中，得到最好的結果。

這一切都非常有道理，對吧？

但是尋求專家管理你的資金是一個例外——我要再說一遍，這是對原本對你有好處鐵則的一個特大號例外，我會在本章裡精確說明這一點，但是現在我要說的重點是，你永遠不能忘的一件事是：華爾街賺錢機器非常了解這個事實——了解你受到設定和制約，會尋找專家，解決你的問題，以便得到最好的結果——而且他們會以極為殘忍的高效率，利用這一點來對付你，儘量奪取你的資金。

股神巴菲特結束他的長篇大論時，激烈的批評道：「每一位避險基金經理人都認為，即使考慮到他們收取的高額費用，他們仍然會成為績效超越市場的唯一例外，有些經理人的確是這樣，但長遠看來，這種算術整體根本不對。」

換句話說，不管一位基金經理人多麼天才，到最後你減掉他們的所有費用、開支、和一面倒的績效獎金後，他們的績效在持續一段時間後，根本比不上標普五百指數的績效。

然後，巴菲特宣布他的打賭。

＊

當時巴菲特認為，只要打賭的消息傳到華爾街的其他地方，華爾街的避險基金經理人會爭相上門，以便證明他的說法錯誤。

畢竟，有傳言說他的黃金時代已經過去，有些批評者說，他屬於耐心是美德、價值型投資勝過一切的舊時代，只不過這樣的人現在已經落伍了。但是，在二十一世紀開始之初，華爾街最高明、最聰明的人憑著速度快如閃電的電腦和人工智慧，可以像碾壓過熟葡萄一樣碾壓巴菲特。此外，你可以想像一下，打敗巴菲特對一些年輕避險基金牛仔的事業生涯，可能會帶來多大的好處，他們可以從默默無聞中，一躍而成世界聞名、賺取巨富的人！他們所要做的事情，正是避險基金業創立三十年來他們一直承諾投資人的事情——在扣掉他們的費用和開支後，他們可以持續一貫的擊敗標普五百指數。

然而，他宣布這樣打賭一年後，什麼事情都沒有發生。

全然是一片死寂。

超過十六個月過去了，沒有一個人站出來、接受挑戰。用巴菲特的話來說，「沉默也是一種聲音。」

事後回想，這種情形很有道理。

畢竟，避險基金經理人可能有很多種面向，但是他們一定不是天真的人，而且絕對不想輸掉會讓他們丟臉的一百萬美元公開打賭。他們在內心深處，都知道事實真相——就是所謂的「專家」幾乎不可能持續一貫打敗大盤，尤其是你把他們高的離譜的費用納入計算時，更是如此。事實上，在華爾街最高階層的人當中，這一點是大家一清二楚的真相，而且他們會在我們背後，狠狠地嘲笑我們。

這裡必須澄清的是，他們嘲笑我們，不是因為我們受到金融童話的欺騙，而是因為過去二十年裡，這個童話故事的真相早就被人揭發了，但是大部分投資人到今天為止，仍然相信這個童話故事。

確實如此，過去二十年裡，網路上充斥了華爾街專家無法打敗大盤的說法，但是大家仍然不顧這種無法否認的事實，繼續把自己的錢送給他們，你現在必須承認這樣有點好笑。

這樣做等於成年人仍然拿出餅乾，等待聖誕老人一樣。

你當然已經不會這樣做了，對吧？

為什麼？因為你父母大約在你六、七歲時，會叫你坐下來，跟你說：「對不起，寶貝，但是聖誕老人不是真的，這幾年來，都是你的強尼叔叔喝醉了，穿上派對城買來的聖誕老人服裝。」

你起初會覺得沮喪，接下來的幾年裡，你可能仍然會依據傳統，把牛奶和餅乾放在樓下的壁爐旁，但是隨後你慢慢長大，接受了這個童話故事並不真實的事實，知道這個世界上沒有牙仙、沒有復活節兔子、也沒有什麼聖誕老人。一切全都是天大的謊言、都是莫大的欺騙。如果樹下放了玩具，枕頭下放了錢，或屋子裡藏了巧克力蛋，你知道是大人放在那裡的，是大人用辛苦工作賺來的錢去買的。

這就是人生，天底下沒有白吃的午餐，誰都一樣。

但是，談到投資時，有很多人因為某種莫名其妙的原因，拒絕長大，他們堅持兒時的想法，認為要是他們的信念夠虔誠，華爾街上仍然可能有聖誕老人。華爾街賺錢機器對這種揮之不去的希望一清二楚，知道這種希望留存在很多散戶投資人的腦海底下，他們會利用這一點，對散戶投資人造成毀滅性的影響。

但是華爾街賺錢機器現在碰到了問題。

股神巴菲特一百萬美元的打賭，就像一束巨大的燈塔光束，照在華爾街賺錢機器貪腐的賭場上，像雷射光一樣精準聚焦在他們最高層級的人身上。

最後，有一位勇士終於站到聚光燈下，接受這種挑戰。

他叫做泰德．席德斯（Ted Siedes）。

他的避險基金叫做門徒合夥基金（Protege Partners）。

他的交易經驗：零

不錯，毫無交易經驗。

席德斯的核心能力不是專業交易員、投資專家或投資經理。實際上，這樣說並不公平，他是某種事情的專家——事實上，從他十分成功地替門徒合夥基金募集極多資金來看，他顯然是世界級的業務員。

但即使他是世界級的業務員，你還是是必須承認這件事有點奇怪。

我的意思是，這位老兄每年得到數千萬、甚至數億美元的報酬，來管理富豪的資金，自己卻沒有管理資金的各種技能——因此，難道他必須把錢交給別人管理嗎？

噢，這樣就是我所看過的真正騙局了！

他是這樣做的：

他任職的門徒合夥基金公司是以組合基金（fund of funds）的方式經營，意思是他們向投資人募集資金時，前提不是他們善於自行管理基金，而是善於挑選高績效的避險基金，來代替他們操作。表面上，這種前提似乎可能有理，但是歷史卻已經證明這種作法根本行不通。事實已經證明，挑選避險基金最糟糕的方法之一是：看著一長串避險基金的名單，從中選出過去幾年裡成績最好的一檔。

畢竟，任何避險基金經理人要是能夠創造幾年的優異成績，幾乎保證即將碰到若干差勁的年度。造成這種情況的原因很多，以下是幾個主要原因：

一、共同基金經理人通常會來來去去，因此一檔共同基金過去的績效，不能保證跟目前管理這檔基金的人有任何關係。

二、資產類別具有周期性，共同基金通常卻年復一年的投資相同資產類別，這種傾向跟資產類別的特性直接衝突。

三、效率市場假說是個嚴格的工頭，會讓任何基金經理人極為難以持續打敗大盤。

四、這一點不但是簡單的數學，也為證管會要求揭露的文字——過去的成績不代表未來的績效——帶來新的意義，這句話實際上應該解讀為：「過去幾年傑出的績效幾乎保證你在未來幾年內，會被打到滿地找牙！」

實際上，這樣表示，投資人把錢交給席德斯代為投資時，席德斯只是轉個手，把錢轉交給其他避險基金，然後他就坐下來，蹺著腳，收取費用，但是他只能在實際管理資金的避險基金先收費之後，他才能夠收費。

因此，最後投資人是兩面挨耳光。

組合基金當然會在行銷手冊中，設法用巧妙的措辭，讓你相信你不會付兩次費用，但是，無論費用怎麼分割，你都要付兩次費用。根據定義，你總是要餵飽另一張嘴，而且你根本無法迴避。[21]

當然，如果你拿這個問題問席德斯，他會詳細解釋能夠同時投資多檔避險基金的所有驚人優勢，他會述說他能夠利用華爾街所有最優秀人才構成的智囊團，也能夠拋棄正好表現不佳的任何基金經理人，然後用手氣正好的經理人取而代之（歷史已經證明這是最糟糕的作法。）

但是，這一切都忽略了組合基金最大的問題，因為既然沒有一檔基金能夠持續一貫地打敗標普五百指數，為什麼一群表現不好的基金，就能以組合在一起的方式，表現出超越大盤的績效呢？這樣就像醫生告訴一位因為完全只吃麥當勞食品、因而得到肥胖症的病人，說要治療他的肥胖症，方法是改吃漢堡王食品一樣。這兩種情況的問題顯然出在吃進去的東西，這是垃圾進、垃圾出的問題。

事實上，二〇〇八年時，華爾街就利用過相同的邏輯，摧毀了美國房市。他們拿來幾萬筆保證會違約的問題房屋貸款，宣稱把這些問題房貸全部丟進一鍋超大的大鍋湯裡，這些房貸就會在突然之間，變得安全多了，而且保證會清償房貸。這整個想法從一開始就很荒謬，注定會釀成慘劇，結果正是這樣——變成金融海嘯，需要一兆美元納稅人的血汗錢來紓困。

因此，簡單來說，席德斯的策略就是在一層避險基金費用之上，再加上另一層避險基金

21 原書註：典型的組合基金安排是要收取兩層費用，第一層是原來積極管理這些資金的基金所收費用，第二層是在第一層費用之上，再額外收取〇．五％的管理費和五％的績效獎金。

的費用，進而創造出一個巨大的避險基金費用千層蛋糕。然而，在這個例子裡，他還更進一步，他不是只挑選五檔避險基金而已，而是挑選五檔也是組合基金的避險基金，以致於聯手跟股神巴菲特打賭的基金檔數，多達一百多檔。

我們至少可以說，席德斯的策略很有趣。

我的意思是，從理論上來說，如果所有一百檔基金中的絕大部份基金在十年內，不只是績效勝過標普五百指數，而且還積極碾壓這檔指數，到了即使扣掉層層的費用後，投資報酬率仍然領先指數，那麼，的確沒錯，席德斯可以贏得跟股神巴菲特的打賭，並且告訴世人誰才是老大。

一開始，有人問席德斯，他認為自己贏得打賭的機率有多大，他以荒謬到過度的信心、以及以完全缺乏自覺的方式回答，正好就像得到不可思議的超高報酬，卻沒有提供任何價值作為回報的人，預期應該會有的回答一樣。席德斯快人快語道：「至少有八五%的勝率。」一他用一大堆經濟和數學上的胡說八道，修飾他的聲明，加總起來，這些東西就變成跟股市未來多年走向有關的預測。

他有八五%的把握，可以確定股市在未來幾年裡，不是走跌，就是不會像最近幾年那樣上漲的那麼快。按照席德斯的思考方式來說，這樣會讓他在打賭上獲得重大的優勢。他的一百檔基金跟被動式的指數型基金不同，指數型基金只能追蹤標普五百指數的績效，不能隨著市場的跌勢調整，他的一百檔避險基金是主動管理型的基金，可以轉變到投資某些在跌勢中表現比較優異的資產類別，藉此「迴避」下跌的風險。

席德斯的思考方式中只有一個小小的問題。

他的說法毫無意義。

事實上，即使你不考慮席德斯的雙重避險基金費用交疊在一起，形成兩層蛋糕式費用的衝擊，他的邏輯也因為三個簡單的原因，因而有缺陷。

1.過去七十年來，每一個學術研究都斷定，我們預測股市走向時，準確率不可能超過擲銅板來預測。

2.同樣有力的學術研究也證明：從長遠來看，主動管理型基金表現不會勝過追蹤標普五百指數的被動型基金。事實上，情形恰好相反——費用最高的基金通常報酬率最低。

3.即使事實證明：席德斯是最著名的預言家諾斯特拉達姆（Nostradamus）再世，而且真的可以預測未來幾年的市場走向，應該也沒有關係，因為這場打賭的時間長達十年。

因此，你已經心裡有數了。

席德斯完全無視於這些現實狀況，無論原因是出於貪婪、傲慢，還是出於單純的自欺欺人，他似乎都真心認為，他有八五%的機會贏得這場打賭。他甚至選定了打賭獲勝、贏得百萬美元賭注後要捐款的慈善機構，這個機構叫做兒童絕對報酬率之友會（Friends of Absolute Return Kids）。如果席德斯贏得打賭，這一百萬美元會直接流入這個協會的金庫。

巴菲特也選定奧瑪哈女童協會（Girls Inc. of Omaha），作為自己打賭獲勝後捐款的慈善機構，這家當地的慈善事業協助年輕的女孩，實現自己的全部潛力，的確是一個有價值的慈善機構。他們的網站首頁上寫著的口號是「女孩是切片麵包出現後最好的人事物！」這一點我完全同意，而且這是整個社會可以更善加利用的態度。如果股神巴菲特贏得打賭，這一百萬美元會直接流入這個協會的金庫裡。

巴菲特對贏得這場打賭有什麼想法嗎？他最初的看法還可以在長遠賭局（Longbets.com）網站上找到，這個網站是他們選定來管理這場打賭的機構，巴菲特在上面寫道：

> 從二〇〇八年一月一日起，到二〇一七年十二月三十一日止的十年內，在扣除費用、成本和開支的基礎上衡量績效時，標普五百指數的績效會勝過避險基金組合基金的投資組合。
>
> 現在有很多很聰明的人決心在證券市場上，創造勝過平均水準的績效，你可以把他們叫做主動型投資人，根據定義，跟他們相反、叫做被動型投資人的人，表現大致會跟平均水準近似。整體而言，他們的部位大致會類似指數型基金的部位。因此投資天地中跟他們相反的另一群人，也就是主動型投資人的績效，一定也會跟平均水準大致相同。然而，主動型投資人會面臨高出很多的成本，因此，整體而言，他們的平均成績在扣除這些成本後，一定會不如被動型投資人的平均成績。

股神巴菲特繼續寫道：

龐大的年度費用、龐大的績效獎金、以及積極交易的成本全都加在主動型投資人的等式中時，成本一定會飛躍上升。避險基金組合基金會凸顯這種成本問題，因為他們的費用是以疊加在上面的方式，加在這種組合基金所投資的避險基金收取的大量費用之上。

很多聰明人都參與經營避險基金，但是，他們的努力大致上會自我抵銷，而且他們的智商不能克服他們加諸於投資人的成本。一般而言，投資人長期投資低成本的指數型基金，成績會勝過投資由組合基金構成的投資組合。

然而，和巴菲特最初的信心水準相比，跟巴菲特挑選好、在他贏得打賭後要捐出賭注的受惠慈善機構相比，另外有一點重要多了，就是他選來當作競爭利器的指數型基金名稱。巴菲特認為，這種基金必須具有四種基本特性：

1. **這檔基金必須精確追蹤標普五百指數**。這一點看來雖然很明顯，但是卻有一些結構不佳的基金，不能好好地追蹤指數，結果會造成指數報酬率和基金報酬率之間的差異。大家應該完全避免這種「不精確的」基金，我在本書後面，會提供一份「精確」基金的名單。

2. **這檔基金必須不收任何「手續費」**。手續費一詞是基金偷偷摸摸地表示，他們會支付銷售佣金，給說服客戶投資這檔基金的經紀人。不論是客戶第一次投資時、從頭扣除的買進手續費，還是客戶最後賣出基金時、所收取的賣出手續費，反正這些錢總是都從客戶的口袋裡掏出來，會大大降低客戶的投資報酬率。

3. **這檔基金收取的管理費必須很低。**因為指數型基金不是主動管理型基金，沒有理由支付高昂的管理費，給想來能夠打敗大盤的「專家」基金經理人。當然，這檔基金仍然有權收取管理費，但是如果收取的管理費超過〇・五%，收費就太高了，你應該選擇另一檔管理費比較低的基金。

4. **這檔基金必須容許股息的自動再投資。**指數型基金分為共同基金和ETF兩種，ETF是指數股票型基金的簡稱。我會在本章稍後，討論每一種基金的優缺點，現在你只要記住ETF不容許你讓股息自動再投資，共同基金卻可以。在這種情況下，共同基金是比較好的選擇，但是在某些情況下，ETF仍然可能變成你較好的選擇，我稍後會深入探討這一點。

當時，每一家大型共同基金公司都提供一檔合乎上述四大標準的低成本指數型基金，他們全都願意抓住機會，成為股神巴菲特打賭中的競爭利器。但是最後榮耀歸於業界先驅的先鋒集團（Vanguard Group），這家公司是偉大的柏格在一九七六年創立的。

具體而言，巴菲特選擇了先鋒集團旗下的海軍上將標普五百指數型基金（S&P 500 Admiral Shares）。

沒有人對他的選擇感到驚訝。

第九章　世界最厲害投資方法通過重重考驗

通常我說「摩根這個人像撞擊地球的小行星，為現代人類開闢了坦途」，或是說「巴菲特會在兩萬人唱歌跳舞時，大彈烏克麗麗琴」時，我是用了一些詩意手法，闡述某一個觀點，同時讓你開心。

然而，我說：「柏格造福散戶的豐功偉業超過華爾街的每一個人」時，並不是這樣。我這樣說時，其實是嚴肅之至。

事實上，二〇一九年柏格去世時，巴菲特說了一句名言：「如果要樹立雕像，紀念造福最多美國投資人的人，那麼最沒有異議的選擇應該是柏格。」當時柏格已經靠著他的被動投資哲學，在過高的共同基金費用上，為投資人節省了超過一千四百億美元。

一九七四年柏格創立先鋒集團時，是建立在一個簡單的前提上、但是這個前提最後卻讓整個共同基金產業屈服。這個前提就是：意在反映標普五百指數、但無意打敗這個大盤指數表現的被動管理型、低成本指數型基金，投資績效會持續一貫地超過主動管理型基金，原因如下：

1. 這種基金的管理費會巨幅降低。
2. 這種基金不必支付績效獎金給基金經理人。
3. 這種基金因為沒有短期交易，毛利率會遠高於其他基金。
4. 這種基金會消除主動型基金經理人為了證明自己的存在，嘗試抓住市場波段，因而產生的自然交易錯誤。

柏格的推斷並非憑空而來，而是響應他從世界頂尖經濟學家保羅・薩繆森（Paul Samuelson）那裡接到的一通電話，薩繆森剛剛針對共同基金業，完成一個歷時十年的研究，這項最後為他贏得諾貝爾經濟學獎的研究揭露了一種狀況，證實了柏格長久以來一直懷疑、卻無法證實的想法：投資共同基金是一場傻瓜的遊戲。

現在多虧了薩繆森，這件事再也沒有疑問了。

簡而言之，薩繆森的研究揭發了毫無爭議的證據，證明了如果投資人必不支付共同基金的年度管理費、沉重的交易成本、以及主動型投資經理人的績效獎金，只是買進和長抱一檔反映標普五百指數投資績效的被動型指數基金，得到的好處會大多了。

唯一的問題是現在還沒有這種基金。

投資人如果想「購買」標普五百指數，就必須進入市場買股，每次購買標普五百指數五百檔成份股中的每一檔股票，還要為每一檔股票的每一筆交易，付出個別的買進手續費。光是這一點，就會使這種策略在理財上，變成行不通的事情，且其中還有額外的問題，就是要購買所有的五百檔股票，到底要花多少錢的問題。例如這檔指數有五百家成份股公司，即使每家的股票你只購買一股，最初的投資資本就要高達好幾萬美元，這樣的金額不但遠超過散戶財力，創造出來的投資組合也無法反映標普五百指數的績效，因為指數中較高價的成份股會有過度代表的問題，較低價的成份股卻有代表不足的問題。

為了精確反映指數的績效，必須投入很多錢，也需要一台大電腦來維持投資組合的平衡。換句話說，在缺乏龐大財力和科技資源的情況下，大家基本上不可能執行這種策略。

然而，薩姆爾仍然熱中於尋求解決之道，他跟柏格談話後不久，就開始公開呼籲共同基金業——鎖定他們對主動型基金管理的依賴，以及五十年來他們提供的投資績效低於標準的問題。

薩繆森把他長達十年之久研究的成果，摘要成下述五個重點：

1. 任何陪審團審視一大堆相關證據時，至少都會得到下述判斷，亦即世界最高明的投資經理人，都不能提供優異的投資組合績效。
2. 雖然世界上可能有少數基金經理人擁有某種「天賦」，可以重複創造出勝過市場指數的投資績效，如果這種投資經理人確實存在，他們卻都藏得很好。
3. 主動型基金經理人績效所以會相當差勁，原因之一是他們的所有買賣活動，產生巨額的交易成本，吃掉了基金的年度投資報酬率，也降低了基金的租稅效率。

4. 雖然我願意相信事實並非如此，但是對證據的尊重迫使我寧願相信：大部分投資組合的決策者都應該退出這一行的假設。

雖然這四點等於嚴厲譴責整個共同基金業，但是，薩繆森最後的第五點才是最能啟發柏格的重點。

5. 至少某些大型的基金會應該設立內部的投資組合，追蹤標普五百指數——光是為了讓他們內部的快槍俠能夠衡量自己的身手，就都該成立一檔模型基金。

這段話就是柏格要聽的話。

不久之後，他就正式創辦了先鋒集團。

他花了整整兩年的時間，把這種基金的機制改善到完美的地步，並且讓這種新穎的結構得到證管會的批准。但是證管會終於核准他的新基金，同時，薩繆森閱讀了這個開創性產品的公開說明書，得知這檔基金是成本超低的標普五百股價指數型基金，買進和賣出都不收手續費，而且不必支付績效獎金給主動型基金經理人後，在一篇大家廣泛閱讀的評論中寫道：

「我不敢想像，我那直接了當的祈禱這麼快就得到回應。」

確實如此。

但可惜的是，對柏格來說，華爾街其他人的反應非常不熱烈。

事實上，他們想私刑處死這個混蛋！畢竟，他的新指數型基金管理費低得離譜，顯然又不發任何型態的銷售手續費，等於威脅整個共同基金業的生存。基本上，柏格已經在他們眼前，把標普五百指數化為武器——把這檔指數從只能追蹤的指數，變成可以藉著逐筆買賣來投資的工具。

如果這種新型態的基金獲得關注，對共同基金業的影響絕對會非常驚人，不但共同基金業會為了求生存，被迫大幅降低費用，而且柏格傳達的訊息——主動型基金經理人雖然極力虛張聲勢，卻無法持續一貫打敗標普五百股價指數——定會導致資金從共同基金業大量流出。

他們的憂慮理由十足。

柏格其實從推出新的指數型基金那一刻起，就開始一場橫跨美國東西兩岸的腦力激盪宣傳，站在他所能找到的講台上，宣揚他的三大核心理念：

1. 超低的管理費
2. 不收買進和賣出手續費
3. 不必支付績效獎金給主動型基金經理人

柏格懷著布道者一樣的熱情，走遍每一家願意聽他說明的證券經紀商、資金管理業者、財務規畫公司和提供保險的業者。

不幸的是，願意聽他說明的公司很少。

華爾街賺錢機器已經起而採取行動。

他們仿效美國最大香菸業者公司運用了幾十年、已經做到熟極而流來的宣傳伎倆——抹黑所有膽敢說吸菸有害健康、而且幾乎一定會早早送你去見閻羅王的人——針對邪惡的柏格和他同樣邪惡的指數型基金，發動了大規模的抹黑行動。

全美報章雜誌、廣告看板和電視機上，都刊出廣告，有些廣告確實令人震驚，針對共同基金銷售人員的廣告尤其如此。

例如，最受尊敬基金供應商之一的德瑞福斯公司（Dreyfus）在《華爾街日報》上，刊出一系列全版廣告，上面刊著用巨大黑字印出來的口號，說：

不收手續費嗎？絕對行不通！

這則廣告毫不掩飾，令人震驚。

這樣簡直就是說：「告訴先鋒集團，我們願意付給你近乎瘋狂的銷售佣金，如果他們不願意比照就應該滾蛋去死！」

但是這只是開始而已。

他們每花一美元廣告費，用來鎖定替投資人把關的守門人，就另外花一千美元，鎖定投資人本身。他們需要鏟除的是：低成本指數型基金明顯的好處，可能以某種方式，流入投資人的共同意識中，從而引發一場草根型的運動，導致共同基金業垮台的可能性。

這些廣告的目標簡單得可怕：

就是要延續主動管理型共同基金這種投資標的、是遠勝過被動指數型基金投資標的的神話，因為後者只是追蹤標普五百指數，並沒有試著打敗這個指數。

表面上，他們的核心論證似乎相當合理。

畢竟，為什麼有人希望投資頂多只能得到平均報酬率的基金呢？我的意思是，誰希望只追求平平庸庸呢？對吧？人生怎麼可以這樣子過呢？然後他們會解釋說，他們就是基於這個理由，才聘請最厲害的基金經理人，因為他們跟柏格不同，拒絕安於平庸！

平庸畢竟是太糟糕了！

我固然同意他們的最後一個論點——平平庸庸的確是很糟糕——但是他們的其他說法卻完全是無稽之談。所有的經驗證據都指出事實正好相反，更是和薩繆森實際提出解決之道的研究極度相反。

薩繆森的研究跟柯爾斯的研究不同，柯爾斯拿受到推薦的個股跟他們的歷史股價表現相比，薩繆森是拿一九二〇年代共同基金業開創以來每一檔共同基金的績效，跟標普五百指數的歷史績效相比，實際上，這時柏格已經把這檔指數變成可以投資的工具。因此這裡要再說一次，柯爾斯的研究只是強調一個問題；而薩繆森的研究跟柏格的發明結合在一起後，卻變成了立即可以運用的完整解決之道。

然而，華爾街賺錢機器仍然是個力量強大的敵人，他們已經全力開動自己毫不停頓的廣告宣傳，利用自己跟同樣沒有靈魂的麥迪遜大道廣告業者的關係，提出了各種理由，宣傳為什麼柏格的發明一文不值。事實上，這些理由全都是假的、全都只是間接證據。因為其中涉

表一：先鋒五百指數型信託基金（VFINX）
一九七七至一九八七年間走勢

及的利益實在太大了。

起初，這種抹黑攻勢非常有效。

表一所示，是先鋒五百指數型信託基金經營的最初十年裡，華爾街賺錢機器對這檔基金的圍堵多麼有效。

事實上，華爾街賺錢機器妥善地完成了任務——不過，說真的他們不必花什麼力量，就能使營業員不滿柏格和先鋒集團，因為柏格連半毛錢的銷售手續費，都不肯付給營業員。因此，從投資人的角度來看，雖然先鋒集團的價值主張可能極為高尚，對於替投資人守門的業者卻不是很有吸引力，因為這些業者是有五十年歷史的系統中的一環，他們長年以來，一直悄悄地從客戶身上，榨取每年數十億美元的超額費用，卻只提供低於標準的報酬率績效給客戶。*22

然後，柏格還要面對自己所構成的挑戰。

客氣的說，從理財業務員貪婪的眼光來看，柏格對他們解釋先鋒集團的價值主張時，並不是很有效。換句話說，因為柏格根本不願意付給他們任何銷售手續費，其他業者卻付給他們八．五%，他們推薦先鋒基金有什麼好處嗎？

什麼都沒有，對吧？營業員也要吃飯吧？對嗎？

實際上，至少根據柏格的想法，他們是不用吃飯的。柏格對營業員解釋這件事時，最喜歡的方法是假裝自己是電影《教父二》中的麥克・柯里昂（Michael Corleone）。

柏格借用內華達州參議員吉爾里（Geary）堅持向柯里昂索賄，以便取得拉斯維加斯一家賭場執照的場景——柯里昂經過漫長而冷淡的沉默後，回答說：「我對你的回應是——什麼都沒有，甚至連賭場執照的申請費用都不給，如果你個人拿出這些費用的話，我會感激不盡。」——營業員表示反對，問柏格說，如果他不付給他們佣金，他們要怎麼賺錢時，柏格就是這樣回答。

在柏格心裡，答案當然很明顯，就是：

「你們對客戶的受託責任勝過你們的自私意願，也就是戰勝你們推薦佣金豐厚、績效卻很差勁的基金的私心，因此其中還有什麼鬼問題嗎？」

除了這種訊息很難吸引華爾街人士之外，還有別的事情、就是先鋒集團的結構讓他們更為震驚。

柏格基於前述那個到今天仍然讓華爾街人士困擾的原因，創造了一種極為無私的結構，

22 原書註：網際網路出現後，這個系統會遭到徹底破壞，但是從頻寬的角度來看，這種狀況還要等待二十五年之久，才會出現。當時，透過入口網站，直接跟客戶打交道的想法，依然是天方夜譚。

讓投資先鋒集團指數型基金的人，變成先鋒集團的股東。換句話說，柏格本人並沒有擁有先鋒集團的過半數股權，他的投資人才擁有大部分股權。

一直到今天，先鋒集團的結構依然是這樣的——他們旗下基金的投資人才是先鋒集團的所有權人。最後，這種結構讓柏格個人損失超過五百億美元，但是他一生中從來沒有對這一點表示後悔過。

事實上，就在他去世前，有一位記者問他，他對建構先鋒集團結構的方式，是否有什麼遺憾，因為如果他自己保留所有權的話，他應該會多賺不知道多多少錢。

柏格針對這個問題，迅速地用自己獨特的話回答說：「我現在有八千萬美元的身家，遠遠比我十輩子所能花的錢還多多了，這麼說來，有誰會在乎個鬼呢？」

柏格的使命是為一般投資人，提供公平的競爭場所，一直到他去世那一天，他一直都念茲在茲。

但是，這樣仍然無法改變柏格在整個一九八〇年代的多頭市場中，努力奮鬥為先鋒集團求生存的辛苦。

接著，碰到一九八七年的黑色星期一。

突然之間，一直保護共同基金業免於投資者深入查究的繁榮幻想，忽然在一天之內徹底破滅，失去大規模多頭市場掩飾業者離奇的超高費用後，投資人終於了解，他們必須重新評估自己的選擇。

他們這樣做時，有一個選擇遠比所有的其他選擇都更為有理，這個選擇就是先鋒集團超

表二：先鋒五百指數型信託基金（VFINX）一九七七至二〇二三年走勢圖

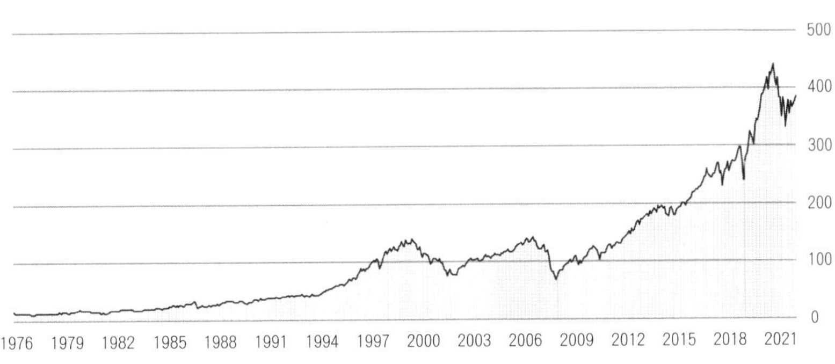

低成本的標普五百指數型基金。

證據一直擺在那裡，但是在大崩盤後，包括機構投資人和散戶投資人在內的所有投資人，腦海中的一盞燈都熄滅了，就像大家說的一樣，祕密洩露出來了，而且，隨著標普五百指數的價值在一九九〇年代內，開始扶搖直上，進一步凸顯先鋒集團作法的有效程度。於是，就像這樣，原本開始時有秩序流出主動管理型基金、流入先鋒指數型基金的金流，實際上變成了投資人紛紛奪門而出的逃難潮。

事實上，我們再快快看一下前面幾頁刊出的圖表，就可以看出先鋒的基金在一九七六年至一九八七年間成長乏力。但是這一次我把圖表的範圍擴大，一直擴大到二〇二三年的今天。

到二〇〇八年巴菲特宣布他的百萬美元打賭時，先鋒的崛起已經導致共同基金業出現翻天覆地的變化，其中的四大變化是：

1. 費用下降五〇%以上，而且還繼續下降到今天。目前的費用比基金業如日中天的一九七〇年代中期的離奇高峰，降低了八〇%以上，然而，本書為了澄清起見，必須清楚說明：這樣不表示今天你應該投資主動管理型基金。畢竟，雖然費用大幅降低，和被動管理型標普五百指數基金比較時，他們的長期績效仍然和當年一樣差勁。

2. 在「如果不能打敗他們，就加入他們」的經典例子中，業界最大的經紀公司和共同基金供應業者，只好被迫跳上柏格的列車，提供他們自己的低成本標普五百指數型基金。

3. 現代的網際網路已經誕生，讓柏格瘋狂的價值主張像野火一樣，在草根層次傳播開來。沒有基金業的守門人阻止他們後，先鋒集團迅速成長，變成僅次於貝萊德集團（Blackrock）的世界第二大資產管理公司，目前管理的資產超過八兆美元。

4. 因為華爾街從來都不會不戰而降，因此會推出比較激進的新基金，讓業界最菁英的投資經理，在高度祕密的金融生態系統的一角中，向最富有的客戶，推廣他們的業務。在這個角落中，持續一貫打敗標普五百指數的能力，仍然神奇地存在，雖然所有的證據都指出事實正好相反。

毫不奇怪的是，請這些菁英基金經理人，說明他們怎麼可能達成如此驚人壯舉時，他們都拒絕提供任何細節，只是說這件事涉及一套繁複的策略，他們把這套策略合併在一起，稱之為避險策略，以便強調他們善於規避任何市場風險的能力。

華爾街適切地把這種新類別，稱為「避險基金」，然後迅速以此為中心，建立一整個行業。他們創造出英雄、惡棍和具有傳奇色彩的人物，讓他們像搖滾巨星一樣，抓住大家的想像力。

眾所皆知，共同基金業遭到柏格和他的發明摧毀成廢墟後，避險基金業這隻鳳凰才從其中的灰燼中生出來。連一向穩重的薩繆森都忍不住在共同基金業的傷口中撒鹽，二〇〇五年時，他對著一群共同基金經理人和業界業務人員的聽眾，輕鬆愉快地說：「我把柏格的發明，看成跟輪子、字母、古騰堡的印刷機、葡萄酒和乳酪一樣重要。」

聽眾有什麼反應呢？

大部分人一言不發，聽眾中少數仍然十分震驚的人肚子深處，傳出不舒服的咕噥聲，這些人都親眼看著柏格把他們豐美的費用，在他們眼前化為塵煙。最後，先鋒的價值主張實在是大到無法否認，而且就像他們害怕的一樣，這種價值主張一旦打入人心，投資人很快的就會大量流失。

只有避險基金產業安然無恙地逃過一劫，但是這種情況馬上也會改變。他們激怒了股神巴菲特，他在極度憤怒之餘，甚至用百萬美元的打賭，來挑戰避險基金產業。

其中涉及的代價極為高昂。

對華爾街最大的大豪們來說，避險基金好比是卡士達（Custer）上校的部隊遭到殲滅前的最後據點，先鋒集團入侵的民粹大軍，挖空整個共同基金業的基礎時，這些大豪僥倖逃脫了，但是，避險基金逃不掉股神巴菲特的追殺，巴菲特雖然生性謙虛，卻是華爾街大咖中的最大咖。

他已經用非常公開的方式提出挑戰，避險基金產業的席德斯已經高興地上鉤了。十年之內，真相就會大白。

這場打賭從二〇〇八年一月一日開始。

勝利者不只是能夠大吹大擂而已。

第十章　黃金三連勝

我想你現在已經知道誰贏了。

當然是股神巴菲特大獲全勝。

事實上，他除了贏得打賭之外，還狠狠地把過度自信的席德斯修理一番，此外還發生了兩件意外的事情，進一步證明巴菲特的觀點、也就是證明避險基金業的費用通常高得離譜，績效通常卻很糟糕。

首先，席德斯還沒有經過整整十年，就舉白旗投降了，到第七年底，他已經極度落後，以致於從數學上來看，他已經不可能贏得打賭，因此他不願意在理財上，再面對三年的羞辱，希望設法在二〇一七年底，優雅地退出。不幸的是，他不能稱心如意，這場打賭必須經歷整整十年，贏家才能收到賭金。

第二、到了第十年年底，成績的差距已經變得極為龐大，即使當初只是純粹根據績效來打賭，不考慮任何一方的費用，避險基金都遭到標普五百指數高達三〇%的差距碾壓。

其中的影響極為驚人。

如果你還記得，你應該知道巴菲特打賭的原始目的，是強調避險基金經理人收取的費用高得離譜，因此，不可能持續一貫地打敗大盤。這樣和避險基金經理人即使不收任何費用，也無法打敗大盤的說法大不相同。

你看出其中的差別了嗎？差別非常大。

但是結果很清楚。

因此我們現在要更詳細探討一下——從第一年開始探討。信不信由你，第一年實際獲勝的人是席德斯和他的一百檔避險基金。你從歷史的角度探究時，對這一點或許會覺得驚異，席德斯的初期勝利其實很有道理。我在這裡所指的是，打賭從二〇〇八年一月一日開始，這時離雷曼兄弟公司破產、引發全球金融海嘯才只有三個月。

隨著美國房市像氣球一樣爆破，全世界股市的價值紛紛暴跌，包括美國在內，沒有一個國家能夠豁免，金融海嘯在美國引發淒慘的亂象後，還把慘狀傳播到世界其他國家。

事實上，我在第三章中說：「過去四十年，這隻巨大吸血烏賊和華爾街其他銀行家搞到冰島破產、搞到挪威破產、搞到希臘毀滅、洗劫了波蘭。」華爾街當然不是靠武力脅迫別人這樣做，而是說服這些國家購買數十百億美元的問題房貸，這種房貸以大量融資的方式，變成了金融上的大規模毀滅性武器，這種大規模毀滅性武器配備了延時引信，定在二〇〇七年第三季同時全部爆發。

結果如何？

對股市來說，二〇〇八年是恐怖的一年，卻讓席德斯的避險基金大發利市。這一年裡，標普五百指數慘跌三八．五%，避險基金卻利用跟他們名稱相同的強項力量——避險，大幅減輕了自己的虧損。

這一年裡，避險基金平均只虧損了二四%，讓席德斯領先巴菲特十四．五%之多。

然後是第二年。

這一年裡，標普五百指數有別於道瓊三十種工業股價指數，實際沒有耗時二十六年才從大蕭條中復原，而是快速反彈回升，恢復緩慢、穩定而可以預測的攀升，這一點強調了一個你永遠不能忘記的重要教訓：

空頭市場通常都不會延續太久。

這一點確實是散戶和專業投資人最大的錯誤觀念，大家都誤以為空頭市場是漫長、緩慢、曠日持久的狀況，需要花非常久的時間，進行自我整頓。

實際上正好相反。

跌勢通常都很劇烈、很嚴重、而且極為痛苦，但是跟股市緩慢、穩定、一個世代之久的漲勢相比，跌勢並不會延續很久。事實上，從一七九二年前人簽署梧桐樹協議以來，股市緩慢、穩定上漲就像鐘表機械一樣可以預測。你從表一中，可以明確看出我的意思。

長期趨勢非常清楚。

股市緩慢而穩定的上漲過程中，會出現一系列嚴重、劇烈、持續期間短多了的下跌走勢。

因此，考慮到這一點，其後的每一年，勝利者都是股神巴菲特和他平凡的指數型基金，

表一：美股空頭市場與多頭市場平均長度

空頭市場			多頭市場		
開始日	結束日	經歷月數	開始日	結束日	經歷月數
Jan 1900	Jan 1901	12	Jan 1901	Sep 1902	20
Oct 1902	Sep 1904	23	Sep 1904	Jun 1907	33
Jun 1907	Jul 1908	12	Jul 1908	Jan 1910	18
Feb 1910	Feb 1912	24	Feb 1912	Feb 1913	12
Feb 1913	Jan 1915	22	Jan 1915	Sep 1918	43
Sep 1918	Apr 1919	6	Apr 1919	Feb 1920	9
Feb 1920	Aug 1921	17	Aug 1921	May 1923	21
Jun 1923	Aug 1924	14	Aug 1924	Oct 1926	26
Nov 1926	Dec 1927	13	Dec 1927	Sep 1929	21
Sep 1929	Apr 1933	43	Apr 1933	May 1937	49
Jun 1937	Jul 1938	13	Jul 1938	Feb 1945	79
Mar 1945	Nov 1945	8	Nov 1945	Nov 1948	36
Dec 1948	Nov 1949	11	Nov 1949	Aug 1953	45
Aug 1953	Jun 1954	9	Jun 1954	Sep 1957	39
Sep 1957	May 1958	7	May 1958	May 1960	23
May 1960	Mar 1961	9	Mar 1961	Jan 1970	105
Jan 1970	Dec 1970	10	Dec 1970	Dec 1973	36
Dec 1973	Apr 1975	15	Apr 1975	Jan 1980	57
Feb 1980	Aug 1980	6	Aug 1980	Aug 1981	12
Aug 1981	Dec 1982	15	Dec 1982	Jul 1990	91
Aug 1990	Apr 1991	8	Apr 1991	Apr 2001	119
Apr 2001	Dec 2001	8	Dec 2001	Jan 2008	72
Jan 2008	Jul 2009	17	Jul 2009	Mar 2020	127
Mar 2020	May 2020	1	May 2020	Dec 2022	30
空頭市場平均長度 = 十三個月			多頭市場平均長度 = 四十七個月		

應該不會讓人驚訝才對[23]。事實上，到第十年結束時，先鋒旗下的海軍上將標普五百指數型基金在扣掉所有的費用和開支後，創造了一二五．九%的整體報酬率，席德斯的避險基金創造的整體淨報酬率只有三六%。

績效的差距高達八九．九%。

此外，在避險基金所創造的所有利潤中，有高達六〇%的利潤，流入避險基金經理人或席德斯自己的口袋中。換句話說，席德斯和基金經理人得到數百萬美元的報酬，績效卻極為差勁，因此即使他們沒有從費用中拿走半分錢，他們仍然會以二九．九%的差距，輸掉這場打賭。

更糟糕的是，由於費用是在每一年的年底收取，因此會大幅削弱長期複合成長的影響，造成避險基金的績效進一步下降。例如，先鋒基金在這十年期間，平均複合年度報酬率為七．一%，眾多避險基金的平均複合年度報酬率只有二．二%。

實際上，這點表示，巴菲特的先鋒基金帳戶中的資金，每年都平均成長七．一%，讓他在下一年度多出七．一%的資金可以投資，創造了更多盈餘成長和更高每季配息的潛力。

因此，二〇一八年這場打賭終於結束時，投資在席德斯所選擇基金中的一百萬美元，只成長了二十二萬美元，但是投資在先鋒基金中的一百萬美元，卻增加了八十五萬四千美元。這種驚人的差距是下列三種重大力量聯手造成的：

1. 標普五百股價指數強而有力的歷史平均投資報酬率。
2. 先鋒基金極低的費用。
3. 長期複利成長的力量。

你甚至可以利用這三大力量，在很長的期間裡，把更少的錢，變成極大的養老儲蓄──其中的關鍵字就是時間。

23 原書註：巴菲特其後每一年的勝利中，只有一年例外，就是第五年裡雙方在統計上打成平手，雙方的報酬率大約都是十二．五%。

表二：複利的威力

Day 1:	$0.01	Day 11:	$10.24	Day 21:	$10,485.76
Day 2:	$0.02	Day 12:	$20.48	Day 22:	$20,971.52
Day 3:	$0.04	Day 13:	$40.96	Day 23:	$41,943.04
Day 4:	$0.08	Day 14:	$81.92	Day 24:	$83,886.08
Day 5:	$0.16	Day 15:	$163.84	Day 25:	$167,772.16
Day 6:	$0.32	Day 16:	$327.68	Day 26:	$335,544.32
Day 7:	$0.64	Day 17:	$655.36	Day 27:	$671,088.64
Day 8:	$1.28	Day 18:	$1,310.72	Day 28:	$1,342,177.28
Day 9:	$2.56	Day 19:	$2,621.44	Day 29:	$2,684,354.56
Day 10:	$5.12	Day 20:	$5,242.88	Day 30:	$5,368,709.12

時間是至為重要的神祕因素，能夠讓複利以看來神奇的方式運作，但事實上，其中沒有任何神奇魔力，只是基本的數學而已。

這種古老思維實驗有一個經典的例子，就是你拿出一分錢，然後每天加倍拿出，三十天內，你就會變成百萬富翁。事實上，我第一次聽到這件事時，並不相信，因此我真的拿出一支筆和一張紙，開始計算。

算到第十天，我告訴自己：「這樣絕對行不通，我現在只有十美元，時間已經過了三分之一，我怎麼可能變出一百萬美元？到了第二十天，我更相信這樣行不通。」

我告訴自己：「這件事完全是胡說八道！現在只剩下十天，我大概只有五千美元，我絕不可能變一百萬美元出來！」

然後，不可思議的事情發生了。

我進入第二十到第三十天時，數字開始急速躍升。

一直到今天，我都忘不了當時所看到的數字（見表二）。

我絕對嚇昏了。

我一定重複計算了十次，設法想出其中的隱含因素，但是其中沒有隱含因素。這是我第一次體驗複利成長，發現複利成長甚至可以讓最小的錢，變成一百萬美元。

連偉大的愛因斯坦，都對複利看來極為緩慢的爬升、然後突然扶搖直上天際的奇怪樣子，覺得興趣盎然，以致於把複利成長稱為世界第八大奇蹟。他還說過一句名言：「了解複利的人會永遠賺到複利，不了解的人會永遠為複利付出代價。」

他說的話百分之百正確、正反兩方面都極為正確。

1. 複利的力量大到不可思議。

2. 複利具有雙向影響，可以為你造福，也可以為你帶來禍害。

為什麼信用卡公司到月底時，極為希望你不付清全部欠款，你是否曾覺得奇怪？實際上，他們還真的祈禱你不要全部付清。

為什麼？因為未繳清的信用卡餘額，每天都要用複利來計算利息。

換句話說，每天結束時，前一天的利息會加在你超過三十天沒有繳交的全部未付餘額上，使全部未付餘額稍微加大，然後也使下一天必須繳交的利息金額略微加大。這種過程就是這樣緩慢而陰險的開始。但是，很快地，你就會摸不著頭緒，不知道你的鬼信用卡怎麼會欠這麼多錢，實際上，你這一年裡，只不過是買了一雙新襪子而已！

這就是可怕的滾雪球效應——小雪球慢慢地滾下山，每滾一圈，都會聚集一點點雪，使雪球的尺寸增加，雪球下一次滾動時聚集碎雪的表面積也跟著略為加大。起初，這點雪沒什麼大不了，因為開始時，雪球非常小，要經過相當多次的滾動，你才會開始注意其中的差異。但是，到了這個時候，雪球似乎突然之間變得極為龐大，大到可以撞倒滾動路徑上的一切人事物，包括你在內。

這就是你處在複利中不利一面的遭遇，你會在不知不覺中，變得身無分文、感到困惑，不了解自己的財務怎麼可能變成如此失控。不過，要變成這樣，其實不需要太多助力，只要讓長期複利確實運作的邪惡魔力，發揮對你不利的力量，就會出現這種狀況。

當然，就像愛因斯坦曾經指出的那樣，複利同樣也可以輕易地對你大有助益，就此而言，有三種變數會讓你完全利用長期複利的力量，甚至把開始時極小的投資，變成超大的巨額儲蓄。

1. **你投資組合的年度投資報酬率：**你的投資組合年度投資報酬率和複利率之間，有一種直接的關係。說明白一點，投資報酬率提高，會促使複利率提高，投資報酬率降低，就會促使複利率下降。就席德斯的情況來說，他二．二%的投資報酬率實在太糟糕，以致於幾乎完全抵銷了複利率的影響。相反地，巴菲特七．二%的平均報酬率在推動長期複利率成長上，卻綽綽有餘。

2. **你的時間跑道的長度：**複利成長的期間愈長，結果愈有力。經過夠長的一段期間後，你會到達所謂的最後階段門檻。這一點是你的投資開始呈現拋物線狀態的時候。以標普五百指數型基金而言，最後階段門檻大約從第二十五年開始，然後急劇加強。例如，在三十年內，期初才一萬美元的投資，價值會變成超過三十六萬五千美元，在四十年內，會變成價值一百二十萬美元*24。

3. **你承諾要做出額外貢獻的決心：**在已經體驗到複利好處的投資組合上，定期追加投資金額，好比是火上加油。用華爾街的術語來說，對現有部位定期追加小量投資金額的過程，叫做「定期定額投資法」。你把這種程序用在標普五百指數型基金之類的資產上時，這些資產會持續一貫地以平均十．三三%的年率複合成長，這樣在財務上產生的影響十分驚人。用上述相同的例子計算，如果你在一萬美元的原始投資上，每個月只增加一百美元，那麼三十年內，你得到的結果不是三十六萬五千美元，而是七十二萬三千美元，在四十年內，你得到的結果不是一百二十萬美元，而是兩百四十萬美元。其中蘊含的就是所謂的黃金三連勝的真正力量。

4. **黃金三連勝：**

- 標普五百指數每年十．三三%的歷史平均報酬率。
- 長期複利的力量。
- 定期追加額外的現金投入。

24 原書註：這種計算假設股息會再投資，同時假設標普五百指數，維持過去一百年內十．三三%的歷史平均報酬率。

你總是要記得，因為複利要花很長一段期間才會完全展現力量——絕大部份的利潤要在後期的門檻階段出現——你很難想像自己如果只有小量的資金可以投資，這種作法實際可以成功運作。因此你不但不採用這個已經獲得證明確實有效的策略，反而可能受到誘惑，聽信最新的股票明牌，以便迅速致富，或是受到吸引，利用融資，最後虧個精光。

這是大家一輩子都在理財上苦苦掙扎，繼續受到引誘，從事對自己不利投資的主要原因。大家因此不能像原來那樣養家活口，最後也無法舒服而有尊嚴地退休。

但是現在大家不必這樣過下去，至少不必再這樣過下去。

你可以收回自己財務前途的控制權，確保自己和家人過更好的生活。而且，這一切都從柏格創造的不收手續費、成本又低的標普五百指數型基金開始，這種基金甚至可以讓最沒有錢的投資人，利用黃金三連勝無可阻擋的力量，加上利用美國最大、最厲害、最賺錢五百家企業的共同力量。

事實上，你購買任何標普五百指數型基金的股票時，四種令人難以置信的事情立刻會出現：

1. 你立刻變成標普五百指數五百檔公開上市成份股中、每一檔股票的部分股東。
2. 你的投資組合變成十分多元、投資目前推動美國經濟前進的所有重要部門中的組合。
3. 你的投資組合變成分布全球的多元化投資組合，因為這檔指數主要由在全世界營運、三〇%營收來自海外的多國企業構成。

4. 你得到標準普爾公司三萬兩千名員工的服務，他們致力確保目前每一檔成份股，都值得留在這檔指數中。

你要付出什麼代價，才能獲得這種利潤豐厚的安排呢？

噢，這要看你選擇什麼指數型基金而定，但是如果你選擇我高度推薦、先鋒集團旗下的海軍上將標普五百指數基金，那麼年度費用只占你投資金額的〇．〇四％。以美元計算，這樣表示你每投資一萬美元，你每年只要繳交四美元的費用。沒錯，就是四美元而已。

聽起來好到令人難以置信，對吧？的確如此，但奇怪的是，這件事卻是真的。

事實上，事情還會變得更好。

你「擁有這檔指數」後，指數不再只是一堆閃閃發亮、滑過你電腦螢幕上的數字和字母，而是有權分潤美國五百家最賺錢公司實際獲利中、看來可能很少的一部分利潤。加總起來，這檔指數代表數以兆美元計算的價值，包括價值數千億美元的設備、存貨、專利權、著作權、商標、專利製程、以及允許原料和成品用具有成本效益的方式，在全世界流通的穩固供應鏈。

然後，你還會擁有這些公司經歷無數年的求才和招募，辛苦聚集的龐大人力資源。例如，這檔指數的五百家成份股公司在全世界一百五十個國家裡，總共僱用了三千兩百多萬人。其中很多人都擁有高深的學歷和專業訓練，不論這些人是以個人或團隊的身分，他們綜合而成的經驗都極為有價值，即使能夠找到人來取代他們，想要把他們換下來的話，一定要耗費千百萬美元和很多年的時間。

這支全球性的大軍日復一日，都努力地為你工作，每個人都是運作良好機器的一環，都在追求增加利潤和推動股東價值，這種努力最後都會反映在他們公司的股價上，反映在他們公司的股息金額多少上。

但是這樣只是開始而已。

除了標普五百指數代表的所有努力和創意之外，這檔指數還有一個重要特性，才能夠變成過去一百年裡極為可靠的投資標的，這個特性就是長久以來，構成這檔指數的成份股公司一直持續不斷變動。

其中的運作方式如下：

標準普爾指數委員會每季會集會一次，確保這檔指數能夠獲得下述成果：

1. 目前構成這檔指數的五百家公司中的每一家，都能夠繼續擔任該公司所代表經濟部門（譯注：類股）中最好的代表。

2. 這檔指數十大經濟部門中的每一個部門，和當前美國經濟結構的組成因素相比，都具有適切對應的相應權數。

例如，一九五七年標普五百指數第一次推出時，指數成份股的權數極為偏重工業公司，因為當時五百家成份股公司中，工業公司就占了四百二十五家，同時健康照護、金融、和資訊科技業者合計，也才只有十七家。

今天這檔指數的權重當然已經變成截然不同，三個最大的部門是資訊科技、金融服務和健康照護類股，原本主導指數的工業類股，現在已經淪落到處於墊底的位置。然後，處在兩者之間的公司，全都是消費產品公司——這種公司再分為必需消費品公司和非必需消費品公司——此外，再往下走的話，還有能源、不動產、公用事業和材料業者。

實際上，一家公司財務狀況不佳、或在所屬類股中相對代表性降低時，標普五百指數委員會會從相同的類股中，選出相關性更高的公司，取代原有的公司。畢竟，既然現在仍然把美國最大的輕重型馬車製造商，列為這檔指數的成份股中，已經毫無意義，那麼過去四十年裡，美國把製造業基礎移到中國和其他地方後，這檔指數仍然偏重工業公司，同樣沒有多少意義。

基本上，你買進標普五百指數時，你賭的就是整體美國經濟前途光明，同時事實已經證明，賭美國經濟前途光明，是經濟史上最可靠的押注。

的確如此，雖然美國經濟有著各種錯誤和失敗，事實卻證明美國經濟極有彈性，是世界其他國家的指路明燈。你可以回溯到一九二三年標普五百指數首創、一周只發布一次時，印出這檔指數的走勢圖表，自己看看這檔指數的長期績效。你可以把圖表貼在牆上，然後退後幾步，就立刻可以看出圖中明顯的長期趨勢是：

表三：標普五百指數交易歷史

（一九二三年至二〇二三年）

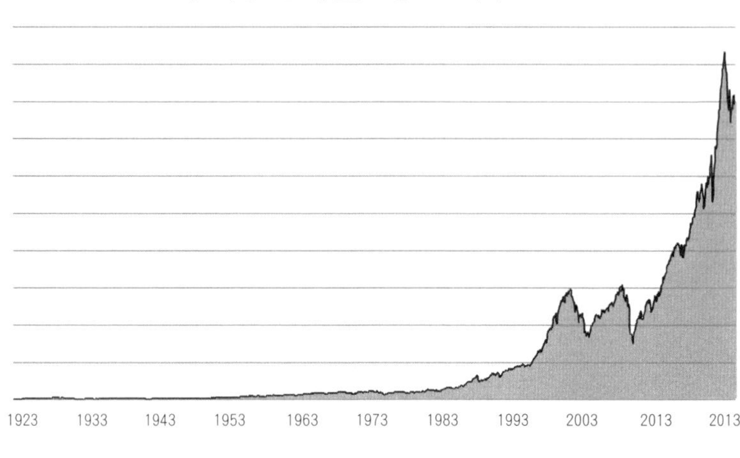

一路向上。

事實上，我會代勞這樣做，請見表三。

波克夏公司二〇一七年年報中，巴菲特在寫給股東的信裡，完美總結了這件事。他為了因應席德斯舉白旗投降這件事寫道：

> 這麼多年來，經常有人要我提供投資建議，我在回答過程中，學到很多跟人類行為有關的事情，我的例行推薦都是低成本的標普五百指數型基金。我那些只擁有少少資金的朋友值得稱讚，他們通常都會遵循我的建議。
>
> 然而，我相信，我提供同樣的建議給超級巨富、投資機構或退休基金時，他們當中沒有一個人會遵循我的建議，而是客氣地謝謝我的想法，然後離開，去響應收費高昂經理人的呼喚，另外還有很多投資機構，會去尋找另一種名叫投資顧問的超級幫手。

最後，巴菲特的建議可以歸結為四個簡單的問題，每一位投資人在考慮讓「專家」管理他們的資金前，都應該拿這四個問題先問自己：

1. 如果我自行管理自己的資金，我預期可以創造的合理年度投資報酬率是多少？
2. 如果我讓「專家」來管理我的資金，我預期自己的年度投資報酬率會提高多少？
3. 這種所謂的「專家」會收我多少的顧問服務費用？
4. 我把專家「據說」能夠提高的投資報酬率中，減去他們收取的費用後，讓他們管理我的資金還有意義嗎？

我們一項、一項的評估答案吧。

1. **如果你自行管理自己的資金，你預期會創造多少的投資報酬率？**既然你已經知道世界最厲害的投資法門，那麼你應該可以合理預期：今後標普五百指數會繼續維持過去一百年的績效，換句話說，你可以預期自己會創造大約十．三三%的平均投資報酬率。
2. **聘請所謂的「專家」來管理我的資金，我預期的年度投資報酬率會提高多少？**以下是發人深省的統計：任何一年裡，只有二五%的主動管理型基金，能夠打敗他們的對應基準指數，在十年期間裡，不但幾乎沒有任何基金能夠擊敗他們的對應基準指數，而且能夠創造這種神奇成就的基金，都不開放給一般投資人購買。
3. **這種所謂的「專家」會收我多少的顧問服務費用？**考慮過上述答案後，這些專家收太多錢了。

4. 我把專家「據說」能夠提高的投資報酬率，減去他們收取的費用後，讓他們管理我的資金還有意義嗎？答案是絕對沒有意義！

你懂了嗎？

我猜你現在懂了。

事實上，你看這本書看到這裡時，心裡應該已經十分清楚了。

然而，你開始看書前，很可能不是這麼清楚。

畢竟，華爾街賺錢機器在替投資人洗腦方面，做的極為成功，因此投資人都認為，主動型投資是最好的投資方法，他們應該留在牌桌上，繼續玩傻瓜的遊戲，像溫馴的綿羊一樣，羊毛慢慢地被剪光。

但是現在你已經了解世界上最厲害的投資竅門，你為什麼還要聽信華爾街賺錢機器、聽信他們自私自利的鬼話呢？換句話說，為什麼你或頭腦清楚的任何投資人，只要把錢投資在不收手續費、又追蹤標普五百指數的指數型基金，就能夠創造高出很多的績效時，還要考慮繳交費用給「專家」代為管理自己的資金呢？

沒有人會這樣做，對吧？你也不該這樣做！

現在我要再說一次，在你看這本書前，你可能有著「正當」理由，要讓「專家」管理你的資金。畢竟，如果你不了解世界上最偉大的投資技巧，你很可能體驗過一些非常差勁的報

表四：股票型基金與標普五百指數的投資報酬率比較

年度總報酬率（一年期除外）

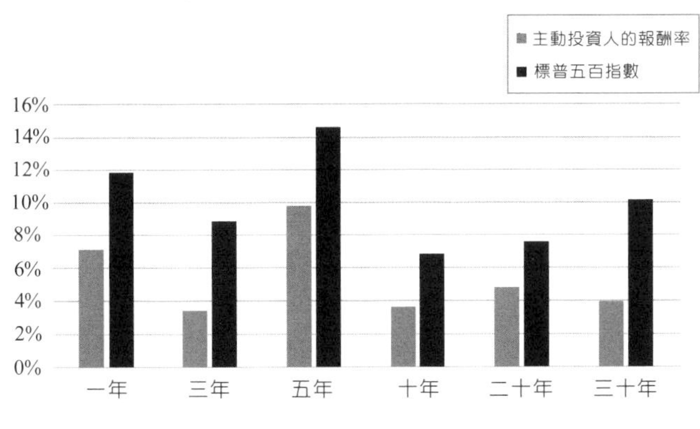

酬率。

事實上，過去三十年來，主動型投資人平均只得到四%的年度投資報酬率，標普五百指數的平均年度投資報酬率卻高達十一．八六%。此外，你可以在下圖中看出，即使在「主動型」投資人表現最好的年度，他們獲得的年度投資報酬率，仍然遠遠比不上投資低成本標普五百指數型基金所得到的「被動型」報酬率。

如果你把長期複利的力量加上去，這種額外的七．八六%可能帶來改變一輩子的差別——前提是你必須有耐心，等待最後階段的門檻來臨，好讓你投資組合的美元價值開始真正起飛。

說明白一點，以平均十一．五%的年度投資報酬率來計算，你只需要等待二十二年，就會看到最後階段的門檻來臨，體驗到冪數式的成長。這樣不表示你在這個過程中，得不到額外七．八六%帶來的財務利益。我的觀點是：要把金額相當小的資金，變成巨額儲蓄，需要花很多時間。你需要保持耐心，相信自己只要安然靜坐不動、什麼事都不做，複利的力量就會發揮金融魔力，讓你致富。

其中只有一個問題。

人類天生不是被動、而是主動型的生物；我們的遺傳把我們規畫為要和周遭環境互動，以便獲得我們想要的東西，改善我們的結果。這種活躍的本能深深植根在我們的DNA當中，而且在過去六萬年中，一直為我們帶來好處。

事實上，偉大的漢尼拔（Hannibal）將軍早在西元前二一八年就說過：「我們不是找出一條路，就是要開出一條路！」當時他指的是騎在大象上，跨越阿爾卑斯山，好對羅馬發動突襲。他的軍事顧問認為這件事不可能做到，但是他的認知不同，他知道人類只要願意採取重大行動，幾乎就能夠解決自己所想到的任何問題。

今天，漢尼拔的這句話已經成為勵志演說中的基本內容——強調採取行動、以便達成目標的重要性。這一點是我全心全意擁護的前提，還拿來在自己舉辦的活動中教導大家。然而，這個原本堅定不移的規則卻在投資方面，有一個至為重大的例外。

在投資上，採取重大行動卻完全是重大之至的慘劇。

這樣當然不表示主動型投資永遠不會帶來好處，投資人每隔一段時間，就會打出全壘打，體驗重大的多巴胺刺激，同時在財務上獲得報酬。但不幸的是，接著他們要再花二十年，追逐這種多巴胺刺激，因為他們會在這種過程中，把所有的利潤和另一些東西，全部虧掉。

重點是在投資方面，過度的行動根本沒有道理。雖然你顯然需要採取某種程度的行動，例如設定帳戶、選擇正確的指數型基金、從事適當的稅務規畫、採取一些我馬上會列舉出來的其他定期行動，但是你超越基本的行動愈多，你的成績會愈糟糕。

薩繆森用他獲得諾貝爾獎的論文——效率市場假說，說明了這一點。基本上，對於在成熟股市——如紐約證券交易所、那斯達克股市或世界任何其他主要市場——交易的股票來說，所有相關資訊都已經公布出來，因此都已經列入每一檔股票的股價考慮因素中。這一點使挑選個股、力求打敗大盤的作法變得特別困難，即使對世界上最成功的投資人而言，也是這樣。極為常見的情形是，持續不斷交易和資產轉換會產生弊大於利的效果，以致於就長期來說，被動型的低成本指數型基金是好多了的投資選擇。

因此，下面是一個顯而易見的問題：

既然事實已經毫無疑問地證明：過於積極會造成投資報酬率下降，為什麼華爾街仍然推薦這麼多的過度積極行動呢？

答案很明顯，這樣會為他們帶來多很多的鈔票。

以避險基金來說，他們過度活動背後的動機顯而易見，而且可以想見，就是他們需要證明自己的存在。畢竟，如果避險基金經理人的所有作為，只是買進標普五百指數，然後把股息再投資下去，這樣他們就要跟投資人收取二%的費用和二〇%的績效獎金，那他們要怎麼向投資人解釋呢？

他們無法解釋，他們一定會遭到懲罰，最後投資人會開除他們。

就股票營業員來說，他們的動機稍微有點不同，是因為投資人的交易活動愈熱絡，營業員主要收入來源的手續費就會愈多，兩者具有直接的關係，這種情況叫做炒熱市場，這種情形會

表五：在美國國內股票型基金市場上，被動型基金的市場占有率為五三・八％

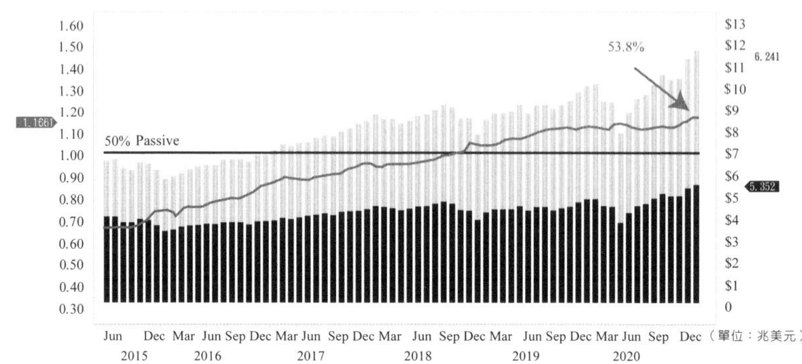

美國被動型國內股票基金管理資產：6.241兆美元
美國主動型國內股票基金管理資產：5.352兆美元
被動型國內股票基金與主動型國內股票基金比率：1.1661

來源：Bloomberg Intelligence

出現，是因為營業員的利益和客戶的利益並不一致。猜猜看，在這種情況中，誰會是最後贏家？是營業員。

現在必須說清楚的是，我不是說每一位基金經理人和營業員做一筆交易時，都是出於替自己謀福利。我知道很多營業員和基金經理人確實相信，他們的買賣對投資人會最有利，最後會帶給投資人高於平均水準的績效。但是到最後，一切都是癡人說夢，因為他們無法逃脫效率市場理論的數學現實，而且能夠打敗大盤的基金經理人的確極為罕見。

必須說清楚的是，走向被動投資的趨勢已經開始出現。

過去二十年來，主動型投資策略、高得離譜的費用、以及低於水準的報酬率出現急劇的轉變，很多人紛紛轉投被動型指數型基金陣營，享受這種基金帶來的長期平均報酬率、以及低得離譜的費用。

表五清楚說明這種說法。

目前標普五百指數成份股公司發行在外股票中，大約有二五％是由指數型基金持有，高於二〇〇〇年的三％，而且現在有幾十種指數型基金可以選擇。要再度感謝柏格理財福音的持續傳播，現在幾乎每一家重要基金公司，都提供自有品牌版本的低成本指數型基金，這些基金不但追蹤標普五百指數的績效，也追蹤其他著名指數的績效。例如，基金大型供應商先鋒、貝萊德、富達（Fidelity）和嘉信理財（Charles Schwab）等公司，都提供幾千種指數型基金，追蹤一切從大型股、小型股、政府公債、新興市場到各式各樣商品、以及重要經濟部門和介於其中的所有部門。

一般說來，你會發現這些基金都以下述兩種方式中的一種建構：

1. 共同基金
2. 指數股票型基金（ＥＴＦ）

這兩種基金非常相似，從他們匯集投資型證券的角度來看，這兩種基金讓你可以在一次簡單的交易中，立刻可以在某一種資產類別中，達成分散投資的目標。

然而，如果是共同基金，你只能透過發行這檔基金的投資公司買賣，如果是ＥＴＦ，卻是在集中化的股票交易所裡，像股票一樣買賣。

例如，以先鋒集團來說（他們同時提供共同基金和ＥＴＦ），如果你想買他們發行的一

表六：二〇二四年內，美國ETF管理資產和共同基金管理資產形成黃金交叉

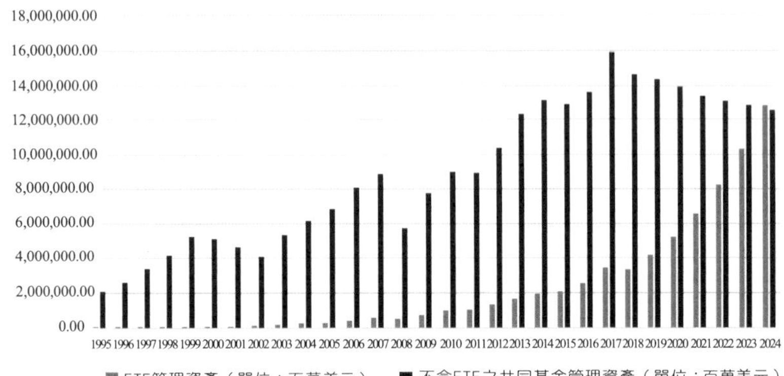

資料來源：ETF.com. 投資公司協會（ICI）資料

檔共同基金，即使你的營業員不是為先鋒集團服務，你的交易最後還是要透過先鋒經紀公司（Vanguard Brokerage Services）執行。在這種情況中，你的營業員必須去找先鋒集團，代表你執行這筆交易（而且可能為這種程序，向你收取一筆交易手續費。）相反的，如果你想買先鋒集團的有一檔ＥＴＦ，那麼不論你的營業員是不是在先鋒集團任職，都可以直接找上交易所，執行這筆交易。

此外，因為ＥＴＦ的股票是在公開市場中買賣，價格在整個交易日裡會不斷波動，而且只要市場開市，ＥＴＦ股票就可以交易。另一方面，共同基金只能在市場收盤、相關投資公司計算出基金的資產淨值後，才能買賣。

除了少數例外之外，兩種結構中的任何一種，應該都同樣適合你，不過，因為交易ＥＴＦ跟你買賣任何股票一樣簡單，這種特性卻使ＥＴＦ深受投資人歡迎。事實上，因為ＥＴＦ是在一九九三年才首次推出，因此成長可說十分驚人。

不管你選擇採用那一種結構，選擇指數型基金時，都有下列四大重點需要考慮：

1. **費用比率：**因為所有標普五百指數型基金都會有相似的績效，考慮基金的淨報酬率時，主要決定因素要取決於基金的費用。一般說來，指數型基金的費用比率應該極低、低到幾乎可以忽略，因為費用只用在基金的維持上，不是付給想要打敗大盤的高薪基金經理人。

2. **最低投資金額：**這點攸關期初投資和後續投資金額的大小。請記住，為了利用黃金三連勝的力量，你應該希望長期繼續在你的部位中加碼投資，因此你需要確定最低投資金額限制落在你的預算範圍內。

3. **其他金融商品的比率：**雖然你的投資組合大部分應該由標普五百指數型基金構成，所占比率卻不該達到百分之百。看你的情況而定，通常你會希望持有另外兩、三種重要部位，以便儘量提高你的報酬率、進一步降低你的風險*25。就這一點來說，選擇一個提供全方位投資產品的基金公司，協助你妥善建構投資組合，對你的確非常有好處。

4. **績效紀錄：**這點和基金的成立日期有關，和基金的績效無關，一檔基金的績效應該跟追蹤標普五百指數的所有其他基金相同。基金對投資人開放的時間愈久，就愈可靠，

25 原書註：在某些罕見的情況中，標普五百指數型基金會不適合放在投資人的投資組合中，最常見的原因是投資人的投資時間架構很短（不到一年）。我會在第十一章中，深入探討這一點。

不過地位穩固基金公司提供的較新基金，仍然可能是非常安全的選擇。

兩大結構中，那一種比較適於你？

答案是要看你的投資目標而定。

為了利用黃金三連勝的力量，共同基金的結構會略為勝過ＥＴＦ，原因有下面兩個：

1. 共同基金准許你購買零股，因此，你可以輕鬆的參與我在本章裡解釋的每個月定期定額投資方式（你每個月在帳戶裡加碼投資一百美元）。另一方面，ＥＴＦ要求你至少購買一股（目前平均價格為三百九十四美元），這點為希望經常進行小額投資的人，創造了重大障礙。

2. 共同基金讓你只要在一個格子裡打勾，就可以進行股息自動再投資。另一方面，ＥＴＦ要求你，以在公開市場加購ＥＴＦ股票的方式，從事股息再投資。雖然有些ＥＴＦ因為沒有能力提供零股，會自動替你從事股息再投資，你仍然可能碰到錢不夠買一股整股的相同問題（或買完股票後留下零頭金額的問題）。

因此，考慮到這一點，如果你決定採用共同基金，那麼你可以看看下面三個不會出錯的絕佳選擇：

先鋒集團的海軍上將標普五百指數基金：因為先鋒是業界歷史最悠久、規模最大的低成本指數型基金供應商，我仍然把他們當成最好的選擇。而且，他們除了提供標普五百指數型基金之外，還提供超過八百種的其他金融產品——大部分都打著市場上費用比率最低產品的名號——提供投資人建立充分多元化投資組合所需要的一切。

- 股票代碼：VFIAX
- 費用比率：〇．〇四％
- 股息殖利率：一．四九％
- 管理資產：六八六〇億美元
- 最低期初投資：三千美元
- 最低後續投資：五十美元
- 成立日期：二〇〇〇年月
- 網站：www.vanguard.com

富達集團的五百指數型基金：這檔超低成本基金沒有最低投資金額限制，而且費用比率甚至比先鋒集團的基金還低，讓你在每一個格子裡都可以打勾。而且富達集團像先鋒集團一樣，對投資人銷售範圍廣大的低成本金融商品系列，讓投資人可以進行多元化的投資。

- 股票代碼：FXAIX
- 費用比率：〇．〇一五％

・股息殖利率：一・二六％
・管理資產：三九九三・六億美元
・最低投資金額：〇美元
・成立日期：一九八八年二月
・網站：www.fidelity.com

嘉信理財公司的標普五百指數型基金：嘉信理財在費用比率和沒有最低投資金額限制兩方面，跟富達集團一樣，也是絕佳的選擇。

・股票代碼：SWPPX
・費用比率：〇・〇二％
・股息殖利率：一・五八％
・管理資產：五八三・八億美元
・最低投資金額：無
・成立日期：一九九七年五月
・網站：www.schwab.com

計畫更積極從事交易的人很可能基於下述原因，因而希望投資ＥＴＦ：

一、ETF像一般股票一樣，整天都可以買賣，相反地，共同基金只能在每天市場收盤後交易一次。

二、對短期投資人來說，ETF通常比較具有租稅效益，無論長期或短期，都可能產生高出很多的稅後報酬率。

如果你決定投資ETF，下面有三檔備受推薦、讓你不會出錯的選擇：

SPDR標普五百指數ETF：道富資本公司（State Street Capital）的這檔ETF，是市場上歷史最悠久、規模最大的ETF，專業交易員之間常常稱之為「蜘蛛」（Spider），雖然這檔ETF不再是市場上最便宜的ETF，長期而言，每天熱絡的成交量會轉化為較低的交易成本，因此如果你計畫從事積極的交易，那麼SPDR最後仍然可能是你成本最低的選項。

- 股票代碼：SPY
- 費用比率：〇．〇九五％
- 股息殖利率：一．六％
- 管理資產：三六七〇億美元
- 最低期初投資：一股（二〇二四年三月十二日價格為五一一．二八美元）
- 成立日期：一九九三年一月
- 網站：www.ssga.com

先鋒集團的標普五百ＥＴＦ：這檔ＥＴＦ雖然只有十年的交易歷史，但光是出自先鋒集團的事實，就使這檔ＥＴＦ成為絕佳的選擇。這檔ＥＴＦ具有足夠的成交量，可以滿足任何流動性需求，又是業界費用比率最低的ＥＴＦ之一，絕對應該視為首選的選擇。

- 股票代碼：ＶＯＯ
- 費用比率：○．○三％
- 股息殖利率：一．六％
- 管理資產：二六五○億美元
- 最低投資金額：一股（二○二四年三月十三日價格為四七○美元）
- 成立日期：二○一○年九月
- 網站：www.vanguard.com

安碩公司（iShares）的核心標普五百ＥＴＦ（ＩＶＶ）：過去二十年來，安碩公司不但是業界領袖，也由世界最大的資產管理業者貝萊德公司擁有，這檔ＥＴＦ費用比率低，每日成交量很大，因此是ＥＴＦ另一個絕佳的選擇。

- 股票代碼：ＩＶＶ
- 費用比率：○．○三％
- 股息殖利率：一．六％
- 管理資產：三○一○億美元

・最低投資金額：一股（二〇二四年三月十二日價格為五一四．〇四美元）
・成立日期：二〇〇〇年五月
・網站：www.ishares.com

最後，不管你選擇ETF，還是選擇傳統的共同基金，考慮兩者勝過其他因素的類似之處、也就是考慮只要購買一次，就可以立刻擁有美國五百家最大、最厲害、最賺錢的公司時，這兩種投資標的的差別其實相當小。而且標準普爾公司的指數委員會像老鷹一樣，嚴格監視每一家公司，準備換掉失去大家寵愛，或在所屬類股中代表性降低公司的情況下，就創造了投資天地中無可比擬的強力組合拳。

然而，雖然這種策略有力又有效，其中卻附帶了一個重要的警告，也就是你不應該把你的全部投資資本，都配置在上面。你必須讓你持有的資產更加多元化一些，才能建立一個真正世界級的投資組合，換句話說，這樣才能建立一個能夠得到最大長期利得、卻又冒著最少短期和中期風險的投資組合。

我在下一章裡會告訴你，到底你應該如何十分深入追求資產配置的科學和藝術，同時重回費南度和小胖妞的生活中。

因此，請你暗中觀察，拭目以待，看我怎麼指導我的小姨子和她先生，如何建構一個極為配合他們需要的世界級投資組合。

第十一章　費南度和小胖妞大力反攻

真是不可思議！

我的小舅子費南度仍然擁有金手指……

只是不再會點金成石了！

新公寓更大，餐廳更堂皇，地點更尊貴，景色真是太壯觀了，一切的一切都證明我小舅子的理財能力高超，在誤入吃人鯊魚充斥的短期交易和波段操作的水域後，仍然能夠恢復過來。我心想，對他來說，這樣太好了，對小胖妞當然也太好了。

現在是晚上八點多，我坐在他們全新公寓的餐廳裡，說明資產配置的程序。現在離那個決定性的晚上已經一年多，當時我設法了解費南度備受摧殘的投資組合，然後他們靠著費南度金屬製造事業的營收、加上小胖妞的不動產銷售佣金，能夠節省夠多的錢，購買這棟新豪宅。這棟公寓位在布宜諾斯艾利斯最精華的地段，占據一棟五十一層閃閃發亮拉絲鋁外牆大樓的第三十一樓，俯瞰拉布拉他河（Rio de Plata）河口的壯麗美景。克麗絲汀娜和我提早了

表一：標普五百指數與債券指數總報酬率比較

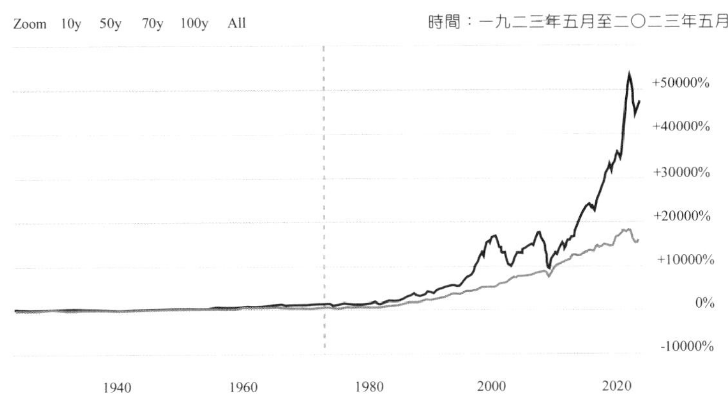

資料來源：美國聯準會經濟資料（FRED）

半個多小時就到了，這棟豪宅確實很壯觀。

我剛剛解釋了世界上最高明的投資方法，敘述了柏格怎麼把標普五百指數，變成可以投資的工具，讓一般散戶可以用低得可笑的成本投資，從而瓦解了共同基金業基礎的故事，基本上，這種東西是無可比擬的投資工具。

為了強調這一點，我向他們展示了表一，表中比較了過去百年內、美國債券市場和標普五百指數的報酬率*26。

其中的意義很清楚：

長期而言，投資美國最大的五百家大企業，得到的利潤遠遠高於投資高評等債券（簡稱投等債），兩

26 原書註：這張圖表的重點放在投資級債券上，發行人是政府、市政府和財務地位堅強、違約風險相當低落的企業。投資等級比較低的債券叫做垃圾債券（譯者補充：業界美其名為高殖利率債券），發行人是財務地位相當脆弱、違約風險高出很多的企業。為了補償這種比較高的風險，垃圾債券被迫支付比投資級債券高出很多的利率。

者之間每年的平均報酬率差距略微超過七．五%。我透過可愛的譯員妻子，對費南度和小胖妞說：「這樣你們就知道，考慮到長期複合報酬率時，七．五%會產生驚人的差距。例如，以你們的例子來說，考慮到你們的年齡和所得水準，等到你們準備退休時，彩虹盡頭可能輕輕鬆鬆就有數千萬美元等著你們。」

克麗絲汀娜突然停下翻譯，問道：「真的是這樣嗎？」

「當然是真的！要賺大錢，所需要的只是要有一點耐心——實際上是要非常有耐心，但是如果他們開始時，在預算所及的範圍內，在他們的帳戶裡投資十萬美元，然後每月增加一萬美元，那麼從現在起的三十年內，他們會得到一千三百多萬美元，在四十年內，會得到超過四千萬美元。」我停了一下，好讓他們理解我的話。「這樣當然是假設標準普爾指數會繼續維持長期平均值的漲勢，不過我認為，考慮到這檔指數過去一百年的表現，這樣還是相當安全的打賭。」

「哇，很好，」克麗絲汀娜動心地說：「嗯……，我希望我們也這樣做。」然後她聳聳肩，開始翻譯我剛剛說的話。

顯然她的翻譯很出色，因為十五秒後，費南度轉頭用西班牙語對小胖妞說：「就是這樣！我已經受夠了所有這些廢話，以後我們所有的錢，都要拿來買標普五百指數。」然後，他對小胖妞露出信心十足的笑容，小胖妞只是翻翻白眼、聳聳肩，好像是說：「我親眼看到才會相信。」

諷刺的是，不論費南度是否打算遵守他對小胖妞的承諾，他打算把全部資金投入標普五百指數的倉促決定中，都有一個重大問題，就是這樣做直接違反現代投資組合理論，大家從一九五二年起，就把這個理論奉為投資組合經理人的圭臬。

諾貝爾經濟學獎得主霍華·馬克維茲（Howard Markowitz）從創造這個理論起，幾乎就徹底征服了投資天地。

這個理論的基礎是兩個核心觀念：

一、所有條件都相同時，不論報酬率是高是低，投資人都比較喜歡讓自己暴險最低的投資組合。

二、跟投資組合中任何一種資產相關的風險，都不能憑空計算，因為這種風險會受到投資組合中其他資產的明顯影響。

接著，我們要分別討論這兩點。

一、所有條件都相同時，不論報酬率是高是低，投資人都比較喜歡讓自己暴險最低的投資組合。

想像以下這個情境：

你得到透過兩種方式，賺到十%預期年報酬率的機會，一種方式具有波動性和風險，另一種方式安全而穩定。

現在問你一個簡單的問題：你個人會選擇那一種方式？

答案顯而易見，你每次都會選擇安全而穩定的方式。

你的理由甚至更明顯：因為如果不是為了獲得比較高的報酬率，有那一個正常人會讓自己暴露在比較高的風險和波動性中？

答案是沒有人會這樣。

投資人如果能夠選擇，不論報酬率是高是低，總是會選擇風險最低的投資標的，這是簡單的邏輯。

二、跟投資組合中任何一種資產相關的風險，都不能憑空計算，因為這種風險會受到投資組合中其他資產的明顯影響。

我們估且把這種情境叫做「兩個投資組合的故事」：

在第一個投資組合中，兩個風險相同的資產類別，同時總是向相同方向波動的機率為五〇%；在第二個投資組合中，兩個風險相同的資產類別，同時總是向相反方向波動的機率也是五〇%。

現在問你一個簡單的問題：兩個投資組合中，那一個的風險比較低？

你的答案顯而易見：毫無疑問的是，第二個投資組合風險比較低。

你的理由甚至更明顯：因為在第二個投資組合中的兩種資產類別，通常同時向相反方向波動，向下檔波動的資產類別產生的虧損，至少能夠由向上檔方向波動資產的產生的利得彌補。

這是簡單的觀念。

現在請你回想一下第三章，華爾街把這些不同的資產類別，歸類為「不相關」的資產，其中最常見的例子是股票與債券。例如，整體股票市場上漲時，整體債券市場通常會下跌，其中的關鍵字眼是「通常」，換句話說，這兩種資產並非完全不相關，兩者偶爾會同時向同方向移動*27。就像美國聯邦準備理事會把利率壓低到接近零利率超過十年後，再從二〇二二年開始大力升息後的情形一樣。彷彿過度拉伸的橡皮筋，這兩種通常不相關的資產，猛烈反彈，開始同時向同方向波動，也就是同時走跌，造成無數投資人十分焦慮不安。

然而，這裡必須澄清的是，這個時點是規則中的例外。

如果你注意過去百年中的任何五年期間，你不會發現股市和債市有過同時下跌的時候，因此，一般說來，在管理投資組合風險時，股票與債券總是配合的很好。

就這點來說，資產配置中的兩大資產類別是股票和債券，再說現金和可轉讓定期存單（CDs）與貨幣市場基金之類的約當現金*28遙遙落後，是第三大資產類別，應該不會讓你感

27 原書註：分析師利用從正一到負一的浮動算法，說明各種資產類別的相關性水準，正一代表幾種資產總是同時向同方向移動，負一代表不同資產總是同時向相反方向移動。

28 原書註：在這種脈絡下提到的現金，不是你口袋裡的現金，而是存在銀行帳戶裡的現金或約當現金。

到驚訝才對。此外，還有其他資產類別，可以用來進一步改善風險，例子包括不動產、商品期貨、加密貨幣、私募基金和藝術品。

但是這裡要再度強調，股票與債券確實是兩大資產類別，在管理良善的投資組合中，這兩種資產所占的比率通常大約達到九〇％，兩種資產各自所占的比率，取決於每一位投資人的風險／報酬偏好。

例如，投資人如果希望降低投資組合中的風險（同時願意接受比較低的報酬率），那麼他們會降低股票與債券的比率，到達他們預期的風險／報酬比率為止。相反的，如果他們希望提高投資組合的預期報酬率（同時願意接受比較高的風險），那麼他們會提高股票／債券的比率（抵達他們期望的風險／報酬比率為止）。

這點也只是簡單的觀念而已。

事實上，正是這種簡單和彈性的結合，讓現代投資組合理論這麼能夠吸引投資人——也就是投資人只要調整投資組合中股票與債券的比率，就可以達成自己想要的風險報酬水準。

因此，我對費南度說：「我很欣賞你的熱情，但是不管標普五百指數過去的報酬率有多強勁，你仍然不希望把百分之百的資本，完全投資在上面；你會希望自己的投資資產能夠更多元化一些，我敢說，你們都聽過，不要把所有的雞蛋都放在同一個籃子裡，對吧？」

克麗絲汀娜停止翻譯，說：「當然聽過，這是西班牙的諺語，出自《唐吉訶德》。」

這時，小胖妞插嘴說：「不要把所有的雞蛋都放在同一個籃子裡，你對這一點有什麼看法呢，喬登？」

「太好了，」我回答說：「嗯，我想你們全都知道這種說法，我個人認為，沒有一句話比這句話更真確了，而且我不是只談投資而已，我談的是人生中的所有層面，例如，拿維多當例子，對了，維多在那裡呢？」

「就在你後面，」克麗絲汀娜說：「他正在玩iPad。」

我轉過身去，果然不錯，他就在那裡，坐在地板上，看著一齣西班牙語卡通。我盯著他看了一會兒，他每一個字都跟著唸出來，沒有漏掉半個音節，我覺得這個兩歲的幼兒好厲害。然後我轉身向著桌上說：「好，因此維多將來要上大學時，你們不會只申請一所大學、應該會申請一堆學校吧？好確保他至少有一所大學可上，對吧？這樣是簡單的邏輯，交朋友也一樣，你不會希望一生只有一個最好的朋友，而沒有其他朋友，為什麼？因為如果那種關係發生什麼變化，你就沒有其他人可以一起出去玩了。」我停了下來，好讓克麗絲汀娜能夠接著翻譯。

大約十秒後，費南度和小胖妞兩人都點著頭，表示同意，克麗絲汀娜也是這樣。我心想，太好了，就繼續說道：「總之，這一點我可以一直說下去，因為這一點極為重要，我的意思是以摩門教徒為例，其中一些混蛋擁有三妻四妾，而且他們對這種事情似乎都很滿意，更不要說讓幾億個精子追逐單一卵子在進化上的好處了……」我繼續分享我對摩門教一夫多妻制在生物學上優點的看法時，注意到內人的表情從困惑變成迷惘，再變成徹底的敵意。更糟糕的是，我還來不及阻止她，她就開始把我的話加油添醋翻給小胖妞聽。

幾秒鐘後，費南度開始哈哈大笑。

但是他才笑了一下，小胖妞就死命地盯了他一眼，他很快就笑不出來了。

然後他看看我，再聳聳肩。

為了緩和這種局面，我用和事佬的語氣對克麗絲汀娜說：「你們聽我說，你們完全錯過這裡的重點了。我想說的只是：標普五百指數雖然十分多元化，就指數的五百檔成份股來說，卻仍然完全由股票構成，而且整體而言，在一個籃子裡的股票通常都會齊漲齊跌……這就是我不希望你們把你們所有的雞蛋孤注一擲，放在一個籃子裡的原因！」我心想，太好了！我在一句話裡提到兩次籃子，我已經補救過了。然後我繼續說：「這就是我想表達的重點！你們只是斷章取義而已。」

克麗絲汀娜立刻狠狠地說：「我們可沒有斷章取義，是你後來說的話讓人反感。」她轉頭面向小胖妞，在我還來不及反應前，就把她剛才對我說的話，翻譯給小胖妞聽。

小胖妞用西班牙語表示同意：「說的對。」然後輕蔑地補充說：「不要把你所有的雞蛋都放在一個籃子裡。噢，拜託、拜託。」

「噢，拜託的很對。」克麗絲汀娜同意說：「那種話是廢話。」

「好吧，我懂了，告訴小胖妞我道歉。我們把摩門教徒忘了，回頭談資產配置吧。」

克麗絲汀娜跟小胖妞說了幾句話，卻引發小胖妞說了好像幾千個字一樣，實際上她很可能大約只說了二十幾個單字而已，可是我一個字都聽不懂。這對姐妹似乎陷入激烈的爭辯，而且好像要辯個你死我活一樣。最後克麗絲汀娜看著我說：「好吧，小胖妞原諒你了。」

我望著小胖妞，她現在現出滿意的表情，我們眼神交會，然後她點了一下頭。

「好吧，」我笑著說：「那這件事就過去了，那我們要繼續談……」於是我把接下來的幾分鐘，放在現代投資組合理論的觀念上，說明應該怎麼把兩種不相關的資產類別混合在一起，降低投資組合的短期風險，同時可能提高這個投資組合的長期報酬率。

「因此，雖然我不會建議你們把所有的資金，都投資一檔標普五百指數型基金，但是鑑於你們的年齡和所得水準，你們還是應該把大約你們八〇%的投資組合，放在那裡。另外二〇%應該投入高品質債券型基金。」我停頓了一下，考慮該怎麼說，然後道：「這樣是假設你們把足夠的生活用度，用現金的方式留下來，以備不時之需。你們應該保有大約六到十二個月的生活費用，如果沒有這麼多，那麼你們還是要從總資金中挪出一些來保留，再把剩下的錢分成八比二的比率去投資。」

「你是說真正的錢錢嗎？」克麗絲汀娜問。

「不是，不是綠色的美金，」我回答說：「尤其不是阿根廷披索，我認為，近來你們的年度通貨膨脹率大約是一〇〇%。問問費南度，看他知不知道是多少？」

克麗絲汀娜看看費南度，說：「費，現在的通貨膨脹率是多少？」

費南度聳聳肩說：「大致上大約是一五〇%。」

「天啊！」我喃喃說道：「這樣子真是太瘋狂了！你們要怎麼樣過日子呢？他們每天怎麼更改菜單上的價格呢？」

「每天改三次啊，」小胖妞輕快地說：「歡迎來到阿根廷，喬登！這是世界上唯一不能從銀行拿到房屋貸款的國家，但是如果你買電視機，銀行會提供你五年的貸款，一切都倒退了。」

有意思，我心想。這樣確實為住在這裡，又希望遵循現代投資組合理論的人帶來了挑戰。基本法則是撥出六到十二個月的生活費用，放在現金和約當現金中，以便為失業或一些其他不可預見、害你在短期內必須動用自有現金的狀況作準備。對於不必養家活口的人來說，六個月的準備很可能已經夠了；如果是有家要養的人，很可能必須把現金準備增加到接近十二個月。如果撥出的生活費用超過這些數字，可能就是太過小心謹慎了，因為如果他們碰到緊要關頭，總是可以動用投資組合中的其他資產。

如果是在美國，這樣做當然很容易，美國有很多融資方案可以選擇，而且通貨膨脹相對較低。但是，這裡是阿根廷，如果你把披索現金放在銀行體系裡，或是放在自己的床墊下，那麼每年到了年底，你的鈔票就會損失三分之二，不用說也知道這種選擇並不明智。

想到這一點，我只好說：「嗯，那樣有點糟糕！因此，鑑於這些問題，我認為你們要把所有這些事情做好的地方，是一家名叫先鋒公司的經紀商。你們要利用網路在那裡開戶一定會很容易，他們可以一站式處理所有需求，包括你們投資組合中的現金部分，你們還可以把現金放在他們的貨幣市場基金裡。」我停頓片刻，好讓克麗絲汀娜完成翻譯。「請告訴小胖妞寫下先鋒的名字，我希望她在那裡替他們開一個戶頭。我希望他們買的指數型基金叫做先鋒五百海軍上將級（Vanguard 500 Admiral Shares），這檔基金的股票代號是VFIAX，這檔基金絕對是最適合他們的基金，好嗎？」

克麗絲汀娜點點頭，然後開始翻譯。

幾秒鐘後，小胖妞開始在她的iPhone手機上，用長耳兔般的速度打字。她一打完，就說：「請繼續，喬登。」

「好的，小胖妞。」然後我轉向克麗絲汀娜說：「我希望他們買的下一檔基金是先鋒全債券市場指數型基金（Vanguard Total Bond Market Index Fund），而且還是要買海軍上將級（Admiral Shares），不是買投資人級那檔*29。」

「為什麼要海軍上將級？」克麗絲汀娜問。

「因為他們的費用稍微低一點，這樣表示，到了每年年底，費南度和小胖妞口袋裡的錢，都會多一點，而不是先鋒公司口袋裡的錢會多一點，不過，公平來說，他們所有的產品費用都低得離奇就是了。」

「如果海軍上將級是比較好的選擇，那麼為什麼不是每個人都買它呢？」克麗絲汀娜逼問道。

「這個問題確實很好，」我回答說：「答案是他們有最低投資限制，限制只有三千美元而已，但是對有些人來說，連這樣都有問題。」

「懂了，」她回答說：「我來解釋給他們聽。」

29編者註：在先鋒集團管理的共同基金中，有約百餘種分為面向大額、長期投資者的海軍上將級（Admiral Shares）與面向一般投資人的投資人級（Investor Shares）。差別在於前者的平均費用比率較低，但有最低投資額度限制，以本書作者舉的指數型基金為例，海軍上將級的最低門檻為三千美元。

克麗絲汀娜解釋時，我發現自己回想到去年的事情，尤其是……某一個特定時刻，小胖妞用冰冷的眼神盯著費南度的時候。此時此刻，這件事讓人覺得特別心酸。當時是因為費南度對九・七萬美元的交易損失，似乎表現出漫不經心的態度、認為這樣的損失並不是世界末日，小胖妞才會有那樣的反應。但是費南度會不太在乎，是因為他們相當年輕，而且賺錢的能力很強。今天坐在這裡，這棟豪華新公寓清楚證明了在某種程度上，費南度當時的想法正確無誤。但另一方面，這棟公寓裡的家具顯然不夠，也清楚證明了小胖妞的看法正確無誤，就是九・七萬美元的交易損失的確很驚人。事實上，我們剛到這棟豪華新公寓時，小胖妞已經以相當好笑的方式，解釋這裡沒有多少家具的原因，她說：「如果你們現在把我倒過來搖晃，也搖不出半毛錢來！」但是這樣說顯然有點誇大，畢竟，今晚他們邀我們來這裡，是因為他們希望重建自己的投資組合，因此他們的境況會差到那裡去呢？我心想，一定不會很差的。

「他認為在差距七・五%的情況下，你談到的黃金三連勝一定會受到傷害，他這樣說對不對？」

突然間，我意識到克麗絲汀娜正在問我問題，但是除了問題跟黃金三連勝有關之外，我完全不知道她的問題是什麼，因此我說：「他的什麼說法對不對？」

「他是問他的擔心對不對啦！」克麗絲汀娜逼問道：「他喜歡黃金三連勝，卻擔心債券會把他的報酬率拉低太多。」她停頓了片刻，好像是在考慮該怎麼說，然後才補充說：「我認為他就是這麼說，這樣有道理嗎？」

表二：不同股票／債券配置比率最嚴重虧損比率
（一九二六年至二〇一二年）

配置比率	最嚴重虧損	平均報酬率
100%股票	-43.1%	10.0%
股債比率8：2	-34.9%	9.4%
股債比率6：4	-26.6%	8.7%
股債比率4：6	-18.4%	7.8%
股債比率2：8	-10.1%	6.7%
100%債券	-8.1%	5.5%

「實際上很有道理，」我回答說：「這樣完全說得通。」

事實上，不但費南度的擔心非常有道理，而且還凸顯跟現代投資組合理論有關的最大誤解——你把一定比率的資本配置在債券上、規避經濟低迷的風險時，會害你投資組合的長期報酬率降低同等比率。換句話說，鑑於標普五百指數十．三三%的歷史報酬率，遠高於債券市場四%的歷史報酬率，那麼你從配置二〇%資產到債券上得到的下檔保護，豈不是會讓你的投資組合的年度報酬率降到你無法接受的水準嗎？

表面上，大家可能是這樣想，但事實並不是這樣演變。

因為你是用不相關的資產類別來避險，最後你在短期保護上，會得到不對稱的利益。換句話說，在配置任何比率的資產到債券上時，你投資組合的長期報酬率受到的影響，一定會遠遠不如你所得到的保護那麼大。

你在表二中，可以看到不同的債券配置在最差的年度裡，會為你的投資組合提供多少保護，以及對你投資組合的長期報酬率會有多少影響：

請注意，如果把二〇%資金配置在債券上，只會害投資組合的平均年度報酬率下降〇．六%而已，卻能夠讓年度最大虧損降低八％以上。如果把四〇％資金配置在債券上，只會害投資組合的平均年度報酬率降低一．三％，卻能夠讓年度最大虧損下降十六．五％。最後，如果把六〇％資金配置在債券上，只會害投資組合的平均年度報酬率下降二．二％而已，卻可以讓年度最大虧損減少三〇％。

顯然在這三種狀況中，和配置資本在債券上所得到的下檔保護相比，平均年度報酬率受到的影響相當微小。

現在需要澄清的是，我不是說你光是為了好玩，就應該在投資組合中持有債券，而是說，你的投資組合中應該持有的債券，既不該過多，也不該過少。

這樣就引出了一個價值百萬美元的問題：

什麼是適合你的正確資產配置計畫？

根據已故投資大師柏格的說法，基本原則是拿你的年齡作為指引。換句話說，如果你現在三十歲，你的投資組合中就應該配置三〇％的債券；如果你現在四十歲，就應該配置四〇％；如果你現在六十歲，就應該配置六〇％……。

但是，這當然只是起點而已。

要得到正確的資產配置計畫，包括你在內，每一位投資人都應該自己問下列四個問題：

一、我的財務目標是什麼？

二、我的時間架構如何？

三、我的風險忍受度如何？

四、我目前的財務狀況如何？

我們逐一來探討這些問題：

一、你的財務目標是什麼？

你必須記住，你幾乎一定會有很多個財務目標，而且你的資產配置計畫必須精確反映這一點。例如，你的主要目標可能是為退休儲蓄，但你也可能希望為一棟新房子繳頭期款，或是繳交子女的科學教育學費。也也可能想創立新事業，或乾脆買一輛新跑車或環遊世界，希望好好寵愛自己。

實際上，財務目標會有無數個，從最無私、最崇高到最自私、最頹廢的目標都有——但最後卻是沒有正確答案。錢是你的，你有所有的權利，做你想做的事情。只是關鍵的差別在於其中有些目標具有短期性質，你設計資產配置計畫時，必須把這一點列入考慮，因為債券遠比股票更適合比較短的時間架構，這一點會引領我們探討下一個問題。

二、你的時間架構如何？

為了精確回答這個問題，你必須回到第一個問題的答案，為你的每一個目標，訂出估

表三：不同時間架構中，正報酬率的頻率
標普五百指數前瞻年化報酬率

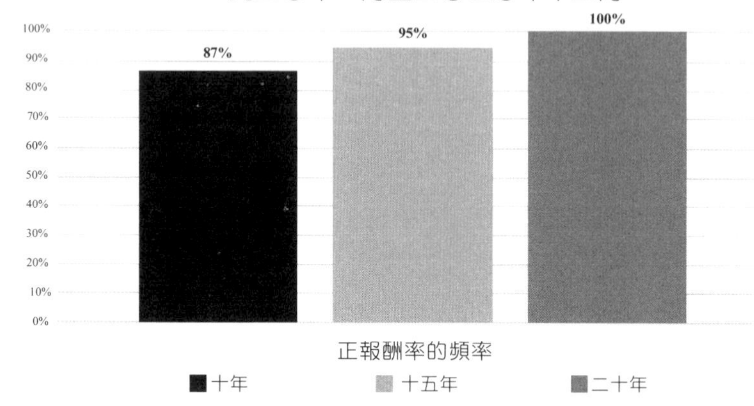

計的答案。例如，如果你的主要目標是為了退休儲蓄，那麼從現在起算，你計畫還要再過多少年就要退休。

你的第二和第三計畫要怎麼處理呢？

你希望購買新房子嗎？要繳納子女的教育費用嗎？要創立新事業嗎？

如果上述任何目標的實現時間離現在不到三至五年，那麼你一定要把這種目標考慮進去，要提高你的債券／股票配置比率。

請你看一看表三，這張表告訴你，過去一百年內的不同時間架構中，標普五百股價指數的表現如何。

這裡有幾件事情值得注意。

第一，一九二〇年至二〇二〇年期間，任何一個二十年期間，標普五百指數從來沒有出現過負報酬率，即使把大蕭條期間最差的幾年放進去一併考慮，仍然如此。

一九二〇年至二〇二〇年期間，任何一個十五年期間，情形也是如此。

但是任何一個十年期間呢？

呃，大部分時間裡，答案仍然相同，不過在大蕭條期間，曾經有過一個十年期間，標普五百指數下跌一％過。雖然那種情形絕對不是投資人希望看到的結果，卻不足以差到讓任何人跳窗自殺。此外，這個十年期間是例外。在其他的所有例子裡，標普五百指數都創造出正報酬率，十年期間的平均報酬率接近十一％。

但是一年期間的報酬率呢？

標普五百指數是否總是上漲呢？

不是，甚至還差遠了。

標普五百指數在績效最差的一九三一年裡，因為陷入大蕭條的困境，竟然下跌了四八％。更糟糕的是，這檔指數一九二九年時，已經重挫二〇％，一九三〇年內，又慘跌二五％，在這三年期間，總共暴跌九〇％。

為了澄清起見，這裡必須指出，這不是歷史上股市唯一連續多年慘跌的紀錄，同樣的情形在二〇〇〇年三月網路股泡沫破滅後，再度發生。偏重科技股的那斯達克指數在這三年期間，也慘跌九〇％，標普五百指數則形同腰斬，慘跌五〇％。

現在，你只要想像一下就好，如果你在網路股泡沫破滅前幾星期，把你所有的資金，都投入股市，但是哈佛大學剛剛錄取你女兒，你在兩年內，要繳交她的教育費用，請問你要怎麼跟她說？要說：「別擔心，本地的社區大學跟哈佛一樣好！」嗎？更糟糕的是——這是真實的故事——我有很多朋友決定不繳納一整年的預估稅款，而是把資金投入股市。噢，猜猜看結果如何？你猜對了，那一年裡，股市慘跌，他們繳不出稅款，神色嚴峻的國稅局官員跑來敲他們的門。

這是連續優股都不適合短期投資的原因，但是這樣不表示你不能擁有績優股；只是需要由足夠的債券或現金配置，來平衡其中的風險。

三、你的風險忍受度如何？

在某種水準下，談到資產配置時，這是你該自問的最重要問題，為什麼？因為如果你沒有正確回答這個問題，那麼下次股市慘跌時，你會發現自己處在悽慘的狀況中，或是正在設法抗拒在谷底恐慌賣出的衝動。這就是「睡眠測試」的用武之地（不錯，確有其事！）。

睡眠測試是怎麼回事？

簡單來說，就你投資組合現有的結構來說，如果市場暴跌，你晚上是否能夠安心睡覺？如果你的答案是不能，那麼對你來說，你現有的資產配置計畫沒有意義，你需要改變這個投資組合。

怎麼改法？

在不知道所有細節的情況下，我會說雖然歷史上債券的報酬率比較低，但提高你投資組合中債券對股票的比率，應該是個不錯的起點。否則的話，最後你反正會屈服在自己最糟糕的衝動之下，在下次空頭市場的底部，賣掉股票。

如果你認為我誇大其詞，那麼請你暫時遷就我一下，想像自己在二〇〇〇年三月一日那天，也就是網路股泡沫破滅前兩周，落入把全部投資資金，都投資在那斯達克綜合股價指數（Nasdaq Composite Index）的困境中。你為什麼會這樣做？好吧，首先你不可能知道會發生這種事情，尤其是在像吉姆．柯藍默（Jim Cramer）這種爛人告訴你，要你全力以赴，投資下去，因為這是看不到盡頭的強力多頭市場。現在你完蛋了！走投無路了！等著曬成人乾了！

一個月內，市場像石頭一樣下沉，而且一直持續下探。很快地CNBC商業台上的專家就改口說，盛宴已經結束，兇猛的空頭市場已經開始。更令人氣憤的是，最爛的爛人柯藍默裝作他並沒有在上個月裡，才叫你把所有的資金，全部投資股市，反而改口說，像你這樣的投資人袖手旁觀一段時間，可能是好多了的作法，因為情勢看來非常危險。但是你不能袖手旁觀，你已經因為遵循這個爛人的建議，把錢全部投進去！因此，你現在應該怎麼做才好呢？

或許你一開始會保持堅強，但是，天啊，情勢惡化，股市繼續下跌。到第一年結束時，你的資產已經大減二二%。

你絕對是大吃一驚。

你的財務陷入困境，你的情緒崩潰，壓力大增，看不到盡頭，但是市場不可能永遠暴跌下去，不是嗎？

嗯，是啊，這點取決於你對永遠怎麼定義。

還記得前幾頁的圖表嗎？

對大部分人來說，股市裡「永遠」的定義，跟他們的淨資產中虧掉了多少錢成反比，說明白一點，這個比率愈高，「永遠」會變得愈短。因此在狂跌的空頭市場裡，凡是超過六個月的時間，對大部分人來說，似乎都可能是永遠，因此，最後他們會把股票賣掉。

懂得我的意思了嗎？

最後，具有極高風險忍受度的投資人的確很少，因此很少人能夠把所有的錢都投入股市，承受那種跌勢，卻不緊急叫停。事實上，我記得自己至少接到十多通親密好友的電話，他們都在網路泡沫破滅前幾個月，把所有資金投入展翅高飛的那斯達克類股，我看著他們一個接一個地，在股市底部出脫持股。他們的風險承受度只有這麼一點點，然後他們就會說：「媽的，我寧可在還有一些錢可以拿回來的時候，勇敢接受這種慘劇，也比看著市場繼續下跌好，這種悽慘狀況不是我的菜！」於是他們就像這樣，在底部恐慌拋售，幾乎虧掉一切。

相反地，我有一些朋友的投資組合風險比率比較適當，承受的損失就沒有那麼糟糕，因為他們擁有的債券有助於緩解衝擊，因此在他們仍然承受帳面上的虧損時（在網路泡沫破滅後，每一個投資組合都是這樣），他們經歷的損失遠遠沒有這麼慘重，以致於他們要克服自己的情緒問題容易多了。因此，最後他們都能夠熬過這場風暴，等待市場反轉，結果市場的確反轉回升！只是這樣需要一點時間——就那斯達克指數來說，需要五年，就標普五百指數來說，需要三年——但是情況總是這樣，市場趨勢總是向上走的。

四、你目前的財務狀況如何？

這一點會以幾種不同的方式，影響你的資產配置計畫。例如，如果你的年收入很高——假設是一年一百萬美元以上好了——那麼，你要應付跟以股票為重心投資組合有關的持續波動，就會容易多了。畢竟，如果你有能力快速恢復你目前經歷的任何（帳面）虧損，那麼你要長期堅持下去，就會容易多了，而不是在下一次的重大跌勢中，因為恐懼而恐慌賣出。

從某個角度來看，這就是費南度能夠胡亂投機，晚上卻仍然好睡的原因。他心裡知道，他的年所得會保護他，免於遭受投資組合價值歸零這種最可怕的痛苦，因此，他賠錢時雖然煩惱，晚上躺在床上時，卻不會流著冷汗，自言自語說：「我現在該怎麼辦？我會沒有錢買東西給家人吃，我們最後都會流落街頭，他們會收回我兒子的iPad！」

相反地，他可以安然看待自己的虧損，對自己說：「噢，這樣真的很糟！今年我必須格外努力，賺回我虧掉的錢，如果我想買能夠俯瞰拉布拉他河口壯麗美景的那棟豪華新公寓，我尤其應該這樣。」

你看懂我的意思了嗎？

反之，如果有人勉強能夠維生，在財務上搖搖欲墜，那麼這種人將來碰到空頭市場時，在恐慌之餘賣出股票部位的可能性會大多了，因為他們經歷的（帳面）虧損，對他們的影響會大多了。

或者投資人達到極為富有的地步時，他們的主要目標通常會從報酬率的極大化，變成維護資本。換句話說，他們會變得比較不關心能夠賺多少錢，比較關心會虧掉多少錢。這樣非常有道理，畢竟，極為富有的投資人可以把他們所有的錢，都投入高品質的債券型基金裡，就可以無憂無慮光靠利息過活。這樣不表示大部分富有的投資人會這樣做，事實上，他們不會這樣做，絕大多數富有的投資人會選擇平衡型的投資組合，但是投資組合會比較偏重債券、偏輕股票，以便確保資本的保存。

然後，在整個範圍的另一端，是一個常見多了的景象，就是相當年輕，才加入勞動力大軍沒幾年，前途看好的投資人。這種人必須考慮自己做的是什麼工作，工作提供什麼型態的退休福利。例如，如果他們在大企業服務，大企業設有積極的401（k）計畫，提供相對等的退休金提撥，那麼他們在怎麼配置自己投資組合中的其他部分時，就可以比較積極一些。反之如果他們是自力營生的人，或是連續創業家，那麼他們在制定退休計畫上，很可能會希望保守一點，因為他們除了才智和意志力之外，沒有其他東西可以依靠。

關鍵在於既然你已經了解現代投資組合理論背後的觀念，你該做的事情就是回答四個問題中的每一個，而且你會發現建立完美的投資組合十分容易。

為什麼？

因為這個投資組合中，至少九〇%是由兩大核心部位構成：

1. 一個低成本的標普五百指數型基金（我已經跟你解釋過了，已經覺得煩了。）

2.一個低成本的投資級債券型基金（我等一下會跟你解釋。）

在華爾街自己的遊戲中打敗他們，就是這麼簡單。

你該做的就是不要讓事情複雜化。

現在我要回頭談一下「無聊的老債券」，填補一些空白。

值得慶幸的是，我已經告訴過你債券怎麼運作的基本知識，也說過債券比股票安全的原因，因此我現在可以直接切入主題，殘忍而誠實說明在挑選債券方面，這些狡滑的債務工具的真正本質和股票相同，就是想要挑選個股進行波段操作，是愚蠢的想法，想在債券上這樣做，甚至更愚蠢。事實上，這樣做是自取滅亡，其中有三個主要原因：

1.債券極為複雜，要花多年的研究，才能完全掌握其中的微妙差異，而且，即使是這樣，其中還是充斥容易錯過、最後害你付出高昂代價的定時炸彈和地雷。是誰把所有這些定時炸彈和地雷放進去的呢？當然是華爾街賺錢機器，他們為什麼要這樣做呢？原因就是要親自害你！因此別讓他們害了。

2.專業債券交易員的殘酷早已惡名昭彰，他們會為了多賺一毛錢，高興地把你的眼珠子挖出來，然後回到他們的豪宅裡，像嬰兒一樣安心睡覺。業餘投資人想要跟他們對作，幾乎肯定會以淚水結束，他們還會很高興他們害你哭了。

3.成本超低的高品質債券型基金很多，買進或賣出都不收手續費，又方便購買。既然世界頂尖的基金公司願意以接近免費的方式，雙手奉上由專家挑選的債券投資組合給你（你也可以為這一點感謝柏格），那麼你或任何人到底為什麼，要設法自行挑選個別債券呢？答案是你不會，所以別這樣做！

例如，先鋒全債券市場指數型基金海軍上將級（VBTLX）是時間架構超過五年投資組合的完美解決方案。這檔基金的費用比率只有〇．〇五%，大約持有六千檔投資級債券，平均到期日為五年。如果你的投資組合時間架構低於五年，那麼先鋒短期債券指數型基金海軍上將級（VBIRX）就會適合多了，但是這檔基金持有的債券平均到期日比較短，因此平均年度報酬率約低了三三%（VBIRX為二．一九%，VBTLX為二．九五%）。

對於時間架構超過五年，又比較喜歡先鋒公司產品以外解決方案的人來說，標準普爾投資組合總和債券ＥＴＦ（SPDR Portfolio Aggregate Bond ETF，SPAB）和嘉信理財美國總和債券型基金ＥＴＦ（Schwab US Aggregate Bond Fund ETF，SHCZ）都是完美的選擇。對於時間架構低於五年的投資人來說，標準普爾短期公司債ＥＴＦ（SPDR Short-Term Corp Bond ETF，SPSB）和安碩公司的核心一到五年美國債券ＥＴＦ（iShares Core 1-5 Years US Bond ETF，ISTB）會是適合多了的選擇。

這裡需要說明的是，除此之外，還有其他健全的選項可以考慮，我剛剛提到的選擇，只是一些評價最高的選擇，我不想拿整個冗長的名單來煩你，因為你可以造訪晨星公司的網站，上面的選擇之多，足以讓你頭昏腦脹。你只要隨時記住，投資任何指數型基金，成功的關鍵是非常低的費用比率、以及買進和賣出時不收手續費。只要你的選擇符合這兩點，而且你是從評價較高債券型基金名單中選擇投資標的，那麼你想出錯的話，也會很難。

如果你覺得奇怪，我為什麼沒有談到一些比較「深奧」、名叫高收益債券（又名垃圾債券）、免稅市政公債、非美元債券、抗通膨公債（TIPS）之類的債券呢？原因如下：

1. 因為垃圾債券具有風險，在你的投資組合中持有債券，目的是避險，那你為什麼還要在投資組合中持有垃圾債券呢？事實上，垃圾債券比較像是股票，比較不像優質的債券，因此跟你購買垃圾債券的目的非常不合。這就是我建議讓專業債券交易者去處理垃圾債券，你不必浪費時間的原因。
2. 在某些情況下，購買市政公債確實有道理，因為市政公債在所有債券中，是最有租稅效率的債券（市政公債豁免聯邦稅、州稅和市稅）。然而，天下沒有白吃的午餐，市政公債像所有其他投資工具一樣，提供你非常高殖利率的市政府不是出於好心，而是不得不這樣做，這樣表示這些市政府很可能即將破產，或是處在近似狀況中。我的建議是不要在市政公債上浪費你的時間。
3. 非美元票面債券借用外幣償還你的本金和利息，這樣表示，除了這種債券的信用之外，你還要擔心貨幣貶值的問題。換句話說，因為本金和利息是用外幣清償，如果那種外幣對美元的價值下跌，你會怎麼樣？答案是你最後兌現這種債券時，外幣貶低的價值會吃光你額外得到的利息收入，還綽綽有餘。因此，我的建議還是避免這些閃閃發亮的外國貨。

4. 抗通膨公債實際上是相當好的交易，而且在某些投資組合中贏得了當之無愧的地位，但是在你的投資組合中可能並非如此。實際上，這樣說並不公平，我想表明的重點是，在你接近擁有非常鉅額財富時，你很可能希望細分你的投資組合，以便納入若干抗通膨公債。在達到這種階段前，我應該不會擔心這件事。抗通膨公債的運作方式是根據通貨膨脹火熱和冷淡的程度，調整利息和（最後）本金的給付金額。長期而言，抗通膨公債的報酬率會略高於非抗通膨公債，但是高出的幅度極小，以致於到最後，除非你的投資組合極為龐大，否則以美元計算的利息差額，不會產生太大的影響。

因此，總而言之，雖然你有很多種債券可以選擇，絕大部份都不值得你考慮，因為這些債券都不會提供你額外的好處，除非你是華爾街賺錢機器的幸運成員，一開始就把髒手伸到這些債券上，而且收到龐大的承銷費用，必須說服一些可憐又沒有戒心的人購買這種債券，否則還是不用考慮。換句話說，你最好堅持一種簡稱KISS、字面上是「力求簡約直白」（Keep it simple stupid.）的作法，意思是：「你需要盡力讓這件事變得簡單到愚蠢的程度。」另外這句話也可以代表「力求簡單，笨蛋！」，意思是：「聽好了，你這個愚蠢的白癡！你可不可以不要毫無來由地把事情搞的複雜化，只要力求簡單就好了？」

不論怎麼解釋，說到選擇債券型基金時，你的目標應該是儘量力求簡單。其實這件事就是這麼簡單。

那麼，考慮這些事情後，怎麼樣才是你正確的配置計畫呢？

答案是——我不是要打迷糊仗——這件事要看情況而定。

例如，如果你問不想坑殺你的財務顧問，他們會告訴你，最常見的資產配置是股票占比較多的六十比四十配置。

但這只是起點而已。

從這裡開始，你可以考慮柏格的公式——你投資組合中債券的比率應該跟你的年齡相同；而且最重要的是要看你怎麼回答這四個問題中的每一個。結合這三種因素，加上一些健全的常識後，要提出適合你的目標、時間架構和目前財務狀況的配置計畫，應該就不會太難了。

例如，拿費南度和小胖妞來說，我是怎麼得出八十比二十的比率呢？

答案是科學、藝術和猜測兼而有之。

科學的部分是從六十／四十的比率作為起點，然後考慮到他們相當年輕，又有高所得，因此把他們的配置比率提高為七十／三十；藝術的部分是考慮到費南度的風險忍受度高於平均水準，而且我個人認為，按照他的性情，他不是那種在投資組合中配置比較多債券而不會焦慮的人。猜測的部分是建議費南度，從最上方拿掉五個百分點——意即把股票和債券的配置比率各降低五個百分點——好讓他可以繼續投機。

我最後這一點建議的推理很簡單：

費南度喜歡投機，他樂在其中，不過他的投機歷史表現很糟糕。

但是，嘿，其中沒有什麼不對的地方，不是嗎？人生理當充滿樂趣的，不是嗎？

此外，我擔心如果我告訴費南度，擁有適當的投資組合，同時仍然能夠投機，是彼此會互相排斥的事情，那麼他當時一定「什麼都答應」，然後會開始覺得焦慮不安，並且開始投機。此外，一旦他開始這樣做，他很可能會開始配置更多的資金下去，且採用的策略會比我從一開始就把投機納入整體資產配置計畫中還更看不見出路。

因此我從中得出下列方案：

只要九五%的投資組合能夠正確配置，那麼你或任何其他投資人用另外五%的資金，從事一些健全的投機，就絕對沒有不對的地方。就費南度這個例子來說，我藉著告訴他一個叫做「基礎交易」的短期交易策略，因而能夠把配置比率，調整到對他更為有利的地步，我會在本章稍後，跟你分享這個策略。

但是，首先我希望你快速瀏覽表四。

表中為三種不同風險忍受度的不同年齡群組，訂出不同的資產配置計畫。要訂出比這張表還細緻的計畫，基本上是沒有什麼可能，因為要個別處理每一種情境的話，涉及的變數和細微的差異實在是太多了。

因此，這些例子只是起點，你可以根據你的年齡和你怎麼回答四個問題的方式，量身打造出自己的配置計畫。

表四：不同風險忍受度與不同年齡投資人資產配置計畫

一般投資人	股票	債券
年輕	80%	20%
中年	60%	40%
退休人士	40%	60%
退休末期	20%	80%

保守投資人	股票	債券
年輕	70%	30%
中年	50%	50%
退休人士	30%	70%
退休末期	10%	90%

積極投資人	股票	債券
年輕	90%	10%
中年	70%	30%
退休人士	50%	50%
退休末期	30%	70%

這裡必須指出，你制訂出來的正確資產配置計畫並非一成不變，你偶爾必須重新檢視，以便確保這個計畫仍然適合你。如果計畫不再適合你，你就必須做出相應的調整。

用華爾街的術語來說，這種定期調整投資組合中資產比率的過程，叫做再平衡，就像華爾街的大部分事情一樣，他們刻意把這件事情複雜化，作法是在所有不同的方法上，貼上花俏的標籤，還推出極多的不同變異，害得一般人驚慌失措，只好決定聘請原來就是華爾街賺錢機器成員的「專家」來幫忙，然後他們就可以吃死你。

下面是你的因應之道：你不需要聘請任何人來做這件事。

再平衡的黃金法則是：少就是多。

就是這樣而已。

華爾街當然會拋出動態資產配置、戰術資產配置之類胡扯八道的花俏名詞，設法說服你。

下面是我的建議：你希望儘量少檢視你的資產配置計畫（但是不能從來不檢視），以便避免成為自己被動管理型投資組合的主動管理型基金經理人，了解嗎？因此，請你放輕鬆！吃一顆傳說中的定心丸。你可能可以等到下一次的定期再平衡，除非你的人生中發生了重大事件，徹底改變了你對這四個問題的答案。如果不是這樣，你應該一年至少再平衡一次，但是不能超過兩次，超過這樣就是過分行為，你可能冒了無意間變成主動管理、而不是被動管理的風險。

然而，碰到該再平衡的時候，你必須檢討兩個主要事項：

1.考慮你目前的目標、時間架構、風險忍受度、財政狀況後，判斷你現有的資產配置計畫對你是否仍然有意義？如果答案是肯定的，那麼你不需要進行任何改變，你可以讓事情照現在的樣子繼續進行。然而，如果你對上述任何問題的答案是否定的，那麼你很可能需要調整股債的相對比率，讓你的配置再度對你產生意義。

2.你的資產類別中，是否有一項資產的獲利（或虧損），造成你現在的股債比率不再能夠反映你原始的配置計畫？例如，假設標普五百指數剛剛創造了輝煌的一年，你的資產增加了三〇％，噢，你猜猜看，這樣會對你投資組合的股債相對比率，產生重大影響——說明白一點，根據你原始的資產配置計畫，你現在的持股所占權數會過高，債券所占的權數會不足。因此，你該怎麼辦？噢，一般說來，我的建議應該是有疑問時，什麼事都不要做，為什麼？因為每次你買賣什麼東西時，都可能產生費用和稅負；因此，除非你認為你的比率真的有問題，到了不能再滿足你的財務目標、時間架構和風險忍受度的程度了，否則我會寧可慎重其事，也不採取任何行動。請記住，這裡的目標是儘量保持被動，讓時間來完成繁重的任務。

此外，還有一件事值得注意，就是學術研究顯示，雖然投資組合長期報酬率變化的九〇％，取決於投資組合的資產配置，股債比率朝任一方向變動五％，都不會產生什麼影響。事實上，木工領域有一句老話用在這裡十分恰當：

「要測量兩次、要一次就切好。」

換句話說，一開始時，要真正花時間去制定正確的資產配置計畫，不要急就章，要誠實、坦率回答所有的四個問題，以便你第一次就得到正確的百分比。然後，一旦你下定決心，選擇構成你大部分投資組合的兩個核心指數型基金後，你就要放輕鬆、坐下來，不要在其中一個部位偏離幾個百分點後，就開始發瘋。這種情況很正常，是預料中的事情，如果你只是袖手旁觀，無所事事，最後一切都會平安無事。就是不要再陷入選擇個股、設法進行波段操作的血腥死亡螺旋。

談到死亡，那我在進入健全股票投機的狂野世界前，要快速談一談人生中另一件不愉快卻很確定的問題，也就是稅負問題。

我現在要給你的建議很簡單：你應該盡你所能，在不違法的情況下儘量少納稅。到底要怎麼做到這一點，解釋起來就複雜多了，但是並非因為策略本身很複雜。

事實上，策略並不複雜，實際上反而相當簡單。複雜的是本書會在很多國家出版，而且每個國家都自有一套稅法和退休帳戶，讓本國公民至少避免繳稅一段期間、並且希望能夠永遠避稅。

請不要弄錯，這個問題至為重要。

關鍵是你持有投資部位的帳戶是什麼型態，對你的稅後報酬率，會有重大影響，稅後報酬率又會轉化，對你的長期複合報酬產生更重大的影響。以美國為例，美國人有個人退休帳戶和401（k）計畫；澳洲人有超級基金帳戶，德國人有叫做退休年金的東西，英國人有……，只有天知道的東西。我的看法是：在一個特定國家有道理的稅務策略，到了另外一個國家，卻可能毫無意義，因此，我為了不做「醜陋的美國人」——不假設每一個住在美國的人都必須在美國納稅，我要避免在下面幾頁裡，討論跟投資帳戶有關的美國稅法，卻把世界其他國家的人放在一旁晾乾。反之，我要提供你整體的建議，希望這種建議對每一個人都有價值。

1. 你決定是否應該把一檔共同基金或ETF，放進應稅或租稅緩課帳戶帳戶裡的時候，應該考慮的最重要事情是：你的投資組合中每一檔基金的相對租稅效率。你深入研究這個問題時，可能會發現，其中一檔基金的租稅效率顯然不如其他基金。你想到考慮這一點時，因為你可能只把有限的資金，放在租稅緩課帳戶裡，這時你一定會希望把最沒有租稅效率的基金，放在裡面，以便沖抵較高的稅額。然後把你所持有租稅效率最高的基金，放進你的一般帳戶裡（假設你已經用光放在租稅緩課帳戶裡的金額）。*30

2. 我要在下一章裡，詳細談論分屬不同類別、卻都會積極引誘你回到腐敗賭場，以便把你害到脫褲的一些人。其中一種人叫做財務規畫專家；天啊，儘管我不太樂意承認，但他們確實在某些事情上師出有名，其中之一就是租稅規畫。因此除非你絕對確定，你確實完全了解所在國家跟你節稅最多有關的最新稅法，否則的話，我還是要建議你，要諮詢你所在國家的合格財務規畫師——前提是你要遵守我列在下一章的安全準則，以便跟華爾街賺錢機器的成員打交道。

接下來，我們要略為聊聊健全的投機。

為什麼這一點這麼重要？或者說的精確一點，投機真的重要嗎？

答案是重要與否要取決於個人。

例如，就像我跟費南度解釋的一樣，如果有人喜歡投機，那麼你就必須讓他投機，否則的話，他們最後反正一定會去投機，因為這是人性。人抗拒誘惑，不從事一種刺激活動的時間，就只有一定的長度而已，在華爾街賺錢機器一直持續不斷地，用厲害的訊息轟炸我們，鼓勵我們跳下財務懸崖時，情況更是如此。

因此我要提供一個戰鬥的機會，給所有喜歡自行挑選個股的人，介紹大家認識一種叫做基礎交易的短期策略。

簡單的說，基礎交易是利用蘋果、谷歌、特斯拉或臉書之類長期持有的績優股為中心，根據你所持有部位目前的股價波動，針對其中一小部分持股，進行短期交易，目標是利用買進長抱策略的力量，創造短期的交易利潤，達到兩全其美的願望。

實際上，基礎交易策略讓你在股價上漲時，鎖定短期利潤，同時藉著基礎部位的其餘部分，繼續維持曝光在長期上檔利益中。另一方面，隨後你可以利用這檔股票拉回時，重建你的基礎部位。例如，假設你擁有以一百美元買進的一百股蘋果股票，如果股價漲到每股一〇五美元，你可以把你二〇%的部位賣掉，也就是賣掉二十股，然後等待股價拉回，再把賣掉的股票買回來，重建你原始一百股的基礎部位。

你這樣做可以達成三個目標。

1. 鎖定五％的利潤。
2. 把剩餘基礎部位的下檔風險降到最低。
3. 維持了利用未來價格上漲的能力。

在基礎交易背後，邏輯是一檔股票或任何可以交易的資產，都不會直線上漲或直線下跌，而是會上下波動，形成很多高峰或谷底，長期而言，資產會隨著趨勢，向任何方向波動。例如，用華爾街的術語來說，如果你看任何股票從一百美元，漲到一百五十美元的圖表，你會看到很多劇烈上漲的走勢後，出現短期的拉回或修正的走勢，然後又出現更多劇烈的漲勢，接著再出現短期的修正，如此這般的一直持續下去。久而久之，這種價格波動通常會自行整理，變成可以預測的交易型態，其中具有支撐價位（在股票交易範圍的底部），也有壓力帶（在股票交易範圍的頂端），短期交易者會設法利用這些東西。

用華爾街的術語來說，這種辨認支撐和壓力水準科學的背後、或用更精確的方式來說，這種半巫術、半科學背後的東西，就叫做「技術分析」，這種作法跟價值型投資基礎的「基本分析」截然不同。理論上，這兩種分析應該能夠合作無間才對，也就是你可以利用基本分

30 編者註：此處作者是以美國稅制來說明。如果以台灣稅制而言，就類似於免稅額之概念，投資台灣股市，股利所得須納入所得稅一起申報，分為合併申報或分開申報，讀者可視自身所得級距試算選擇；另海外投資所得如低於一百萬台幣，則不用申報。

析——評估一家公司的盈餘、資產、資產負債表、現金流量、本益比——之後，看出一家價值低估的公司，然後利用技術分析，設法決定在這檔股票的交易底部時買進。

嗯……至少這些東西背後的理論是這樣。

如果你拿這些東西，去問像巴菲特這樣的人，他會告訴你，遮住眼睛，向大盤射飛鏢，在挑選股票交易區間底部這件事的成效，可能遠遠勝過他所遇見過的任何分析師。

唉呀，但是這只是一個人的意見；他幾乎總是正確無誤的事實不是重點！更何況我們現在討論的是投機，不是價值型投資，因此，誰會在乎巴菲特怎麼說呢？

不論誰對誰錯，這些交易範圍的運作方式如下：

一檔股票的價格接近壓力水準時，短期交易者會希望鎖定利潤，這樣會造成股價回檔。反之，股價拉回到接近支撐水準時，就會創造出以更低的價格、買進最多股票的機會，這樣就會促使股價再度回升，如此這般持續進行下去。

很簡單，對吧？

換句話說，基礎交易策略讓精明的短期交易者，可以利用每一家基本面健全公司每天都會經歷的持續買賣壓力，碰到股價上漲時，短期賣壓會增加，一直到突破價位或壓力水準為止，這時短期賣壓會超過短期買盤，股價會下跌。股價跌到夠低時，也就是跌到支撐水準時，賣壓會開始減少，買盤會開始增加，最後會壓倒賣壓，促使股價再度開始上漲。

總而言之，現在該是買進的時候了。

然而，在你設法買進時，請注意，設法找到這些支撐和壓力水準，需要花時間，需要多練習，而且你要跟靠著短期價格波動維生的專家對作，這樣不表示你不能變成技術分析專家，發展出「股感」，找到股票交易範圍頭部和底部。[*30] 事實上，我有一位特定朋友是靠著基礎交易策略，賺到一大筆財富，不過，他當然是交易專家，在市場中已經打滾了三十年。

因此，考慮到這一點，下面列出要執行基礎交易策略成功的五大重要步驟：

一、挑選正確的股票
二、建立你最初的基礎部位
三、賣出股票，賺取短期交易利潤
四、買回股票，重建你的基礎部位
五、一再重複沖洗

30 原書註：跟技術分析有關的書籍不計其數，因此，如果你想深入精研，下面要推荐兩本傑作：一本是安德魯・艾濟茲博士（Andrew Aziz Ph.D.）寫的《如何靠當沖維生》（*How to Day Trade for a Living: A Beginner's Guide to Trading Tool and Tactics, Money Management, Discipline and Trading Psycholgy*）；一本是羅夫・許羅特曼（Rolf Schlotmann）和摩里茲・朱巴廷斯基（Moritz Czubatinski）合著的《精進交易技術分析大師班》（*Trading: Technical Analysis Masterclass*）。只是要請你記得，這部分屬於健全投機的範疇，所占比率不應該超過你投資組合的五%。

表五：二〇二一年蘋果股價六十日線走勢圖

我們要逐一探討這些步驟：

一、挑選正確的股票

因為你要長期持有你的基礎部位，因此你必須選擇擁有強勁基本面的公司，有很多方法可以讓你選到這種公司，但是最輕鬆的方法是：利用出版大型企業研究報告的頂尖獨立研究業者，芬衛（Finviz）、柯芬（Koyfin）、札克研究（Zack's Research）、追尋阿爾法值（Seeking Alpha）等公司是這方面的一些例子，選擇其中任何一家公司都不會有問題，而且訂閱成本相當低，還有免費試閱或退款保證。

你要尋找的是像蘋果、谷歌、臉書或特斯拉之類擁有龐大品牌的企業，這些公司不但具有強勁的基本面，他們的股票也有著足夠的日常波動，能夠創造足夠的機會，讓投資人執行

表六：二〇二一年蘋果股價年線走勢圖

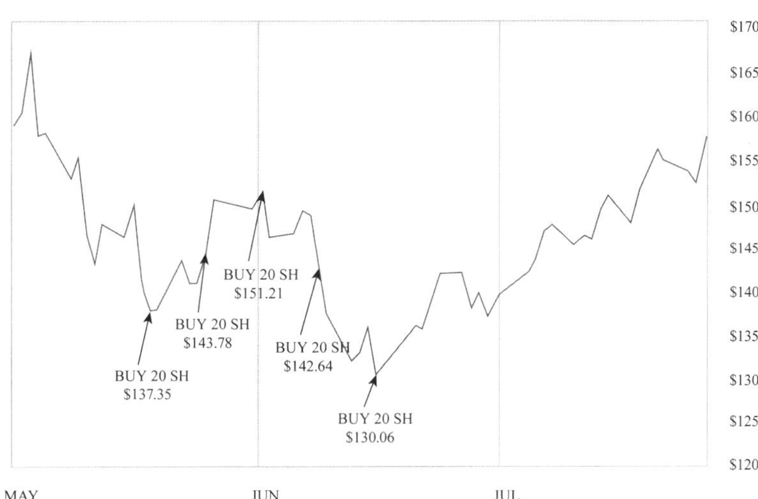

基礎交易策略。

蘋果應該是完美的例子。

蘋果是世界上最有價值的公司，長期基本面的強勁程度超乎你的想像，而且這檔股票的波動性通常都很劇烈，因為法人持有很多蘋果的股票，喜歡大進大出的避險基金更是如此。

你可以在表五可以看到，雖然蘋果股票的長期趨勢明顯向上，圖中卻有無數高峰和谷底，每一個高峰和谷底可能都代表有機會執行基礎交易。

二、建立你最初的基礎部位

此處成功的關鍵是不要試圖一下子建立好整個部位，相反地，你應該希望採用定期定額投資策略，壓低你的平均成本，利用很多筆小額的部位，來建立比較大的部位。換句話說，你藉著分批以小額、均等的方式——此處是以五周為一期——購買你最初的龐大基礎部位，就可以在你的購買決策中，消除所謂的「人性因素」，找到比較好的進場時機，得到比較低的平均成本。例如，假設你希望建立一百股的蘋果基礎部位，正確的方法應該是以五周為一期，每周買進二十股蘋果股票，到你買足一百股為止。你在表六中，會看到怎麼依據上述方式，購買一百股蘋果股票的實際情況。

請注意，上圖中的每一次進場時機，都落在每周的同一天，不管那天的股價是多少。在上圖中，一百股蘋果股票的平均成本是每股一二七・二五美元。顯然你可以採用同樣的策略，建立一千股的蘋果股票部位，或建立任何數量、符合你風險忍受度的的股票部位，前提是總金額不要超過你投資組合的五%。（請記住，你是想在這檔股票上進行投機！）

三、賣出股票，賺取短期交易利潤

一旦你建立好基礎部位，你就必須決定股價上漲時，你要賣掉多少比率的股票部位、還有，多少錢才要賣。常見的通則是在獲利大約十%時，賣掉二〇%的股票（利用整數關卡做為獲利時點。）

例如，如果蘋果股價漲到一四〇美元，這時，你希望開始賣出二十股，然後在蘋果股價每上漲五美元時，再賣出二十股賣到一五〇美元為止，因為你不希望賣光基礎部位。你在表七中，可以看到你最初的買進和後續的賣出，賣出出現在後續的連續漲勢中（如果股價繼續上漲，你當然仍然持有四十股的基礎部位）。

表七：利用你的基礎部位獲利落袋

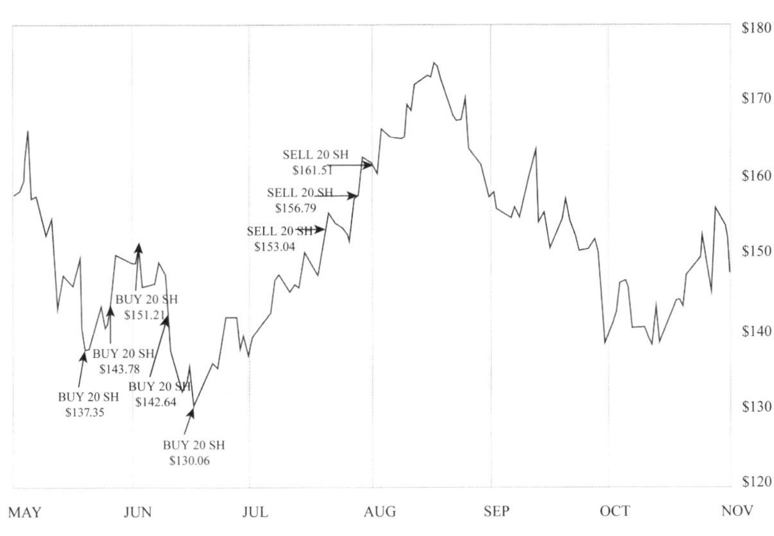

四、買回股票，重建你的基礎部位

這個步驟需要你買回先前股價上漲時賣出的相同數量股票，以便重建你的基礎部位。然而，你在這樣做之前，應該先調查股價為什麼會出現跌勢。例如，這是這檔股票正常的交易型態中的一種嗎？還是公司發生了什麼事情，導致公司的基本面受到不利影響？

如果是前者，那麼你應該在適當價位上，執行你的買回戰略，如果是後者，你就要等到確定公司基本面仍然強勁、股票找到新的交易區間為止。

要釐清公司的狀況屬於那一種情形，你必須進行一些研究，你首先可以搜尋公司最近的所有新聞，包括公司是否曾經向證管會申報８（k）報表（你應該還記得，第五章提到，公司如果發生任何重大變化，都要向證管會申報８〔k〕報表。）此外，你也應該重新檢視當初選擇這檔股票時，所依賴的研究報告，看看有沒有任何更新事項。如果這兩個消息來源都沒有什麼重大變化，那麼拉回可能屬於這檔股票正常交易型態的一環，你也會希望重建你的基礎部位。

因此，你要以二十股為單位開始買回，然後逐次購買，到你完全重建基礎部位為止。

相反地，如果公司確實發生重大變故，那麼你會等待下去，等到這檔股票重建的新支撐水準，足以反映這項重大變化後，才重建相應的基礎部位。

五、一再重複沖洗

這種策略成功的關鍵在於打出很多安打，以便能夠長期累積，而不是大力揮棒，期望打出全壘打。因此，請你謹記在心，事情順風順水時，要抗拒你會變貪心的自然衝動，例如，提高交易規模，或是等待更大漲幅的衝動。在基礎交易策略中，這樣跟死亡沒有兩樣。你反而必須堅持到底，根據事先決定的水準，繼續進行雙向交易，卻不提高每筆交易的規模。打出全壘打是你所持有基礎部位的目標，不是你而進行短期交易的目標，這才是你最初選擇基本面強勁公司的原因。

總而言之，基礎交易策略有下列四個最大的優點：

1.可以讓你利用公司股價的正常波動，提高你的短期利潤。

2. 可以讓你透過持有基礎部位，保留獲得長期資本利得的可能性。
3. 在你的基礎部位價格走勢走低時，鎖定短期交易利潤，降低你在空頭市場的損失。
4. 可以讓你體驗短期交易的興奮，從而更容易耐心持有投資組合的其他部分，協助你慢慢建立你的長期財富。

相反地，其中也有下列四個最大的缺點：

1. 歷史已經證明，想要持續一貫地買低賣高極為困難。
2. 持續不斷的買賣會造成短期資本利得（和虧損），以致於這種策略的租稅效率，會遠遠不如簡單的買進長抱策略。
3. 每次買賣股票都會產生費用，費用會慢慢的吃掉你的整體利潤。
4. 你可能輕易受情緒左右，放棄促使此一策略成功的交易紀律，開始設法達成非常難以達成的期望。

千萬不要忘記這種策略雖然有相當多的優點，但是就像他們說的一樣，情勢對你仍然十分不利。基礎交易雖然受到交易費用、稅務問題和波段交易本質上十分困難的拖累，卻仍然落在健全投機的範疇之內，假設沒有其他投機性的投資，那麼這種基礎交易在你整個投資組合中，所占的比率應該不能超過五％。如果超過了這個限度，那麼你應該會設法減少配置在其中的資金，以便總價值不超過五%。

這點適用於任何人，即使你似乎擁有操作基礎交易的「天賦」，而且短期利潤源源而來，但是請記住，效率市場假說還是對你十分不利，無數學術研究的結果也是這樣，何況其中兩項研究還得到諾貝爾獎，而且所有研究都指向一個事實，就是試圖持續一貫地打敗大盤，根本是徒勞無功之舉。

因此，如果你經過幾個月的成功交易後，發現自己極有自信，希望加碼操作，那麼我要敦促你，記住諾貝爾經濟學獎得主薩繆森的話：「雖然世上可能有少數基金經理人擁有某種天賦，讓他們的操作績效可以一再勝過大盤指數，但是，如果這種經理人確實存在，那麼他們的確隱藏得非常好。」

你懂得我的意思了沒？

我敢說你懂了，但是人性偶爾可能很有趣，尤其是在華爾街賺錢機器持續不斷用自私自利的文宣轟炸你，助長你最糟糕的衝動時，情況更是如此，因此你需要保持警戒。

簡單來說，在你利用本書說明的策略，負責的建立自己的財富時，華爾街賺錢機器不會袖手旁觀、祝你好運。不管他們在財務上害了大家多少次，他們絕對不會不再努力重新塑造自己，重新化身為更和善、更溫和、更仁慈的華爾街，化身為把客戶的需要當成最優先、深深關切氣候變化、多元化等社會議題，以及他們可以拿來利用，以便故作好人，搏取社會歡心的任何其他議題。而且就在他們沐浴在沽名釣譽的光芒中時，他們會慢慢恢復他們歷經時間考驗的手法，吸引你進入由他們制訂規則、控制機率的貪腐賭場中，好讓他們贏得每一場遊戲。

然而，這一切當中還有一線希望——就是一旦我提醒你們，看穿華爾街賺錢機器會設法影響你們的所有「卑劣」手法，你就能輕易保護自己，不再淪落進去。

下一章要告訴你怎麼辦。

第十二章　認清這些混蛋

保護自己，不受華爾街賺錢機器向你發來的所有自私自利胡扯八道訊息侵害，最好的作法是了解下列三件事情：

1. 這些鬼話到底出自華爾街賺錢機器中的那一個部分？
2. 提供這些鬼話的人如何以善意的方式掩飾鬼話？
3. 這些鬼話意圖達成那些黑暗、邪惡的目的？

一旦你知道這三個問題的答案，你可以自認自己已經獲得預防接種，可以對抗暴露在這些鬼話中的危險。然而，就像我們在最近的瘟疫大流行期間學到的痛苦教訓一樣，沒有什麼萬無一失的疫苗，可以讓你免除本身的責任，因此你必須保持警覺，始終保持警惕。

因此，華爾街賺錢機器設法把你拉回他們的腐敗賭場時，他們會從下面五個看來似乎無害的方向對付你：

一、有線電視上的財務新聞和宣傳網路
二、報章雜誌
三、社交媒體上的理財達人
四、股票營業員和財務規畫師
五、金融研討會大師

下面我們要逐一檢視他們[31]：

一、有線電視上的財務新聞和宣傳網路

在這方面，美國有兩隻九百磅重的大猩猩，分別是CNBC和彭博新聞，雖然這兩家新聞台身分不同，卻都是華爾街賺錢機器的正式成員，彭博新聞比較迎合投資機構和專業投

31 編者註：有關台灣常見金融詐騙與防制相關內容，讀者可參考金管會金融詐騙宣導專區（網址：https://moneywise.fsc.gov.tw/home.jsp?id=24&parentpath=0&type=1）或內政部警政署165全民防騙網（網址：https://165.npa.gov.tw/#/）查詢利用。

資人，CNBC比較迎合遠遠沒有那麼精明的散戶投資人，對一般投資人而言，這點顯然讓CNBC變得更有問題——因為CNBC製作節目時，不像彭博新聞那麼偏重技術性、無趣，而是用比較有趣、比較興味盎然的方式，來呈現他們的內容，迎合投資人最糟糕的衝動。

因此，保護自己的第一步是精確了解CNBC怎麼建構他們的節目。

一般而言，CNBC的節目分為三個不同的類別：

1. **合法的財經新聞：**包括有關經濟、政府、聯準會、上市公司、商品、不動產、房市、加密貨幣和其他重要部門的重大新聞。這些東西大致上是所有了解財經的人都需要知道的寶貴資訊，而且CNBC用容易了解的方式呈現這些資訊。
2. **娛樂節目：**包括無關財經新聞或任何型態建議、而且不會誤認的節目，例如，我喜歡的《創智贏家》（*Shark Tank*），節目內容包括《華爾街之狼》劇情的《美國貪婪》（*Americab Greed*）（哎呀，太讓我覺得震驚了！）此外，還有讓我覺得無聊的《利潤》（*Profit*）和我有點喜歡、卻不知道為什麼會在CNBC播放的《傑．雷諾的車庫》（*Jay Leno's Garage*）。
3. **資訊娛樂：**顧名思義，這種節目是由財經新聞和輕娛樂綜合而成，用專家提供建議的形式表現出來。節目的範圍可以從CNBC的《蘇西．歐曼秀》（*Suzy Orman*）之類真心設法教育觀眾、在理財上為觀眾加持、以及保護觀眾的一般理財建議，到CNBC的《大發橫財》（*Fast Money*）之類的談話秀，上這個節目的人是合法的金融專家，他們真正了解財經領域的知識，他們會在節目中，提供極為複雜又半生不熟的財經建議，他們試圖不要刻意傷害觀眾，卻在無意間促使觀眾認為：自己可以利用他們的交易手法，趁機賺大錢，從而使觀眾遭到屠殺。另外，還有一位在提供建議人士階層最下層、CNBC的獨一破壞王、兼招攬顧客進場專家柯藍默主持的節目，他的節目對一般投資人的有害程度，到了難以言語說明的地步，但是我會試著對讀者說明清楚。

噢，到底是什麼原因，使柯藍默變成一般投資人的獨一破壞王？

首先，他改變你應該買賣什麼標的的速度，比風改變方向還快，包括買賣股票、債券、選擇權、貨幣、代幣或任何其他金融工具。事實上，柯藍默反覆無常的作法，已經到了極為無恥的地步，甚至連華爾街賺錢機器都認為他是一個徹頭徹尾的笑話。但是從他擁有廣博金融市場知識的角度來說，這不表示他不知道自己在說什麼，顯然他的知識基礎非常廣泛。

但他是合法的選股專家或投資大師嗎？

讓我休息一下！

多年來，他由空翻多、然後立刻由多翻空的速度和猛烈程度，已經到了失控的地步，以致於他害自己變成對選股投資大師的絕大諷刺。因此，如果你遵循柯藍默的建議，你唯一的收穫是在財務上遍體鱗傷，加上一張進入救濟院的單程票。

雖然如此，但是接受柯藍默的娛樂卻沒有錯——如果那種大聲、熱鬧、高談闊論的幽默符合你的口味。如果真的是這樣，噢好好去享受吧！但是你最好保持警覺，否則就會陷入柯藍默的精神錯亂旋渦，或是像柯藍默自己說的一樣，陷入柯風美利堅（Cramerica），最後在自己的投資組合中形成重大損失。

在比較不嚴重的情況下，如果你沒有意會到其中微妙的危險，即使你聽CNBC的新聞部分，也可能帶來問題。例如，新聞部分的主播表現很盡責，讓投資人得知經濟、股市方面的最新發展，以及金融方面的一般新聞，也採訪美國頂尖的企業執行長、交易員和最「菁英」的避險基金經理人。

這就是開始出問題的地方。

你坐在沙發上，看著電視新聞，這時你最喜愛的主播開始訪問一位交易者。你聽了十到十五秒後，知道這個傢伙貨真價實，是真正的行家，確確實實精通他所談論的東西，你發現自己注意聽他的每一個字。大約再過一分鐘後，這位交易者開始談起他過去半年所用的選擇權交易策略——雖然他不是喜歡吹噓的人，卻忍不住提到他一直在賺大錢。然後，他補充說：「根據我在市場上看到的一切，我認為這種策略還可以再用四到六個月，這場盛宴才會結束，基本上，這是我在市場上所看過最接近印鈔票的事情。」

你突然從沙發上跳起來，呆若木雞。

你心想，什麼策略可以幫這個傢伙賺這麼多錢？

要是他肯說出來……要是我知道……然後——轟的一聲！——就像這樣，主播問這位交易者這個價值百萬美元的問題，「那麼，可不可以多告訴我們一些跟這種策略有關的事情？我敢說，觀眾一定很想知道所有的細節。」

「噢，當然可以，」這位交易者樂於分享這種已經有無數專家利用、但對一般投資人仍然太過複雜的戰術，於是他笑著說：「其實這個方法相當簡單，我所做的只是……」他開始用很廣泛的說法，解釋這件事，還謹慎提醒觀眾，說應該只有經驗豐富的專家，才能採用這種策略，因為凡是跟股票選擇權有關的東西，本質上都具有高風險*32。

那位主播抿著嘴唇、緩緩點頭，好像是說：「幹的好，朋友，這就是所謂的道德！」然後，那位主播直視著鏡頭，直接對觀眾說：「所以，你明白了，專家就是這樣做的！只是請記住，沒有成人的監督，不要在家裡這樣做。」主播會意地對你眨眨眼和微笑，意思是：「儘管去做！現在就去做，以免為時過晚！」

於是你就這樣勇往直前、開始研究、搜尋、分析、打電話給其他業餘投資人，設法對這個你剛剛聽到的神奇交易策略，進行逆向工程，你也可能去買專家寫的書，或是訂購每個月繳款的訂閱服務。如果你搜尋夠久、夠努力，你一定會找到跟這種策略有關的資料——如果不是出自這位交易者的資料，也會出自採用非常類似策略的其他人。

事實上，我們暫時回頭看看我們的朋友柯藍默，你只要每個月花個區區一百美元，就可以訂閱他的電子郵件建議服務，得到獨一無二的特權，收到他最新一次反覆無常、改變心意的即時電子郵件警告，警告會直接發到你的收件匣或手機簡訊。這樣除了讓柯藍默用一大堆

32原書註：股票選擇權是一種附有槓桿的「金融合約」，讓你有權、卻沒有義務，以事先決定的所謂「履約價格」，買賣某種股票。我沒有在本書裡討論選擇權，是因為我強烈建議你，避開這種東西。除了少數例外，絕大多數涉足股票選擇權的一般投資人，最後都虧掉所有身家。

電子郵件，搞得你七暈八素、摧毀你的身家之外，唯一的危險是他會用持續不斷的柯藍默式行銷材料，塞爆你的收件匣，試圖說服你簽約購買他更高級的計畫。

總之，我就像俗話說的，一位研究醫生為了人類的福祉，在自己身上測試一種實驗性的疫苗一樣，決定自行「選擇加入」——我好奇的是，像柯藍默這麼積極進取的人，會多努力地拉攏一個像我這樣，在訂閱表格上自己註明是不精明投資人的訂戶。結果，我在八星期裡，大約收到了五千封電子郵件，要求我簽約，取得讓反覆無常的頂級喧嘩叫賣大師、把我的帳戶搞得亂七八糟的榮譽。

好啦，我說得誇張了一點，實際上，他發的信件比較像是一百二十封，大約等於一天兩封，但是，考慮到郵件來自主要電視網上理當備受尊敬的理財專家，這樣仍然是非常凌厲的電子郵件攻勢，我的意思是，坦白說，這樣比較像我選擇加入波扎那一家新五星級度假村分時度假優惠，所預期會得到的待遇一樣。

然而，為了公平對待柯藍默，我不是說他是刻意讓人賠錢的壞人（他只是在這方面太行了。）而且，我也不是說 CNBC 是刻意想要觀眾虧錢的非法電視網（但當你遵照電視上那些人說的建議去做，結果就是這樣。）

不過，我要說的是，他們都是一個系統的一環，這個系統不斷替你洗腦，讓你相信管理你的資金最好的方法是主動管理——意思是採用短期交易策略，在股票、選擇權、股票、石油、期貨市場之間換來換去、輪流買賣。同時歷史和數學都已經證明，被動長期投資策略的成效，遠勝過主動型的短期交易策略。但是華爾街賺錢機器會再度全天候持續不斷的努力，向你強調下面兩個重點：

1. 金融圈裡的專家在管理你的資金方面，比你厲害。
2. 如果你自行管理你的資金，那麼，最有效的方法是透過主動型投資和波段操作。

這是為什麼世界各地眾多的柯藍默，對華爾街賺錢機器的正確運作，具有這麼絕對重要性的原因。畢竟，如果一般投資人不再每天飽受這種自私自利的鬼話轟炸，那麼他們會大幅降低短期交易的水準，華爾街就不再能夠收取所有的費用和佣金，客戶也不再會有隨之而來的重大損失。

二、報章雜誌

如果你在字典裡尋找「雙面刃」這個詞，應該會看到很巨大的拼貼畫，畫中的整個金融天地裡，到處都是各式各樣備受尊敬的報章雜誌，旁邊還附有下列警告：

這些閱讀素材只提供娛樂而已，不要自己欺騙自己，認為任何出版品中的任何文章，會幫助你作出更好的短期交易決定、或是作出獲利比較多的長期投資。請記住，我們所報導任何利多消息的影響，早在我們報導前很久，就已經反映在市場價格中了，因此這個消息可能促使股價下跌，而不是促使股價上漲，相反的情況也很容易發生。事實上，我們真的不知道我們所談論的股票會出現什麼走勢。

了解這一點至為重要，因為久而久之，你會發現自己閱讀的無數文章，不是由華爾街賺錢機器直接刊載的，就是由另一個自私自利團體刊上去的，他們具有相同的財務目標，就是奪取你辛苦賺來的鈔票。

請記住，這些出版品也是一門生意，如果說獲利動機沒有直接左右他們的編輯決定，至少也會對他們的編輯決策造成重大影響。這就是為什麼你閱讀一篇文章時，必須考慮其中可能涉及什麼金錢誘因的原因，這樣你才能夠抓出其中的利益衝突和扭曲報導。

一般說來，出版品有三種獲利策略，每一種策略很可能導致潛在的利益衝突。

1. **按照封面故事決定售價：**雖然在今天的數位世界中，這種情況愈來愈少見，但紙本的報章雜誌仍然在世界各地的書報攤和零售商店裡販賣，銷售狀況跟報章雜誌的封面故事極為息息相關。如果是雜誌，這一點經常會造成雜誌封面上出現下述吸引人的標題：「七檔即將飆上天價的股票」或「我們精選去年漲幅勝過市場六五%的九檔股票」或「二〇二二年五種最火熱的交易策略」。

2. **銷售年度訂閱：**這樣會造成雜誌每星期或每個月寄到個人住家、企業和各式各樣的專業辦公室去。此外，幾乎所有線下雜誌都有線上版本，好讓大家付費訂閱。

3. **廣告收入：**金融服務業花費的鉅額廣告費可能產生嚴重利益衝突，以特定行業為重點的雜誌尤其如此，例如，迎合避險基金產業的雜誌刊載的文章裡，不會探討避險基金費用超高，也不會告訴讀者，只要購買諸如先鋒之類不收手續費的標普五百指數共同基金，獲利就會高多了。要是這些雜誌刊載了這種文章，他們的主要廣告主避險基金、以及靠著推薦避險基金賺錢的華爾街賺錢機器各種成員，就會溜之大吉，他們的讀者也會逃之夭夭。畢竟，如果雜誌大力抨擊避險基金銷售的服務，那麼到底有那家避險基金，會想在這種雜誌上登廣告呢，而且就事論事，如果雜誌把重點放在聲稱避險基金搶奪訂戶錢財的話，訂戶為什麼會想訂這種雜誌呢？

要澄清的是，不單是迎合避險基金產業的雜誌如此，每一種以其他行業為重心的雜誌都是這樣。沒有一本雜誌會持續不斷刊載觸怒讀者、或抨擊廣告主的文章，反之，他們會從最有利的角度，描述他們的個別產業，好讓他們的廣告主高興，讓讀者更愛看他們的文章。

然而，雖然我有這些保留意見，我還是強烈建議你至少要定期看一種財經出版品（最好不是以特定產業為重點的出版品），原因無它，只是要讓你了解經濟大勢和最近的企業趨勢，也保護你，以免下次你參加晚宴時，被人當成不問世事的傻瓜。但是你總是必須記住，你在閱讀時必須保持警覺，注意上面所說的警告，否則的話，你可能會發現，因為一些自私自利的雜誌告訴你，你就以為自己實際上可以利用「二〇二三年最火熱的五種交易策略」賺錢！

三、社交媒體上的理財達人

我們先談壞消息。

談到社交媒體時，推銷員和騙子就像糞便上的蒼蠅一樣。

臉書、IG、抖音和YouTube之類的社交媒體上，到處都有理財達人，發布我在金融市場上這麼多年以來所見過最荒誕的言論——而且我敢說你一定很清楚，這一切我都聽過。

然而，這些理財達人所說的鬼話，仍然達到了空前徹底荒謬的新高峰，以致於我最不喜愛的一種娛樂——雖不喜歡，卻還是一種娛樂——是滑著社群媒體，一直到找到眾多世界級白癡之一、找到他們推銷的最新雞蛋水餃股、狗屎幣或外匯交易騙局為止。我發現，他們以絕對肯定的方式，描述絕對毫無道理的事物，同時至少違反有十幾條證券法規的樣子，倒還真的有點意思。而且最美好的地方總是在結尾時出現，這時這些達人會說出同樣可以預測、類似下面這種令人心動的警句：

「如果我是你，我會立刻出去購買這四種令人驚嘆、保證會一飛沖天的代幣，而且別忘了為這則貼文按讚，同時分享給你的朋友！」然後，我為了得到最後一次歡笑，我總是看貼文底下的標題，標題會寫「我剛剛告訴你的理財建議其實不是理財建議。」（說的好，法官在判決你的證券詐欺案時，你這樣跟法官說啊！）

我很難說明自己為什麼會從中得到這種不理性的快樂，不過這點大概跟我迫不急待想看到這些所謂的理財達人，因為證券詐欺罪遭到逮捕、以及臉部相片遭到洩露時的震驚表情有關。

總而言之，除此之外，好消息是只要經過一點點訓練，你就能夠從一英里外，看出這些理財達人，並且輕易地不受他們的鬼話傷害。

一般說來，我會把這一整群江湖郎中和騙子歸為一大類，在他們頭上貼上下面這張標籤：

> 這些資訊僅供娛樂，別太當真。

這樣的話，你就可以儘量隨心所欲的多聽這些社群媒體騙子的話——完全了解他們口中喋喋不休的每一個字，都是他們想要奪取你錢財整體計畫的一環。

四、股票營業員和其他各種吸血鬼

要描述這一群各式各樣大致上是吸血螞蝗的人，最好的方法是用巴菲特描述避險基金產業的說法：

> 一堆廢物。

雖然如此，用一竿子打翻一船人還是很不公平。這群「專家」當中——尤其是財務規畫師——可能有些人真的把你的最大利益放在心上，在增進你的福祉上，可以扮演有用的角色。換句話說，財務規畫師的角色不是建議你怎麼利用短期交易策略打敗市場，而是提供你輔助性的理財服務，例如設立個人退休帳戶、或401（k）計畫之類的免稅帳戶，協助你進行稅務規畫和遺產規畫，確保你維持適度的保險保障。

因此，考慮到這一點，如果你決定聘請一位財務規畫師，那麼保護你不受任何自私自利鬼話傷害的最好方法，是讓你深入了解所有的警告跡象，以便看出你的財務規畫師（或股票營業員），是否屬於華爾街賺錢機器的內部成員，是否希望引導你進入理財絞肉機。

警告信號一：接到推銷電話或受騙選擇加入什麼東西

我要直言不諱：

請你幫自己一個大忙，絕對不要跟打電話來推銷的財務規畫師或股票營業員打交道，也不要跟你填完線上廣告表格後回電給你的人打交道，不管這種廣告是你用谷歌搜尋、還是你滑社群時點開廣告，才跑出來的結果。

更具體來說，經過下列四個步驟進來的任何線上廣告，幾乎一定都是騙局，利用第四個步驟找上你的廣告更是如此：

1. 你的第一次點擊引導你到一個登入頁面。
2. 對方要求你輸入個人資訊，並且要求你准許他們開始發送電子郵件、簡訊文字，或容許他們打電話來（業界把這一點稱為選擇加入）。
3. 你開始收到一系列由專家寫的大力推銷電子郵件或簡訊，每一封資訊都意在觸及不同的財務熱點。
4. 這個程序最後以他們跟你建立電話聯繫、視訊對話或親自見面為終點，他們會在這種過程中，努力設法說服你，如果你在他們那裡開戶，他們可以提供你遠遠超過標普五百指數績效的報酬率，卻沒有任何風險。

如果你發現自己陷在這種情況中，我希望你往相反方向逃走，絕對不要回頭。他們會說，每一條規則都有例外，但是在這種情況下，絕對沒有例外。你在電話上收到推銷電話、或收到一系列精心編寫的電子郵件中，得到所謂的「財務專家」真心為你的最大利益打算、沒有其他居心的機率極為微乎其微，根本不值得冒險。

到目前為止，你找到合法財務規畫師的最好機會（我認為你沒有理由利用股票營業員）是利用你長久以來一直認識和信任的人，或是利用跟你非常親密，又擁有誠實、正直名聲好友強力推薦的人。

警告信號二：炒作和頻繁交易

這個信號很容易辨識。

如果營業員或財務規畫師設法說服你，開始針對你的部位進進出出，或是要你嘗試波段操作，那麼你需要從反方向逃走。因為這時你已經很清楚，這樣子的交易不但幾乎不可能賺錢，而且代表你正在跟一位想要犧牲你、好讓自己多賺費用和手續費的營業員打交道。

更進一步說，如果你想撥出一筆小額資金，從事投機，進行短期交易，那麼你最不需要的事情，就是找一位營業員提供建議和收你手續費，因為想找短期利益不跟你直接衝突的人幫忙、又不繳交手續費的情況下賺錢，的確就已經夠難了。

警告信號三：這是我們公司獨有的產品

這樣雖然並非總是不好，卻幾乎總是不好。

讓我解釋一下。

我在這裡提到的情形是你受到引導，在一家金融服務公司的競爭對手有類似產品，卻不讓你參看，反而要你直接接觸這家公司內部產品的情況。要是你發現自己處在這種狀況時，你就是非常可能沒有得到最好的交易條件，尤其是如果你要求看看競爭對手的計畫，他們卻用廉價的銷售語言，解釋你不需要在上面浪費時間時，更是如此。

本地銀行發給你他們精心編寫的電子郵件，敘述大致類似下文的內容時，就是完美的例子：

尊貴、親愛的存戶：

我們發現你的首要儲蓄帳戶中，一直維持大量的存款，然而，今天儲蓄帳戶的利率相當低落，只能替你帶來微薄的報酬率。我們基於這個原因，才特別選定你，邀請你參加本行財務顧問專家提供的免費理財諮詢。請你點擊下面連結，好讓我們替你預約諮詢時間。

某某銀行經理敬上

表面上，這件事看來像是你的銀行真心為你設想，然而，在你覺得他們的姿態很溫暖前，你必須考慮兩個重點：

1. 銀行會發電子郵件來，完全是因為電腦演算法告訴他們，除非他們採取行動，讓你把存款從低利儲蓄帳戶，轉移到比較適合的長期投資，否則他們的競爭對手會先發制人，無論如何，他們都會失去你的存款。
2. 一旦他們打通你的電話，他們提供給你的東西，一定不是他們所選定要推薦給你的最低成本金融商品，而是他們銀行自有的內部商品、費用和年度費用比率會比很多競爭對手都高出很多。

這種行為背後的動機是什麼？

答案很簡單：營業員和財務規畫師賣出公司自有的金融商品時，得到的佣金通常會高出很多。不推薦別家公司佣金比較低的類似商品，卻推薦佣金比較高的商品，可能嚴重違反聯邦證券法，卻並非不常見，否則的話，怎麼會有這麼多人遭到詐騙？

這裡必須澄清的是，本地銀行打電話給你，推薦什麼東西時，並非都是居心不良。但是，他們真的推薦什麼東西時，如果他們只推銷銀行的自有商品，那麼你必須記住，要問跟其他競爭性商品有關的問題，然後放在一起，比較兩者的性質和優劣。

這裡要再說一遍，只要銀行或券商的自有商品最適合你，你買這種東西並沒有什麼不對，反而是皆大歡喜的雙贏局面。但是法律規定，金融專業人士不但必須說明他們的自有金融商品，也需要介紹競爭對手的產品。

因此，別忘了詢問！

警告信號四：到浴室去，關掉電燈

我在探討公開說明書的章節裡，談到這個主題，但是這一點確實值得再提一次，因為這種行為會以太多的形式出現。

我在這裡說的事情是：經紀人或財務規畫師設法說服你，說你不需要閱讀所謂的「細節」時，這種細節可能是整本公開說明書、金融網路底下的揭露文字、你的顧客協議中的條件，或任何型態的金融揭露文件。

凡是你發現經紀人試圖勸你別看文件，或是說細節不重要時，就是你該往反方向跑、絕對不能回頭看的時候。然而，如果有某種原因，讓你不想走開，例如，你可能喜歡對方提供的東西，認為其中有龐大的上檔利潤，那麼你一定要詳細閱讀整個文件，包括細節在內。

如果文件是公開說明書，那麼你一定要閱讀所有的重要章節（我在第六章裡詳談過怎麼閱讀公開說明書）。此外，你還需要注意下列警訊：

- **公司內部人提前退出條款：**這種條款允許內部人在公司創造出什麼成就前，就可以賣掉股票，把包袱留給股東。內部人的股票至少必須鎖死兩年，除非是公司已經創造重大成就。
- **過高的費用和佣金：**以籌資一千萬美元以下為例，你希望確保不超過六到八％的資金，以募資費用的名義流失。
- **內部人交易：**你一定要特別注意公開說明書中「特定關係和關聯方交易」的部分，你在這個項目裡，會發現有關自行交易和相關第三方交易的骯髒部分。

最後，如果你注意的投資標的涉及可能的公開發行，那麼你一定要確定你有權在公司上市時，讓你的股票登記在股票出售名單中，而且如果其中附有某種形態的限制或妨礙，限制時間不應該超過公司內部人所遭到的限制。

請記住，在金融天地裡，魔鬼藏在細節裡。

警告信號五：公司名叫航太泰因國際（Aerotyne International）

還記得《華爾街之狼》中那個經典的一幕嗎？那時我在投資人中心公司裡，打出自己的第一通招攬客戶電話，我隨口打完招呼後，對潛在客戶說的是：「你幾星期前，寄給我們公司一張明信片，索取上檔利潤極大、下檔風險卻極小的雞蛋水餃股資訊，你還記得嗎？」

然後，我根據他的肯定答覆，繼續說道：

「噢，太好了，嗯，老張，今天我會打這個電話，是因為有人丟了一些東西在我的辦公桌上，老張，這樣東西可能是過去半年裡，我所看過最好的東西。如果你有六十秒的時間，我希望跟你分享這個資訊，你有時間嗎？」

然後，我再根據他的肯定答覆，補充說：

「好，公司名叫航太泰因國際公司，是中西部的一家尖端高科技公司」——切換到一棟老舊木造房屋的照片、屋子大門上方有「航太泰因國際」的牌子——「專利權批准迫在眉睫、具有軍民兩大驚人用途的下一代雷達偵測器……」就像那樣，感謝大導演馬丁．史柯西斯（Martin Scorsese）的才華，觀眾清楚了解這筆交易的內容，沒有人再多說半個字。

然而，你不需要看到一張舊木屋的照片，才知道航太泰因國際不是你想投資的公司。俗話說的好，看來或聽來太好的東西，很可能不是真的。在股票市場裡，你可以把「很可能」改成「一定」。

簡單來說，市場裡沒有白吃的午餐；過去沒有，未來也絕對不會有。如果你還記得，我從第二章開始，深入探討利率和股價的反比關係時，就談到這個主題很多次，我也談到這種關係會創造提高風險或規避風險兩種心態，還談到這兩種心態的不同。為了再次提醒你，請記住規避風險表示把資本的安全擺在第一位，因而換來比較低的報酬率；提高風險表示把較高的報酬率擺在第一位，換取比較低的資本安全性。然而，我沒有談到規避風險心態會滋生較高報酬率的說法，因為這種事情根本不存在。

原因就在於市場不容許這種事情存在，或至少不容許這種事情存在太久。要知道，市場極為善於消除這種價格上的低效率，因此，如果有一筆不可思議的交易，可以提供你驚人的報酬，卻毫無風險，那麼專業交易者會迅速介入，開始購買這種價格低估的資產，促使價格上漲，然後消除其中的低效率。

這是這種機會充其量只是曇花一現的原因，因為一小群整天坐在電腦前、希望利用價格的低效率、又擅於這樣做、名叫「風險套利客」的專業交易者，會迅速抓住機會。因此要是有人告訴你，他們可以替你賺到超高報酬率，卻不必承擔什麼風險時，他們如果不是徹底的胡說八道，就是在推動某種龐氏騙局（老鼠會式的騙局），最後你會失去所有的鈔票。

警告信號六：我叫伯尼・馬多夫（Bernie Madoff），我是要來幫忙你。

談到龐氏騙局，我們需要回頭談一談馬多夫。

馬多夫聲名狼藉的龐氏騙局會這麼有效，原因不在於他承諾投資人極高的報酬率，而在於承諾持續一貫、平均每個月大約超過一％的極高報酬率。雖然長期持續一貫的十二％年度報酬率本身，仍然多少是一種警訊——因為這樣略微高於標普五百指數的長期平均報酬率——這種報酬率持續一貫的性質，才是極大的警訊，而且專家應該更清楚才對，但是他們卻不是這樣。

為什麼？是什麼東西讓他們忽視了所有的警訊？

噢，可以確定的是，其中有些根本的貪心在作祟；這一點的確相當明顯。但是其中也有一些深奧多了的東西，在發揮作用，也就是人類希望相信好到難以置信事物的願望。

這一點可以一直回溯到我們的童年，回溯到我們心繫聖誕老人和牙齒仙女的時候，即使那時我們的智力早已證明事實正好相反，我們仍然心懷這種想法。今天這種設定仍然留存在我們身上，深深埋藏在我們的潛意識裡。

但最重要的是，真正害這群有錢人變成理財白癡的原因是「歸屬感」。在高級鄉村俱樂部和私人派對主導的世界裡，不被人排除在外的願望極為強烈，以致於蒙蔽了所有人的判斷力，只有最有自信的人才能倖免於難。我要像下面的話這樣告訴你：

我的整個成年生涯都在金融和投資天地裡度過，見過或聽過幾乎每一種離奇古怪的投資騙局。要是我可以跟你保證什麼事情，那一定是如果一種投資聽起來好得讓人難以相信，那麼這種投資幾乎絕對不可能是真的，就是這麼簡單。

我不管這項投資背後的操盤人號稱有多天才，或是模樣有多古怪、多學究或多明智。要是有人找你，告訴你一種非傳統的投資策略，報酬率可以高於標普五百指數報酬率超過三、四個月——不管是黃金期貨交易、國際外匯套利、高收益定期存單、難以得到的音樂會門票、轉售給折扣零售商的商品、法務或保險和解金——那麼這個人有九九．九九％的可能，是在推動龐氏騙局，騙局遲早（很可能是比較早）都會完蛋，每一個參與的投資人都會虧掉所有的鈔票。

警告信號七：孤注一擲，把所有的雞蛋都放在一個籃子裡

集中的股票投資組合和高度分散的投資組合截然不同，集中投資是把你絕大部分的投資

組合，都投入單一個股。

這樣做的好處是，如果這檔股票變成超級大贏家，那麼你的投資組合一定會有極佳的表現。不過，壞處是如果這檔股票是大輸家，你會發現自己的投資組合遭到重大虧損，根本無法復原。

雖然我總是會建議你，不要維持持股集中的投資組合，但基於自己的信念而建立這種組合是一回事，聽從營業員的建議才建立這樣的投資組合，卻是另一回事。事實上，營業員或財務規畫師為了通過考試而努力學習時，最先學到的事情就是：建議客戶建立持股集中的部位是不道德的行為。

事實上，就像克麗絲汀娜和小胖妞會這麼強力提醒我一樣，除了婚姻外，你把所有的雞蛋都放在一個籃子裡，絕對都不是什麼好主意。因此，如果有人建議你，把你的投資組合放進任何一種部位裡——不管是股票、選擇權、錢幣、代幣或任何其他東西裡——都是一個明顯的警訊，顯示這個人並不在乎你的最大利益，你應該向反方向逃走。

五、研討會或網上研討會的理財大師

我把過去十五年來的大部份時間，都花在巡迴研討會上，因此，我可以絕對確定的說，不管什麼時候，你看到「金融大師」在講台上或網上研討會中演講，看到他們在最後一刻，對你推銷一種神奇的交易系統，說這種系統利用一種祕密的演算法，讓你每天只要在家裡交易一小時，就可以變的像克里薩斯國王一樣富有，然而，不管麼他們向你推銷的是什麼系統，反正都是絕對的胡說八道，而且我說胡說八道時，說的是十分純粹、不折不扣、徹徹底底、幾乎一定會讓你隨時都會虧掉全部家財的胡說八道。

更可笑的是，這種所謂的「大師」總是會跟你解釋，說他自己就是世界級的交易大師，而且他就是用這種相同的演算法，在過去的歲月裡，賺到沒有幾億美元，也有幾千萬美元的交易利潤，任何一年裡，平均報酬率都達到七五％以上。噢，財務研討會大師先生，如果是這樣，那我要問你一個問題：

如果你剛剛說的話有一點點接近事實，那麼華爾街的大型避險基金一定會樂於以至少十億美元的價格，買下你的交易系統，為什麼你要浪費時間，努力推銷一種只賣兩千美元的交易系統？

說真的，大師先生，如果你有任何懷疑，我會帶著你，去見五大避險基金中任何一家基金的首腦，他們對你的交易系統進行實地查核後，會當場簽發支票給你。此外，他們也會替你買一架私人飛機、一棟漢普頓海灘的別墅、還有幾張梵谷和畢卡索的名畫。

關鍵在於整個想法顯然很荒謬。

事實上，根據我站在巡迴世界各國演講講台上這麼多年的經驗裡，我從來沒有看過過半個「理財大師」推銷的短期交易產品，最後甚至能夠有半點功效的例子。不論這種東西是用在股票、商品、外匯、加密貨幣、期貨、選擇權、黃金，還是用在任何其他東西上。最後都會出現下面兩種結果中的一種：

1. 這種系統的演算法會出現技術故障，並且建議投資人進行一系列的虧損交易，最後，不是害投資人虧光家產，就是虧損夠多的錢，多到讓投資人拋棄這種系統。
2. 投資人會精神崩潰，不再聽信這種系統，並且開始承擔驚人的風險，到所有鈔票虧光為止。這種情形通常會在第一種情況已經開始，投資人設法賺回系統害他們虧掉的錢時出現。

我要再說一次，關鍵在於：

不論你是坐在家裡，看著網上研討會，還是參加大型會議中心裡的研討會，如果你發現自己聽到某些理財大師型的人，告訴你跟他們的神奇交易軟體有關的事情，說他們的軟體可以讓你留在家裡、穿著浴袍，每天只要交易一小時，就可以讓你變成跟克里薩斯國王一樣富有，那麼，無論他們的話多麼動聽，不管他們秀出多少影片，顯示他們過去的顧客為這種系統拚命作證，還有，不論你仍然相信聖誕老人的衝動有多強勁，你都必須向相反方向逃走，而且絕對不要回頭去看。

不要——我要再說一次，不要——跑回去，看到演講者秀出一張幻燈片，上面在原始的計畫上，又添加七項獎勵計畫後，還簽約購買這種神奇的交易系統。演講者會說出類似下面的這種話：「現在整個計畫的成本超過三萬美元」——然後幻燈片上突然出現一個巨大的大紅色叉叉——「但是，如果你現在到房間裡，去找坐在桌子旁邊的一位我的熱心團隊成員，那麼這個平常要賣三萬美元的系統，你只要花個兩千零三十七美元，就可以買下來！還可以輕鬆分三筆付款、每筆只要付六百七十九美元！」

「請記住，我一次能夠指導的人有限，」他繼續說：「因此我只能把這種不可思議的好處，提供給從……現在開始，最先跑到房間後面的十二個人，所以，你得快、快、快、快點跑到房間後面去，現在就要去，因為凡是在前面十二個人以後簽約的人，都要繳交三萬美元的全額。」

然後，他像剛剛才想到一樣，補充說道：「我不是要收你三萬美元，我只是相信應該獎勵採取行動的人，因此所有希望採取行動的人，現在立刻進去！時鐘在滴答作響……」於是大家就拔腳跑進去，演講者卻還喋喋不休，因為在每一個傻瓜從椅子上跳起來，向後面的桌子跑去前，他都不會滿意。

最後，簽約的人是十二個、十五個或兩百個都不要緊；名額「稀少」是騙人的；演講者只會兩手一攤，難為情地笑著說：「哇，反應真熱烈！我從來沒有預料到會有這種盛況！好吧，夥伴們，給所有的人同樣的優惠吧，我覺得今天我很慷慨，這樣聽起來對每個人都很好吧？」

每個人都拍手歡呼，稱讚大師的慷慨大度。

這一切都讓人非常難過。

這些神奇的交易系統中，沒有一個——我是說，在整個研討會事業從一九六〇年代初期開始以來的歷史中，沒有一個系統曾經為投資人創造過永續的報酬率，用外行人的話來說，他們全都淒慘地上當受騙，如果你最後沒有虧掉你投資的每一分錢，那麼你應該認為自己很幸運。

不過這還不是最糟糕的地方。

如果我告訴你，這些大師除了用佣金、票價和追加費用之類所有明顯的方法，慢慢吸乾你的血液之外，他們賺到最多錢的方法，是創造一個名叫「內部帳戶」（B-book）的祕密交易帳戶。事實上，這是出售交易軟體「大師」所用的終極下流手段。

簡而言之，「內部帳戶」是線上交易平台替那些執行顯然會自尋死路的短期交易策略、保證會在極短的期間裡虧掉一切的客戶所創設的獨立交易帳戶。交易平台既然知道這一點，他們就跟平常不一樣，不是在交易所裡執行這種客戶的交易，而是決定要自行擔任這些顧客的交易所，而且把這種交易記錄在內部的內帳裡——因此他們現在是跟客戶直接對賭。換句話說，因為賣給你交易系統的人和替你執行交易的線上平台，事前就知道你的結果會多淒慘，他們事前就同意做一套內帳，好執行你的交易。換句話說，這樣等於這個平台在擔任運動彩票的組頭，你是墮落的賭徒，總是在賽季結束時會破產。

順便要說的是，如果你想知道自己是否記錄在「內部帳戶」裡，方法是要知道你在簽約過程中，對方是否曾經要求你在一個特定線上交易平台中，開立帳戶，這時正是「內部帳戶」出現的時候。

事實上，線上平台不只是為了被虛假研討會大師介紹來的客戶設立內帳而已，他們也利用先進的人工智慧程式，不斷監看客戶的活動——尋找能夠列入內帳的墮落賭徒。而且，坦白說，為了對這種平台公平起見，如果他們沒有建議客戶這麼魯莽的交易，那麼他們也沒有什麼不道德的地方。他們當然也可以發送訊息給客戶，告訴他們：

「我希望你知道自己是極為糟糕的交易者，以致於我們甚至不把你的交易送去交易所，而是自行擔任你的交易的相對人。這樣的話，在你虧掉所有鈔票時，你的鈔票會直接進入我們的口袋，而不是進入別人的口袋。」

但是這個平台依法沒有義務這樣做，依據道德也沒有義務這樣做，而且他們不能確定這位客戶會虧掉所有的鈔票，他們只是非常、非常強烈懷疑會有這樣的結果。無論如何，我在這裡要說的重點是：平台試圖去識別哪些人是魯莽的交易者，可以藉著把他們列人內帳，以便多賺一點錢，與串通研討會大師，把購買不可能賺錢交易系統的客戶，送到平台來，是完全不同的事。此外，在絕大部分的案例中，研討會大師不會公然告訴這個平台，說他們的客戶保證會賠錢。相反地，這是雙方不言而喻的默契，在這種諒解中，平台會提供一種簡單的內帳選項，研討會大師只要在他們推薦客戶協議的框框中打鉤就成了。

無論如何，結果都一樣。由於這個祕密內帳茲生的利潤很龐大，不但最初把這個系統賣給客戶的「大師」，能夠得到每一筆交易可觀的交易佣金，而且也能得到客戶根據他們不太神奇系統、進行交易所虧損金額的五〇%。

不過，為了公平起見，我得說這種系統其實還是相當神奇的，因為這種系統會把你的鈔票化成輕煙、消失不見。

因此，既然你已經有機會認識這些混蛋，那麼我就要快速為你總結一些事情，讓你適當的應用在各種不同財務愚行的狀況中。

首先，你必須記住，並非所有混蛋都是生而平等的，這樣說的意思是，有些混蛋遠比別的混蛋混蛋多了。因此到了最後，你在必須利用你的常識和判斷，加上你在本書裡學到的一切，安全地在華爾街賺錢機器向你拋出的臭不可聞廢話中，艱難地跋涉前進，設法尋找小小的資訊金塊，這時這些小金塊會化身為跟經濟和一般商業趨勢有關、也和不收手續費的指數型基金最新報價有關的最新消息。

然而，不論這些混蛋落在「混蛋頻譜」中的那一個地方，你始終都要保持警戒，保持絕對的警覺，不要理會其中一個混蛋可能表現出一絲絲的合法氛圍。

請記住，這些混蛋攻擊你時，可能利用所有的溝通方式，包括線上、離線、文字或語言的方式，持續不斷發動攻擊，但是不管他們採用那種方式，他們的居心和背景故事總是都相同，就是希望從你的身上，奪取你辛苦賺來的錢財，他們憑藉的手法是承諾要帶給你超高的報酬率、是遠高於標普五百指數長期平均值的超高報酬率，同時宣稱因為他們採用某些神奇的交易策略，因此其中沒有什麼風險或毫無風險。

但是，這裡要再說一遍，華爾街上沒有白吃的午餐。

過去從來沒有，未來也永遠不會有。

好消息是，感謝柏格和他改變人生的貢獻，你根本不需要受困在這些廢話中。你只要在上述提供高品質、低成本共同基金或ＥＴＦ的業者那裡，開立帳戶，然後就讓標準普爾公司中的好心人和好心的時間老爺，替你承擔賺錢的重責大任。

看在老天的份上，你為什麼不這樣做呢？

好多位得到諾貝爾經濟學獎的經濟學家都曾經作證，指出挑選個股和從事波段操作，幾乎是接近徒勞無功的作法。因此，請你不要這樣做，說真的！如果你這麼想折磨自己，那你就改去赫爾嘉的痛苦之屋（Helga's House of Pain）吧。你在那裡很可能感受到多很多的樂趣，而且那裡會便宜多了，這是我所能給你的最好建議。

等你準備退休，同時腰纏萬貫退休儲蓄時，你可以感謝我。

謝啟

首先我要謝謝我的小舅子費南度和小姨子小胖妞，如果沒有他們的故事，這本書在第一章就會結束。小胖妞，你絕對是最厲害的高手，我對你敬愛無比！我也要對我的文藝經紀人陽・米勒（Jan Miller）和蓋洛里賽蒙舒斯特出版公司（Gallery Books/Simon & Schuster）無比高明的編輯團隊，表達無盡的謝意，我總是極為感謝你們的指導。

非常感謝麥克・畢科奇（Mike Picozzi）幫忙我，用我能夠輕易了解的方式，解釋基礎交易策略，你是知己好友和超好的交易者。

非常感謝綽號叫阿布的尼基德・艾右—郤斯馬（Negede Iyob-Tessema）幫助我，進行研究、擬訂所有章節，讓我省下無數小時我挪不出來的時間。

非常感謝我的好友詹姆斯・巴克（James Packer）、伊雅・薄辛（Ilya Pozin）和艾倫・李普斯基（Alan Lipsky），你們最先閱讀頭一百頁的讀者，你們的回饋提供了莫大的助益。

最後，同樣重要的是，我要對最好的家人、包括家母、內人和卓越的子女，表達無盡的謝意，一年來，我十分感謝你們的耐心和了解，我愛你們。

touch 076

跟華爾街之狼學投資：

喬登・貝爾福在華爾街賺大錢的財富指南

The Wolf of Investing:
The Wolf of Investing: My Insider's Playbook for Making a Fortune on Wall Street

作者：喬登・貝爾福　Jordan Belfort
譯者：劉道捷
責任編輯：張晁銘
美術設計：簡廷昇
排版：蔡煒燁

出版者：大塊文化出版股份有限公司
台北市 105022 南京東路四段 25 號 11 樓
www.locuspublishing.com
讀者服務專線：0800-006689
TEL：(02)87123898
FAX：(02)87123897
郵撥帳號：18955675
戶名：大塊文化出版股份有限公司
法律顧問：董安丹律師、顧慕堯律師

總經銷：大和書報圖書股份有限公司
新北市新莊區五工五路 2 號
TEL：(02) 89902588 FAX：(02) 22901658

初版一刷：2024 年 4 月
定價：新台幣 450 元
ISBN：978-626-7388-75-4
Printed in Taiwan

國家圖書館出版品預行編目 (CIP) 資料

跟華爾街之狼學投資：喬登．貝爾福在華爾街賺大錢的財富指南 / 喬登．貝爾福 (Jordan Belfort) 著；劉道捷譯．-- 初版．-- 臺北市：大塊文化出版股份有限公司, 2024.04
面；　公分．-- (touch ; 76)

譯自：The wolf of investing : my insider's playbook for making a fortune on Wall Street.

ISBN 978-626-7388-75-4(平裝)

1.CST: 股票投資 2.CST: 投資分析

563.53　　113003384

LOCUS

LOCUS

LOCUS

LOCUS